KB268816

한국의 고대사를 해부한다

한국의 고대사를 해부한다 古代史

장혜영 지음

요즘 사학계는 물론 국민들 속에서도 고대사에 대한 관심이 뜨겁게
달아오르고 있다. 이러한 사람들의 관심사에 발맞춰 본서를 집필했
다.

졸저 『한국을 해부한다』를 지난 2002년 국학자료원에서 펴낸 지도
어언 6년이라는 세월이 흘렀다. 그동안 이 책은 대학생 희망도서, 인
문학계열 대학 교재로 선정되면서 독자들의 많은 사랑을 받아왔다.

이번에 출간되는 속집은 상기 저술에서 역사편이라는 제한으로 미
진했던 상고사담론을 다룬 선사시대편이다. 본서에서는 『단군신화』,
빗살무늬토기, 비파형 동검, 적석총, 한민족 기원, 동이족과 한민족 간
의 관계, 아사달의 위치, 가림토문자 등 다양한 선사先史 쟁점들과 최
근 급속도로 한중역사전쟁으로 비화되고 있는 고구려 귀속 논란, 간
도 영유권 분쟁에 이르기까지 심도 있는 학술적 집도執刀로 재야사학
계의 지독한 국수주의의 광기에 왜곡된 고대사 전반에 대해 냉철한

비판을 가하는 동시에 필자의 견해를 추가, 새로운 해석을 시도했다.

　과거의 흔적은 역사의 게시판에서 삭제되지 않고 현재를 부각하는 원격조명사의 천직天職을 포기하지 않는다. 배경의 관성을 상실한 현재는 무대의 전면前面에 나설 에너지 결여의 수모를 견뎌내야 한다. 국가 이미지는 역사가 뿌리고 간 씨앗-문화의 포장 없이는 고가 브랜드 자격을 취득할 수 없다. 명문화된 역사적 기록은 시공을 초월해 유대인의 경우처럼 명분 없는 복고마저 정당화하는 마력魔力을 갖고 있다. 과거는 결코 사장되지 않는다. 혼魂들은 살아서 역사채널을 통해 백魄들과 당당히 전쟁을 벌인다. 팔레스티나전쟁과 코소보전쟁이 그 사실을 입증해준다. 이 전쟁의 무기는 세월의 기억이 현재에 배당하는 명분인데 이 첨단무기를 소유하지 못한 자는 과거를 수정해서라도 반드시 근거를 손에 넣으려고 한다. 역사 조작은 바로 이 지점에서 시작되는 것이다.

　현재에 대한 지배력으로 급등한 과거의 주가는 진실이 살해된 역사의 폐허에서 부활한다. 급기야는 상한선을 초월하여 현재를 잠식하는 우량주로 둔갑한다. 현실 통과를 위한 진실 조작은 바로 이 죽어버린 신神-역사가 하사하는 막강한 세습권력을 노리는 행위이다. 그리하여 진실의 주가는 순식간에 폭락하여 파지가 되고 만다. 그러나 진실은 인간사회의 균형을 지탱하는 정의와 정당성의 잣대이다. 이 잣대가 굴절되면 사회기틀의 붕괴를 초래할 것이다. 비정의 그늘 밑에서는 선을 능멸하는 모든 악이 정당화되고 위선과 기만이 합법화되기에 진실은 반드시 복구되어야 한다.

사료의 결여로 해체된 고대사 퍼즐은 극히 제한적인 고고학의 발굴로 일부 복구되지만 나머지 공백은 어쩔 수 없이 추측과 상상으로 보완된다. 추측과 상상에는 한계가 없다는 점을 감안할 때 고대사의 진실은 현재의 야욕에 오염될 가능성이 충분하다.

진리탐구가 아닌 애국애족의 관점으로 학문에 접근할 때 역사는 이기주의의 제물이 된다. 그러므로 학문 연구의 시발점은 객관적 진리의 장소여야지 목적의 협소한 암도暗道를 밀행해서는 안 된다. 헛된 자긍심은 허영과 결탁하여 잠시 추진력으로 작용할 수 있지만 종국적으로는 실패를 부르는 화근이 된다. 실속 있는 파악만이 탄탄한 비약의 발판을 마련하고 그 기틀 위에서 굴욕의 역사로부터 탈피하여 빛나는 미래를 창조할 수 있는 추진력이 될 것이기에 허영으로 굴절된 역사는 반드시 바로잡아야 한다.

사학자들은 보잘 것 없는 과거를 부풀리기에 급급하지 말고 현재를 화려하게 장식하는 데 심혈을 기울여야 한다. 우리는 과거의 주인이 아니라 미래의 주인이 되어야 한다.

한국 고대사, 고구려사, 그리고 이른바 『간도 영유권 문제』가 최근 들어 이슈화된 원인은 무엇인가?

한마디로 한국의 경제발전과 무관하지 않다.

국가의 경제성장은 그에 정비례하는 정치, 지형적 변형을 지향한다. 그러나 이러한 시도는 타자의 이익과 충돌하면서 도의적 딜레마의 장벽에 가로막힌다. 이 장벽의 해제를 위한 명분 만들기 용으로 텍스트화된 고대사 연구는 사실적 학문이기를 거부하고 조작 가능한 책

략적 수단으로 전락하고 만다.

이처럼 물리적 전쟁은 언제나 역사 논쟁을 포괄한 문화전쟁으로 시작되는 것이다. 문화전쟁은 물리전쟁의 전주곡이다.

학자는 학문을 해야지 정치를 해서는 안 된다.

정치는 욕망과 힘으로 하지만 학문은 양심과 진실로 한다.

목적 실현을 위한 부당한 명분을 추구하는 역사 성형수술 같은 건 정치가들에게 맡겨두고 학자는 진실 탐구에 전력을 다해야 할 것이다.

목적의 제물이 되고 욕망으로 얼룩지고 굴절된 역사를 진실에 반환해야 한다는 양심의 호소가 본서의 집필 동기이기도 하다.

학문의 양심은 정치적 욕망을 견제하는 유일한 여과기이다.

학자의 사명은 이데올로기의 시녀가 아니라 역사의 진실을 밝히는 작업이다. 학문 앞에서는 국익도 민족의 이익도 진실보다 상위일 수 없다. 진실을 이탈한 국익과 민족의 이익은 민족주의, 국수주의의 어리석은 광기일 뿐이다.

역사는 역사의 몫으로 돌아가야 한다.

본서의 집필 취지가 바로 여기에 있다.

끝으로 『붉은 아침』에 잇따른 출간을 통해 본 논저를 필자의 원고지에서 세상으로 인도해 내어 두 번째 생명을 부여해주신 어문학사 윤석전 대표님께 진심으로 감사드린다.

백 번, 천 번 불러도 더 부르고 싶은 내 가족의 이름을 권두에 새긴다.

아내 함명순 씨, 아들 장초령, 장초봉.

이 한 권의 책이 이들에게 사랑의 선물이 되기를 바랄뿐이다.

지금 이 책을 펼치는 모든 분들의 행복을 기원한다.

2008년 7월 8일

서울에서

■ 차례

권두언 5 / 차례 10

1장 『단군신화』의 새로운 해석 13

  1 유사토템과 동일혈통설 비판 23

    1. 동물 유사토템과 혈통 관계 23

    2. 토템과 부족의 생활, 건강과의 밀접한 관계 33

  2 토템과 선사시대 인류의 일상생활 53

    1. 수목樹木 토템 54

    2. 돌 숭배와 한국-몽골의 유사토템 비판 80

    3. 마늘과 쑥에 대하여 95

2장 단군은 진정 개국시조인가 111

3장 선사시대 유적의 새로운 해석 131

  1 빗살무늬토기와 한민족 시베리아 기원설 비판 136

    1. 빗살무늬토기의 형성 136

    2. 한민족 북방 기원설 비판 151

    3. 신석기시대 집락集落과 무덤에 대한 분석 168

  2 국가의 형성과 고조선의 실체 187

    1. 국가 성립과 권력 형성의 과정 190

    2. 비파형 동검의 정체 212

4장 한민족 기원의 새로운 해석 231

1 한민족의 기원 235

1. 한민족의 외래 기원설 237

2. 한민족의 본토 기원설 250

2 혼혈의 용광로에서 사라진 동이와 예맥 254

5장 고조선 문자의 새로운 해석 265

1 문자의 역사적 의미 270

1. 문자와 사회 270

2 가림토加臨土문자는 없다 291

6장 『朝鮮』과 『阿斯達』에 대한 새로운 해석 303

7장 "대제국 고구려"의 평범한 역사 319

8장 간도는 한국 땅이 아니다 335

1. 현대판 『한중 역사 전쟁』에 대하여 337

2. 백두산정계비에 대하여 341

3. 간도지방의 함경도, 평안도 행정구역 편입 설에 대하여 345

4. 국내 학계의 간도 영유권 문제 신중론 대두 347

나가는 말 351 / 부록 355

【1장】

단군신화의 새로운 해석

우선 『단군신화』를 한국 상고사 담론의 텍스트로 선정한 이유부터 밝히겠다. 한마디로 선사시대 관련 사료 결핍현상 때문이다. 『단군신화』는 한국에서 가장 오래된 선사시대 역사를 기록한 사서인 『환단고기桓檀古記』에 실려 있다. 그런데 이 『환단고기』는 그 자체가 안고 있는 신빙성 결여로 송찬식[1] 이도학[2] 조인성[3] 이순근[4]을 대표로 한 이른바 《강단사학계》에 의해 사서로서의 본격 텍스트화가 부정되며 《위서僞書》로 배제되었다. 이들의 주장에 따르면 『환단고기』와 『규원사화』를 정규사서로 받아들이기 힘든 이유는 "용어 사용의 부적절함, 인용 서적의 불분명함, 저술 연대와 저자 문제" 등으로 귀납된다. 『환단고기』는 20세기 초의 재야선비인 계연수桂延壽(?~1920)가 『단군세기』, 『태백일사』, 『삼성기』, 『북부여기』를 모아 재편성한 책이다. 그 중 가장 오래된 『단군세기』는 고려시대 이암李嵒(1297~1364)이 지은 것이다. 『북부여기』도 『단군세기』와 비슷한 시대의 인물인 범장范樟(生沒~?)이 지은 것이라고 전해지고 있다. 『환단고기』에 〈문화〉, 〈인류〉, 〈전 세계〉, 〈삼성품설〉[5] 등 20세기의 현대용어가 보이는 것은 이 저서에 계연수의 입김이 첨부되었음을 짐작케 한다.

단군조선에 관한 한국 고문헌의 기록을 역사적 사실을 있는 그대로 전해주는 것이라 신뢰하기는 어렵다. 무엇보다도 전하려고 하는 사실이 발생한 지 3천여 년이나 더 지난 뒤에 문자로 기록된 것을 사료로 인정한다는 것은 상식 밖의 일이다. 더구나 문자가 사용되기 전의 상황을 수천 년 뒤에 문자로 기록한 것을 사료로 받아들일 수는 없으며 그 내용 역시 역사적 사실을 전하는 것으로 믿을 만한 것이 거의 없다.

그럼에도 한국의 역사학계에서는 이를 역사적 사실을 직접 전하거나 반영하는 것으로 보고, 그것이 전하려는 메시지를 밝히는 데 많은 노력을 집중해왔다. 그 까닭은 말할 필요도 없이 고조선 특히 단군조선이 한국사의 서장에 위치하는 역사적 실체였다고 확신했기 때문이다.[6]

『환단고기』와 『규원사화』의 신빙성 결여를 근거로 「강단사학계」는 고조선을 한국 역사의 시작이라고 인정하면서도 국가적 체계화가 결여된 어설픈 국가이거나 신화의 차원에서 존재하는 준국가라고 주장한다.

 한국의 고대사를 해부한다

<그림1> 한사군

한漢나라는 고조선을 멸하고 그 옛 땅에 사군四郡을 설치한다. 그러나 한반도 중심 고조선 영토
의 기존 통설은 식민사학의 잔재라는 이유로 재야사학자들에 의해 부정되고 있다.

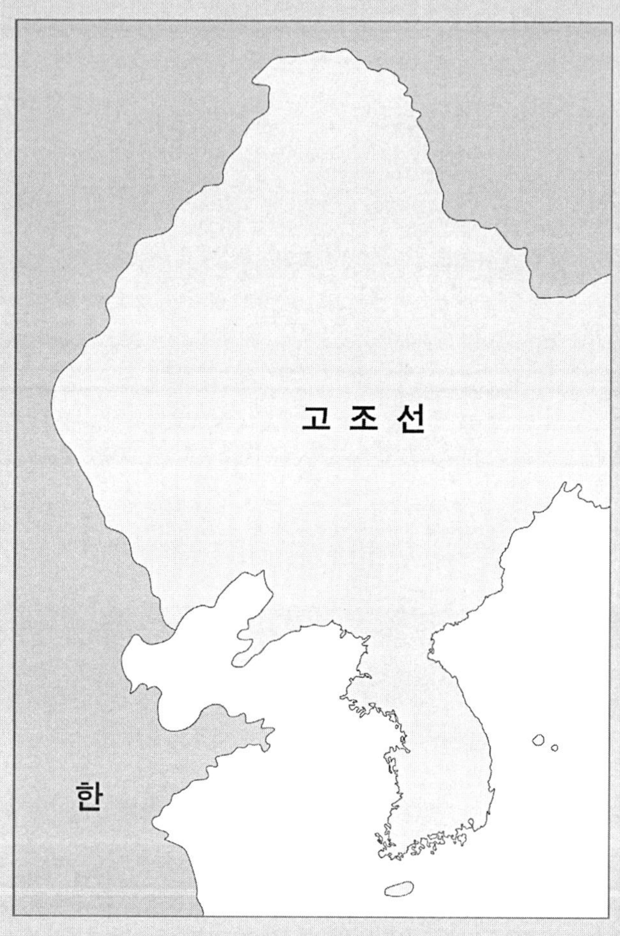

〈그림2〉 고조선 강역도

「환단고기」 등 야사를 근거로 재야사학자들이 주장하는 이른바 고조선영역도이다. 아예 산해관
을 넘어 하북성, 산동성까지 고조선 제국이라고 억지 주장을 하는 국수주의자들도 적지 않다.

이와는 정반대로 재야사학계는 『환단고기』와 『규원사화』를 정사기록으로 둔갑시켜 이를 토대로 한국 상고사를 새롭게 써내려고 시도한다. 이들 내용을 평가절상平價切上하며 정사인 이십오사二十五史를 비롯한 중국사서는 전부 위서僞書라며 평가절하平價切下한다. 만주, 연해주가 단군조선의 영토이고 고조선 인구는 9억이며 38개 자모로 구성된 가림토문자를 사용했다는 얼토당토않은 논리를 펴고 있다.

강단사학계가 정사 기록을 근거로 한 역사적 사실만을 인정함으로서 신화와 전설 속에 은폐되어있는 선사시대 사람들의 숨결마저 질식사시키는 반면 재야사학계는 배제된 정사 기록의 결여를 조작으로 봉합하며 역사의 진실을 왜곡 또는 굴절시키고 있는 실정이다. 그럼에도 불구하고 『환단고기』 내용 중 하나인 『단군신화』를 한국 상고사 담론의 텍스트로 선정한 것은 선사시대 신화와 전설 속에 내장된 토템의 분석을 통해 고대부족의 탄생 과정과 생활상을 추측할 수 있으리라는 가능성 때문이었다. 현재까지도 학계에는 신화와 전설에 나오는 토템에 대한 일치되고 공인된 정의가 없다는 사실이 연구 반경에 개연성을 열어주었다.

지금까지의 인류 발전사는 인간 중심의 역사 기술이었다. 자연은 철저히 배제된 상태였다. 이는 엄격히 말해 절반의 역사에 불과하다. 본서는 원시사회, 노예사회, 봉건사회, 자본주의사회순으로 정립된, 인간 중심으로 엮은 기존의 역사 분류법에 최초로 도전하려고 한다.

인류는 탄생 초기부터 현재에 이르기까지 수십만 년 동안 자연과의 밀접한 관계 속에서 생존해 왔다. 인류사는 곧 자연과 인류의 관계사이다.

자연과 인류의 관계사는 4개의 발전 단계로 분류할 수 있다.

① 인간의 운명에 대한 자연의 절대적 지배.

이 시기 인류의 운명과 생존은 전적으로 자연의 수중에 맡겨져 있었다. 인류는 자연의 이런 막강한 권력 앞에서 복종하고 자연을 신으로 숭배하고 경외했다.

약칭 신화시대라고 부르자.

② 자연의 절대 권위에 대한 인류의 저항.

인류는 생산도구의 발전으로 자연의 권위에 도전한다. 자연과 인간을 초월한 제3의 존재(신)를 설정하고 자연과 대치한다.

약칭 종교시대라고 부르자.

③ 자연에 대한 인간의 지배.

인간의 무리한 탐욕과 이기적인 광기에 자연은 파괴된다.

약칭 문명 또는 기술시대라고 부르자.

④ 인간의 폭력에 대한 자연의 저항.

환경에 대한 인간의 잔혹한 약탈과 유린에 저항하여 자연은 복수를 시작한다. 약칭 환경시대라고 부르자.

『단군신화』는 자연환경이 인간의 생존과 운명을 장악한, 자연의 절대 권력의 시대 즉 신화시대의 이야기이다.

샤머니즘 문화는 삼림이나 스텝지대의 수렵, 유목, 채집생활과 밀접한 연관성이 있다. 유목과 수렵은 동물 살생을 주업으로 하게 된다. 동물은 인류에게 먹잇감을 제공함으로서 고마움의 대상이 되었고 시간이 흐르며 이런 동물들은 신성시되었다. 한편 살생은 먹잇감의 감소라는 불안을 초래하게 되는데 이 불안감이 샤머니즘의 특징인 사후死後세계의 존재를 만들어내기에 이른다.

일본의 아이누족은 새끼 곰을 길러 수렵기가 되면 성대한 웅송제熊送祭를 거행한 다음 도살하여 제물로 바친다. 인간에게 후한 대접을 받은 죽은 영혼에게 곰의 세계로 돌아가 더 많은 곰을 인간세계에 보내주도록 전해달라는 일종의 샤먼의식이다. 결국 샤머니즘적 생사관에서 현생現生은 전생의 사후세계일 뿐이다. 동물의 영혼부활사상이 인간에게까지 확대되어 드디어는 샤머니즘의 사후세계관을 형성한다.

영혼불멸이나 사후세계의 존재 사상은 삼림과 스텝에서의 유목과 수렵 생활의 불규칙성과 우연성에서 기인한다. 게다가 생명의 일회성은 먹잇감 확보의 불안정으로 이어지며 늘 공포를 몰고 온다. 지금도 샤먼사상의 전통을 간직한 민족들은 대체로 삼림지대나 스텝지대에서 목축이나 수렵을 생계수단으로 살아가고 있다. 몽골족과 시베리아의 에벤키족, 길약족, 축치족이 그러하고 중국 대흥안령 일대에 거주하는 악온극족, 혁철족이 그러하다.

중원 지역이 샤먼의 문화권에서 재빨리 유교문화권으로 이행하게 된 원인은 농경에 필수조건인 정착생활과 인과관계가 있다. 계절의 순환과 절기의 주기에 따라 해마다 반복되는 농경은 우연성보다는 필연성을, 일회성보다는 안정된, 반복적인 생산성의 질서를 요구했고 작

년 농사보다는 (미래, 내세) 금년 농사에 관심이 집중될 수밖에 없는 사회구조였다.

우리는 이 장에서 토템의 생성 과정, 유사토템과 혈통의 관계에 대해 논함으로서 한국 선사시대에 현존하고 있는 문제점들과 진위 논란의 실상을 낱낱이 파헤칠 것이다.

1 유사토템과 동일혈통설 비판

1. 동물 유사토템과 혈통 관계

여기서 굳이 「동일同一토템」이 아닌 「유사類似토템」이라고 규정한 것은 「동일하다」의 본의가 증발되어 이해에 혼란을 조성하기 때문이다. 「동일하다」함은 비교되는 쌍방의 모든 조건에서의 일치를 전제한다. 곰을 숭배하는 두 부족이 있다 할 때 같은 곰을 토템으로 숭배할 뿐만 아니라 공간과 시간을 떠나서 혈통, 생활영역과 방식이 같아야 함을 의미한다. 이 논조를 받아들이면 시공간을 떠나서 무릇 곰 토템 부족은 하나의 혈통이며 같은 부족이라는 결론이 도출된다. 실제로 재야사학자들은 이 논리를 적용하여 곰 토템 부족이라는 단 하나의 이유로 홍산문화7를 단군의 곰 토템 문화와 동일시하면서 이 지역을 고조선 영역으로 무난하게 편입시키고 있다.

그러나 선사시대 곰 토템 분포 지역은 유라시아대륙의 북반부에서 북아메리카에 이르기까지 광대하다. 그밖에도 일본의 아이누족, 러시아와 중국의 에벤키족, 혁철족, 몽골족, 만주족도 곰 토템 신화를 가지고 있다. 심황오제三皇五帝 중 하나인 황제皇帝의 호號도 유웅씨有熊氏이며 복희伏羲의 호도 황웅黃熊(누런 곰)이다. 고시베리아족들인 축치족, 캄차카족, 길약족, 코리약족, 유카길족은 물론이고 신시베리아족인 니브히족, 퉁그스족, 핀족 등도 모두 곰 숭배 습속이 남아 있다. 한국에서는 단군 이래 곰 신앙이 사라졌지만 일본의 아이누족은 지금도 웅제熊祭를 지내고 곰을 산신으로 숭앙하며 자신들을 곰의 후손이라고 확신한다.

10만 년~3만 5천 년 전에 생존했던 유럽의 네안데르탈인도 곰에 대한 의식이나 제사를 행했음을 암시하는 증거가 있다. 이 모든 곰 토템 부족이 동일혈통이고 하나의 조상을 가지고 있다는 설파說破는 억측이라 하지 않을 수 없다. 토템의 복합적 특성을 무시하고 숭배 대상의 동일성만 중시한다면 선사시대 역사 분석에 미로를 장치하게 될 것이다.

중국 사학계도 용봉龍鳳문화의 동일성에 집착하다보니 화하華夏민족이 전 세계 인류의 조상이라는 황당한 논리적 비약에 도달하고 만다. 요즘은 엽서헌[8] 교수가 홍산문화, 흥륭와문화興隆洼文化, 우하량여신묘牛河梁女神廟에서 출토된 곰 토템 조각물과 상대商代의 좌웅坐熊을 근거로 곰 토템은 용봉문화시대를 앞서는 것이라고 주장하면서 곰 토템을 중화선사문화로 보고 있다.

그러나 한국사학계도 중국사학계도 아직 곰 토템 풍속을 유지하고

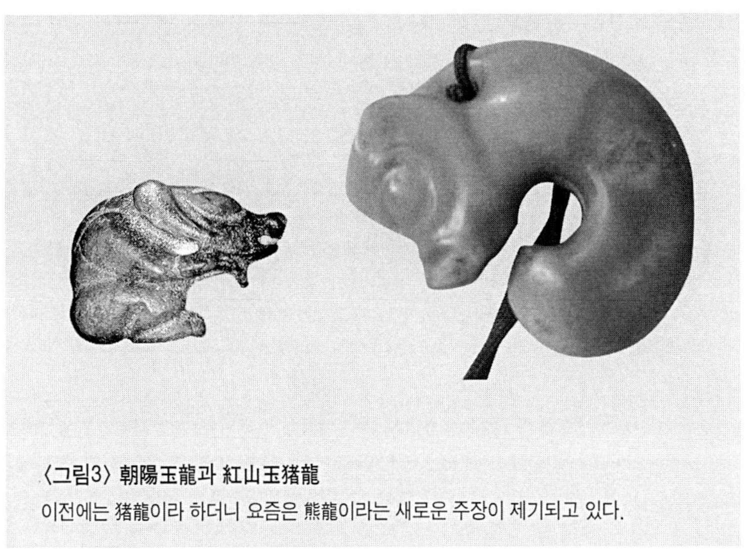

<그림3> 朝陽玉龍과 紅山玉猪龍
이전에는 猪龍이라 하더니 요즘은 熊龍이라는 새로운 주장이 제기되고 있다.

있는 에벤키족, 만주족, 혁철족을 자기들 민족의 동일혈통에 포괄시키지는 않는다. 이런 사실은 같은 토템을 숭배하지만 혈통이나 부족은 다를 수 있다는 가능성을 입증한다.

에벤키족, 혁철족의 곰 토템 신앙은 『단군신화』와도 너무 흡사하지만 사학계는 영토 확장과 직결되는 홍산문화나 흥륭와문화의 곰 토템 출토유적들에만 관심을 쏟을 뿐 이들 신화들에 대해서는 무시해버린다.

에벤키족과 현철족의 곰 토템 전설 한 토막을 인용해보자.

악온극鄂溫克족 신화9

오랜 옛날 모이한毛爾汗은 아내와 자식이 모두 죽고 홀로 사냥으로 살아가고 있었다. 어느 날 모이한은 황양黃羊사냥을 나갔다가 곰에게 잡혀 산굴로 들어갔다. 이때부터 모이한과 흑곰은 함께 살다가 딸을 낳았다. 어미 곰은 모이한이 도망갈까 두려워 그의 곁을 한 발자국도 떠나지 않았다. 그러던 어느 날 모이한은 딸을 데리고 산 위에서 놀다가 산 아래 강가에 배 한 척이 있는 걸 보고 그 배를 타고 떠났다. 어미 곰은 딸을 손에 쳐들고 소리를 지르다가 화가 나서 다리를 찢어버렸다.

혁철赫哲족 신화[10]

옛날 흑룡강에 노련한 사냥꾼이 살았다. 그에게는 마부카와 막일근이라는 두 아들이 있었다. 사냥꾼은 아이들에게 산에 가서 삼 일 동안 누가 사냥을 많이 하는지 해보라고 시켰다. 그러나 두 아들은 산속으로 들어간 지 삼 일이 지나도록 돌아오지 않았다. 결국 사냥꾼은 동네 사람들과 아이들을 찾아 나섰다. 그들은 사냥한 동물들과 막일근의 시체는 발견했지만 마부카는 찾을 수 없었다.

후일 한 사냥꾼이 사냥을 하다가 한 마리의 흑곰을 만났는데 그것을 잡으려고 하자 곰은 「마부카, 마부카.」하면서 숲 속으로 도망갔다. 한 노인이 마부카라는 이름을 기억해 내고는 "이 흑곰은 아마도 그 마부카가 변한 것일 게다."라고 하자 사람들은 그때부터 흑곰을 「마부카」라고 불렀다.

이밖에도 캘리포니아의 '모독 인디언신화'에 의하면 천계의 정령精靈의 딸과 그리즐리(회색 곰)가 혼인하여 생긴 아들이 인간이 되었다고 한다.

보다시피 『단군신화』와 유사한 곰 토템을 가지고 있음에도 불구하고 사학자들은 악온극족이나 혁철족, 모독 인디언부족을 한민족과 동

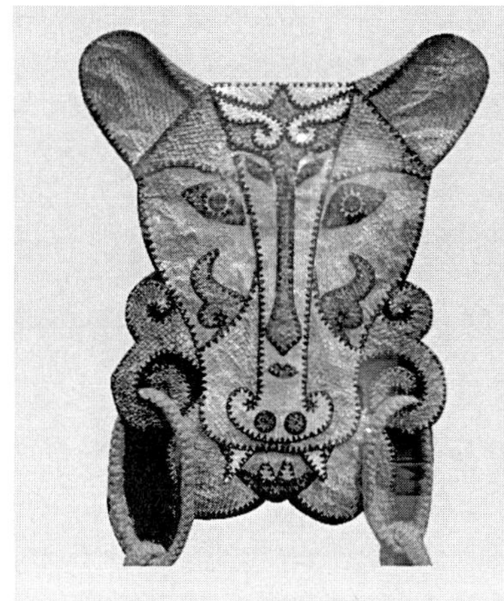

〈그림4〉 赫哲족의 魚皮 곰 토템우상

곰을 숭배하는 혁철족은 일반적으로 곰을 사냥하지 않는다.
위험에 직면하여 부득이한 상황에서 죽여도 반드시 머리 부분을 남겨 제사를 지내 참회한다. 이상하게도 곰의 후손이라는 한 민족에게는 어떠한 곰 숭배의식도 전해지지 않고 있다.

일한 혈통으로 파악하지 않는다. 이 사실은 유사토템이 반드시 동일 혈통으로 이어지지는 않는다는 점을 반증한다.

이 논리대로라면 처음의 경우와는 정반대의 결론에 도달하게 된다. 곰 토템을 가지고 있는 여러 토템 문화 부족들, 이를테면 황제 부족 중의 곰 토템 부족과 용산문화권 속에서 공존했다고 하는 곰 토템 부족 그리고 『단군신화』에 등장하는 곰 토템 부족은 아무런 혈연적 관계도 없다는 추론이 나온다.

토템의 형성은 부족이 생존하는 자연환경에 의존한다. 환언하면 특정 부족의 토템은 특정 환경에 의해 결정된다. 삼림지대 부족은 산짐승과 식물을, 평원지대 부족은 하천 동물을, 초원지대 부족은 초원 동물을 토템으로 숭배한다.

곰 토템은 수렵 부족의 산악지대 생활과 산짐승과의 공존의 결과이다. 그러므로 곰이 서식하는 삼림지대에 살고 있는 부족이라면 혈통

이나 조상과는 관계없이 곰을 토템으로 숭상하는 우연의 일치 현상이
나타날 수 있는 것이다. 동일한 시간 내에 부동한 공간 속에서, 상호간
의 어떠한 인연도 배제된 상태에서 단지 거주환경과 동물과의 공존이
라는 조건 하나만으로도 가능한 현상이다. 그런데도 유사토템이라는
신화적 텍스트를 근거로 동일혈통과 민족, 국가 영역을 판단하는 것
은 역사적 진실을 왜곡하는 위험한 결과를 산출하는 것이다.

동일한 곰 토템을 공유한 부족의 동일혈통 불가不可를 입증할 수 있
는 것은 이밖에도 여러 가지가 있다.

족외혼族外婚에 의한 토템혼재混在

인류 최초의 혼인 형식은 족내혼endogamy과 족외혼exogamy이다.

신석기시대에는 부족사회를 이루었는데 부족은 씨족을 기본단위로 하며
씨족은 혈연을 바탕으로 하고 있다. 씨족은 각각 폐쇄적인 독립사회를 이
루고 있었으며, 점차 다른 씨족과의 족외혼을 통하여 부족을 이루었다.[11]

신석기시대 부족의 규모를 취락지聚落地 발굴의 추적이나 민족지학,
또는 인류학적 방법을 동원하여 추정한 데 의하면 대규모라야
300~1000명 정도이고 소규모이면 30~40명이었다고 한다. 한국에는
대규모 부족사회는 없고 대체로 30~40명의 집락集落 주민 규모였을 것
으로 추측된다. 이런 상황에서 부족의 세력을 불리는 가장 좋은 비법
은 아마도 족외혼이었을 것이다.

족외혼이란 외부의 씨족 집단 성원과의 통혼을 금지하는 족내혼과

는 달리 동일한 씨족 구성원들과의 통혼을 금지하는 혼인 형식이다. 족외혼은 구석기시대 씨족의 발생과 함께 등장한 인류의 가장 이른 혼인법이다. 모계 씨족, 부계 씨족 사회를 형성하던 구석기시대와 신석기시대 전반에 걸쳐 행해졌다.

구체적인 통혼 방식으로는 세 가지가 있다.

1. 두 개의 토템 씨족 사이에서만 통혼이 가능하다.
2. 두 개 이상의 토템 씨족 간에도 통혼이 가능하다.
3. 토템이 다르면 어떤 다른 씨족 집단과도 통혼이 가능하다.

이 금기를 어기면 엄벌을 받아야 했다. 사형에 처하는 경우도 있었다. 군혼群婚 시대의 통혼은 개인 대 개인이 아닌 씨족집단 대 씨족집단 사이에서 이루어졌다는 것이다.

운남성의 커무런㞎木人처럼 오늘날에도 족외혼을 행하는 민족이 있다.

선사시대의 족외혼은 윤리적이거나 유전자적인 의미보다는 생존 측면의 의미가 강했다. 씨족들은 족외혼을 통해 무리의 세력 불리기와 영역 확장을 도모했다.

한국에서는 신라, 고려시대까지도 근친 족내혼이 지속되다가 조선시대에 와서야 철저한 외혼外婚 규제로 '월3성6촌(月3姓6寸)'해야 혼인할 수 있다는 관행이 일반화되었다. 그러나 이 시기에도 거의 촌락 외혼을 행한 양반 계층과는 달리 상민 계층에서는 여전히 촌락내혼이 이루어졌다.[12] 신석기시대 사람들은 엄격한 족외혼 제도를 준수했다.

서로 다른 부족 간의 족외혼은 서로 부동한 여러 토템이 공간과 시간을 초월하여 불규칙적으로 혼재되고 뒤섞이게 되는 이유의 하나였다. 『단군신화』에서도 곰은 부족 내의 수컷과 혼인하지 않고 토템이 다른 부족인 환인(식물 토템. 즉 박달나무 토템)과 결혼한다. 족외혼에 의한 토템의 이동과 공존 또는 혼재는 오랜 세월 동안 부족들 간에 상호 영향을 미치면서 점차 어느 한쪽으로 동화, 흡수, 융합되게 된다. 그러나 최종 융합에 이르기 전까지 흡수, 동화된 토템은 상당 기간 타부족의 토템과 공존하면서 동일토템 문화를 유지한다.

선사시대에도 혼수품 같은 것이 있었을 것이다. 자기 부족의 토템 상징물인 그림이나 조각 같은 것들도 혼수품에 포함될 수 있다고 가정하면 홍산문화유적과 홍륭와문화유적에서 발굴된 곰 토템 조각품의 유래를 분석하는 데 결정적 증거가 될 수도 있을 것이다. 족외혼은 고대 선사사회의 토템 문화의 교류와 국가를 지향하는 여러 부족들 간의 통합과 융합을 촉진한 유력한 사회현상 중의 하나였다고 할 수 있을 것이다.

부족 간의 전쟁과 내부갈등에 의한 토템의 융합과 흡수

선사시대에는 부족 간의 충돌과 전쟁이 잦았다. 생존을 위한 영역 확보 차원에서도 그럴 수밖에 없었고 자기 부족 토템의 우월성을 과시하기 위한 수단도 전쟁이었다. 서열 조절, 먹이 분배로 인한 부족 내부의 갈등도 만만치 않았을 것이다.

전쟁은 지금도 그러하듯이 고대에도 살인과 약탈, 포로와 전시품, 종속과 흡수로 종말을 찍는다. 패전 부족의 포로는 승전 부족의 노예로 전락함과 동시에 강압에 의해 타부족의 토템에 종속되거나 흡수되는 굴욕을 감수해야 한다. 혈통과 조상은 다르지만 토템은 같아지는 기이한 현상이 초래되는 것이다.

그러나 패전 부족의 노예가 간직하고 있던 토템 문화와 약탈당한 전리품 속의 토템 상징물들은 정교한 수공업을 통해 제작해 내어 주인에게 진상해야 했을 것이다. 이제 이런 수공품들은 한 부족의 신성한 토템의 상징이 아니라 주인이 애용하는 사치품 정도로 그 가치가 하락하고 마는 것이다. 주인의 죽음과 함께 무덤 속에 매장된 이 사치품들은 수천 년 전의 역사를 비밀에 붙인 채 현대인들의 눈앞에 재현되면서 온갖 추측과 억측들을 불러일으키고 있다. 현대과학으로 수천 년 전의 미스터리를 풀기에는 역부족임이 드러났다. 상고사에 대한 학계의 거미줄처럼 엇갈리는, 서로 상반되는 주장들을 보아도 그것을 알 수 있다. 하나의 동일한 문물을 놓고도 학자들의 해석은 천차만별이다. 유사토템은 동일 혈통을 입증하며, 토템의 분포는 곧 이 토템 부족의 국가 영역이라는 주장 역시 그 중의 한 실례이다.

전쟁은 선사시대 인류 토템의 이동과 공존, 융합, 흡수의 복잡한 과정을 가장 역동적으로 가속화시켰던 사회현상이었다.

부족 성원의 개인 이주, 다른 부족과의 혼재에 의한 토템의 이동과 공존, 융합, 흡수

선사시대 특히 토템왕성시대라고도 할 수 있는 신석기시대에는 국가적 개념과 국경 같은 것이 없었기에 부족의 이동에 제약이 없었다. 부족 내에서 축출 당했거나 빈번한 전쟁 중에서 홀로 살아남았거나 등의 원인으로 부족 성원의 개인 이주도 잦았을 것으로 짐작된다.

이들 중에 부족 내에서 토템 상징물을 수공, 제작하던 장인匠人도 있을 수 있고 토템의식을 주관하던 부족의 우두머리도 있을 수 있다는 것을 가정할 때 다른 부족 집단에로의 영입은 신입 부족 성원의 고유 토템을 전수하는 매체가 되었을 것임에 분명하다. 부족 성원의 개인적 이주에 의한 다른 부족과의 토템혼재는 두 부족 성원 간의 그 어떠한 혈연관계도 없다는 것을 알려준다.

홍산문화, 홍륭와문화 유적에서 출토된 곰 토템 상징물은 이런 경로를 통해 이 지역의 문화권에 섞여 들어오지 않았을까. 연구해볼 만한 가치가 충분하다. 고고학계는 연구 반경을 넓혀야 할 필요가 있다.

출토 문물 자체 연구에만 집착해서는 역사적 진실을 밝히기 어려울 것이다. 게다가 애국주의를 명분으로 한 극단적 민족주의, 국수주의까지 연구에 개입되면서 그러지 않아도 복잡하고 정설이 없는 선사시대 연구를 인간의 더러운 욕망의 각축장으로 만들 수도 있다.

새로이 부족 집단의 성원이 된 장인은 자신이 익숙하게 알고 있는 자기 부족의 토템 상징물을 제작, 판매함으로서 신임을 얻고 의식주를 해결했을 것이다.

자연환경의 동일성과 우연의 일치

이밖에도 부족 간의 무역거래에 의한 기술, 상품 교환을 통해서도 토템은 상호 전수되고 영향을 주었을 것이지만 큰 영향은 끼치지 않았을 것으로 추측된다. 그보다는 오히려 서로 다른 공간일지라도 동일한 자연환경이 혈통이 다른 두 부족 간의 토템의 일치로 나타났을 것이다. 곰 토템을 가지고 있는 부족의 활동 공간은 곰이 서식할 수 있는 동일한 자연환경을 전제로 한다. 만족滿族의 흑곰신神 토템과 에벤키족, 혁철족의 곰신神 토템, 일본 북해도의 아이누족 곰 토템은 어떤 의미에서는 이들 민족이 살고 있는 자연환경의 동일성에서 기인된 것이라고 할 수 있다.

곰이 살고 있고 곰이 인간에게 주는 경제적, 특성적, 신앙적 혜택이 부족의 생활에서 큰 위치를 차지한다는 공통성이 곰 토템의 동일성으로 이어진 것이지 혈통이나 조상과는 결코 아무런 관련도 없다. 중국 학계의 용봉 토템 문화의 공통성을 근거로 한 중화민족의 세계 전파 주장이나 곰 토템 문화의 공통성을 근거로 대륙 고조선을 주장하는 재야학자들의 주장은 모두 상술한 가능성을 간과한 데서 파생된 오류들이다.

2. 토템과 부족의 생활, 건강과의 밀접한 관계

토템은 인간과 동물의 공존을 전제로 발단하면서 생활과 밀접한 관계를 가지게 된다. 경제적, 의학적, 주술呪術적인 모든 측면에서 선사 부족에게 가장 큰 실리를 가져다주는 동물은 모든 먹잇감의 상위 가치를 획득하게 된다.

선사시대 인류의 최대 관심사는 먹잇감 획득과 질병 그리고 추위 이 세 가지였다. 부족의 이 세 가지 욕구를 충족시켜주는 동물은 생활 중에서의 귀중함을 넘어 토템이라는 숭배대상으로 신성시되기까지 하는 것이다.

경제적 실리

선사 부족집단의 최대 관심사는 먹잇감 획득이었다. 그것은 정규적인 생산 활동을 통해 획득되는 수확물이 아닌 수렵을 통한, 일정하지 않은 먹잇감 확보 때문에 초래된 문제이기도 하다.

수렵물로서 곰이 인간에게 제공하는 고기는 풍성한 먹잇감이었다. 곰 한 마리면 겨울에는 얼음에 고기를 얼리고 여름에는 햇볕에 말리고 불에 구워 저장하기도 하고 소금에[13] 절여 보관하기도 하는 등 오랫동안 부족의 식량을 해결할 수가 있었을 것이다. 게다가 곰 고기는 단순히 굶주림을 해결하는 식용 차원을 넘어 영양가마저 높아 부족의 건강 유지에도 도움이 컸을 것임에 틀림없다.

수렵 부족은 대체로 산짐승이 서식하는 산악지대에서 살기 마련이다. 삼림지대는 보통 평원지대보다 기온이 낮다. 산짐승이 많은 깊은 산중일수록 기온은 더욱 차가워진다. 신석기시대에는 집도 없고 편직 기술도 없었다. 집이라고 해봤자 천연 바위동굴 아니면 움집이었고 옷이라고 해봤자 나뭇잎이나 짐승가죽 몇 장 정도였다. 일반적으로 구석기시대 사람들만 동굴에서 생활한 걸로 알고 있지만 신석기시대로 진입해서도 동굴 생활은 상당히 오랫동안 지속되었다. 이는 평북 의주 미송리, 평양 용곡 동굴, 춘천의 교동과 단양의 금굴, 단양 상시 그리고 부산 금곡동 율리 등의 유적 발굴에서 입증되고 있다. 이들은 주로 사냥과 채집에 의존했다. 동굴은 외풍은 차단하지만 땅바닥에서 상승하는 냉기는 차단할 수 없다. 나무껍질이나 나뭇잎 또는 건초를 깔아보아도 섭씨 영하 30도를 오르내리는 고지대의 강추위를 막아내기에는 역부족이었을 것이다. 한파를 막아낼 수 있는 가장 좋은 옷과

방석으로는 두말할 것도 없이 따뜻한 털을 가진 곰 가죽이 일품이었을 것이다.

이처럼 곰은 고대 산간지대에 거주하는 부족에게 풍족하면서도 영양가 있는 먹이도 제공하고 추위도 막아주는, 생존과 직결되는 귀중한 선물이었다.

선사 부족들은 이웃인 동물의 특이한 생활습성에서 자신의 생존을 영위하는 방식을 습득했다. 지금도 과학이 동물의 모양이나 특성을 모방하여 현대적 기계들을 제작해내고 있듯이 고대의 동물은 인류의 유일무이한 전범典範이었다.

먹이 확보와 관련해서는 곰의 잡식성 식습관을 관찰하면서 인간과 너무나 흡사함을 발견했을 것이다. 짐승, 물고기, 풀뿌리, 새싹, 나무열매, 곤충, 벌꿀 등 먹을 수 있는 것이면 닥치는 대로 먹어치우는 곰의 잡식습관은 먹이 걱정이 없도록 생존을 확실하게 보장해준다. 인간 역시 수렵, 어로, 채집 등을 통해 먹을 수 있는 먹이는 죄다 먹어치운다. 열매를 딸 때 나무를 기어오르기에도 안성맞춤이고, 강가에서 연어를 잡을 때 강돌을 번지거나 개미굴을 공략할 때 바윗돌을 굴리기에도 좋도록 생긴 곰의 갈고리발톱, 초식에 적합한 평평한 어금니, 어렵에 편리하도록 유달리 헤엄을 잘 치는 곰의 특기도 음식물 확보를 위해 없어서는 안 될 신체구조였기에 인간의 부러움의 대상이었을 것임에 틀림없다.

뿐만 아니라 곰의 단독생활 근성과 각별한 모성애 그리고 추운 겨울 동안 먹지 않고 늘어지게 자는 편안함은 인간들이 바라는 소원 그 자체였을 것이다.

의학적 실리

과학이 고도로 발달한 현대 사회에서도 인류는 암, 에이즈와 같은 불치병 앞에서 속수무책이다. 그러니 의학 기술은 물론이고 의학 상식마저 전무한 수천 년 전의 상고시대의 질병은 자연재해와 더불어 시시각각 인간의 생명을 위협하는 불가항력의 재난이었을 것임에 틀림없다.

불과 10여 년 전만 해도 한국인의 평균 수명은 40~50대였음을 감안할 때 수천 년 전의 인간의 수명은 10~20대였을 가능성도 배제할 수 없다. 선사시대 인간의 수명을 단축시키는 첫 번째 원인은 당연히 질병이었을 것이다. 물론 생산수단의 미비未備에 따른 먹이 확보의 불확실성으로 인한 영양부족과 자연재해로 인한 사망도 원인이 되었겠지만 그래도 질병에 의한 죽음보다는 덜했을 것으로 짐작된다.

동굴 생활에서 발생하는 냉병은 전염병을 포함한 각종 내과합병증을 유발했으며 습기와 곰팡이에 의한 종합피부병, 치질과 같은 외과합병증도 인간을 괴롭히는 독성 질환들이었다.

『단군신화』에서 웅녀가 동굴에서 생활한 걸 보면 인류의 동굴 생활은 구석기시대는 물론 신석시대까지도 이어졌을 것으로 추정된다. 실제로 역사 기록에 따르면 타브가치(Tabgachi) 일명 척발선비拓跋鮮卑라고도 부르는 북방 민족은 지금의 중국 내몽골 자치구의 후룬베얼악륜춘자치기呼倫貝爾鄂倫春自治旗의 알선동嘎仙洞이라는 바위굴에서 A.D. 2세기까지도 동굴생활을 하였다고 한다. 높이가 무려 100m인 화강암 절벽에 위치한 이 동굴은 길이 92m, 폭 28m, 천장의 최고 높이 20m로 총면적이 2000m2에 달하여 1000명 정도를 한꺼번에 수용할 수 있

〈그림5〉 인류의 구석기시대 동굴 생활과 신석기시대 움집 생활

「단군신화」에서 곰이 동굴 생활을 했던 사실로 미루어 신석기시대 초까지도 인류는 동굴 생활을 했을 것으로 추정된다. 움집은 구석기시대에도 있었다. 동굴 생활과 움집 생활은 시공적인 시대 구분보다는 선사 주민들의 주변 환경과 긴밀한 연관성이 있었을 것으로 간주된다.

다고 한다. 바깥 기온은 영하 40도의 혹한이지만 동굴 안의 온도는 영하 17~18도로 사람이 지내기에 적당하다.[14]

이들 민족도 동굴 생활에서 생기는 여러 가지 질병으로 고통을 겪었을 것임에 틀림없다.

그런데 곰은 동물 중에서도 질병 치료에 효과가 가장 큰 천연 약재로서 상고인들의 사랑을 독차지할 만큼 유용한 존재였다. 그야말로 곰 전체가 살아있는 약재였다. 아이누족은 지금도 곰의 살코기를 신이 주신 선물이라고 신성시한다. 오늘날에도 곰은 귀중한 약재로 민간요법은 물론 임상치료에도 광범위하게 사용되고 있다. 웅담, 웅장 등은 만병통치약으로 불리며 약령시장에서 고가高價로 유통된다. 항상 공급이 수요를 만족시키지 못하여 밀매꾼들이 국경을 넘나들고 암시장에서는 가짜 웅담, 웅장이 고가에 거래되고 있는 실정이다.

동굴 생활은 특유의 냉기와 습기 때문에 주로 화농증, 종창, 만성치질에 걸리기 쉽다. 웅담에는 이런 피부병을 치료하기에 가장 적합한 청열해독제의 효능이 있다. 즉 소염과 해독 작용이 뛰어나다.

뿐만 아니라 환부患部의 통증을 진정시키는 진통제로도 효과만점이다. 소염과 통증은 임상치료에서의 첫 번째 목적이기도 하다.

뿐만 아니라 웅담은 고대에 많이 발생했던 전염병으로 인한 고열, 경련, 열상熱傷이나 자상刺傷(수렵 또는 채집 시에 발생하기 쉬운 상처)에 의한 발열에도 치료 효과가 뛰어나다. 물론 간염, 위궤양, 십이지궤양, 고혈압 치료에도 효험이 있다.

수렵 활동 시에 자주 발생하는 외상外傷, 동굴 주거환경으로 인한 각종 염증, 냉기에 의한 합병증과 환부의 통증 치료에 탁월한 효험이 있는 곰은 그야말로 선사시대 인류에게는 만병통치약이었을 것이다.

이렇듯 토템 동물은 인류 탄생의 초기부터 신성시된 것이 아니라 오랜 기간의 공존 속에서 인간에게 가장 많은 혜택을 주었던 동물에 대한 애착으로부터 시작된 것이다.[15] 토템 동물과 부족 간의 관계는 생존과 관련된 것이므로 나중에는 신성시될 수밖에 없었다.

정신적 위안

공존동물의 경제적, 의학적 실리도 곰이 신성시된 여러 이유 중의 하나였지만 가장 결정적인 계기는 곰의 모성애와 부활이었다. 고대인들은 겨울에는 자고 봄에는 깨어나는 곰의 동면을 죽었다가 다시 부활하는 특이 현상으로 이해했다. 현재나 과거에나 인간에게 가장 큰 위협은 죽음이다. 죽음을 초탈하여 부활하는 곰의 초능력은 신비와 더불어 부러움의 대상이 되기에 충분했다.

인간에 비해 조금도 손색이 없는 곰의 유별난 모성애는 곰을 여성의 신으로 승격시켰고, 동면을 통한 시체의 부활은 영혼을 통한 생명의 영존을 갈구하는 인간의 소망을 대신하여 신격화되었다.

이러한 이유 때문에 곰 숭배 풍습은 급속하게 확장되었다.

곰 숭배 풍속은 지금도 축치족, 캄카달족, 길리약족, 코리야족, 유카길족, 일본 홋카이도와 러시아의 사할린도 그리고 쿠릴열도 등지에 사는 아이누족, 아무르 강변에 거주하는 니부히족, 그곳과 인접해 사는 퉁구스계의 오르크족, 오르차족 등 그 분포 지역이 광범위하다.

웅송제[16]의 풍습은 아직도 시베리아의 길리약족과(길약, 길랴크라고도 부른다) 아이누족에게 남아있다.

약 10만 년~3만 5천 년 전에 생존한 유럽의 네안데르탈인의 유적지에서는 곰의 뼈가 대량 출토되었는데 그 중에는 이미 당시에 곰에 대한 민간신앙 의식이나 제사가 행해졌음을 암시하는 증거가 남아있다.

북아메리카 슈족 등의 평원인디언에게는 곰을 모시는 특별결사結社(민간신앙단체)가 있다.

하나의 문화 현상은 내장內裝된 자체 관성에 의해 역사의 흐름 속에 많던 적던 흔적을 남기게 마련이다. 문화소란 바로 이러한 문화의 수직적 흔적을 가리키는 현대 용어이다. 역사학자들은 역사의 세포 속에 용해되어있는 이런 문화 흔적을 탐구함으로써 민족의 근원과 절단되지 않고 면면히 이어져온 혈맥을 추적하게 된다.

그런데 이상한 것은 『단군신화』를 통해 곰 토템 후손이라 자칭한 한민족에게서는 곰 숭배 풍습이나 민간신앙 또는 제사 전통을 찾아볼 수 없다는 사실이다. 지금의 공주 금강변의 「고마나루」터에 곰을 제사지내는 사당 하나가 달랑 남아있을 따름이다. 사당과 관련된 「곰나루 전설」이라는 민간이야기 하나가 지금까지 전해져 내려오고 있다.

곰나루 전설

옛날에 워뜬 사램이 산에 나무하러 갔드래유. 나무를 하러 긌는디, 곰이 하나 나타나가주고서 그 사램을 읍고 굴속으로 들어갔드래유. 굴속으로 들어가가주고는 아침 즈늑으로 믁을 긋을 구해다 주드래유. 나가가주고. 근디 나갈 즉에는 그 사램이 내뺄까 무스워서 큰 독을 갖다가 문을 막으놓고 다니그든. 그래서 멫 해를 지냈든지 그기서 같이 지내믄서 그릏게 믁을 긋도 풍부히 존글로 갖다주고 허니께 그기서 아마 해스 새끼를 두 마리를

났드래유. 츠음에 한 마리를, 또 한 마리를 낳고 그릏게 그륵즈륵 몇 해가
되웃그든유.

근데 그 곰이 인젠 안심을 하고 그 사램 묵을 걸 구하로 나가는 판에
"에이, 인자 안심이지 자슥도 있고 그러니께 그그 워두루 가단 안 할 테
지."

하구서 독문을 그냥 열어놓고 갔드래유. 그래 독문을 열어놓고 간 뒤에 가
만히 그 사램이 생각하니께 암만해도 워튿게 내빼야긋그든. 그래 일변 독
문을 열어놓고 간 뒤에 사뭇 내빼스 고 아래 그 즌에도 사방도 곰나루(고
마나루라고도 함)라고 하지만―나루가 있으스 그기를 불나게 쫓아와 가
주고스 배를 타고 즙(집)짝으로 근느갔그든유. 백사장께를 배를 내레가
주고 가니께 곰이 그때 돌아왔단 말이유. 들어와서 보니께 아 그 사램이
볼세(벌써) 강 건느스 가그든. 가니께 소리를 들고(자주, 연속해서) 질르
도 본 치 않고 가고 그러니께 나중에는 자슥 큰놈을 집으내가주고서는 또
들어가주고스 죽은 놈 또 붙잡아가주고스 또 물이다 집으눟고 그러니께
둘 죽은 뒤에 즈도 빠즈 죽웃드래유.

죽은 뒤에야 인제 그기 그즌에는 그 무웃인가 싣고 그리 댕겼는디 그 뒤에
강에 배가 댕길라믄 복슨(복선覆船 : 배가 뒤집힘)을 해유. 다른 배는 괜찮
애도 시방으로 말하면 국곤가(공물貢物) 그 곡식을 싣고서 워데로 운반한
다든가 서울로 가즈갈라고 하는 배가 그그를 지낼 직은 그놈이 복슨하고,
복슨하고 아 그래스루는 므 그그 한해 두해가 아니구스는 자꼬 그릏게 되
니께 곰이 그릏게 죽었다는 그 뒤에부터 그러니께스르는 아마 그그다 사
당을 지웃든 모양이지 그래가주고 여그 관찰사 있을 즉으 초하루 보름으
로 댕기구 인제 그를 위하구 그란 뒤부텀은 복슨이 안되드래유. 그래 그

여그 관찰사 오는대로다 초하루 보름으로 댕기고 부임하면 일변 그그 믄 즈 가고 그래스루는 그기다가 곰사당집을 짓고 그기 사당지기도 두고 그 래가즈고스는 왜중倭政 때 되니께 다 읎어지고 그 집도 헐으삐리고 지금은 읎으줏스유.[17]

아무튼 이 전설이 유래가 되어 지금의 공주는 웅진雄津, 즉 곰나루로 불려지게 되었다.

이 외에도 곰에 관한 몇 가지 설화가 더 있다.

1. 곰이 낳은 자식「한국구비문학대계」경북 정주군 (대가면 설화 72)

2. 곰나루「한국구비문학대계」경기도 의정부시 (가능동 설화 41)

3. 구례곰소에 관한 곰나루 형 전설「한국구비문학대계」전북 완주군 (삼례읍 설화6)

4. 고마나루의 유래「한국구비문학대계」전북 군산시 (군산시 설화6)

5. 암곰이 낳았던 백령도 도사「한국구비문학대계」전남 신안군 (증도면 설화15)

6. 곰과 혼인한 노인「한국구비문학대계」경북 대구시 (대구시 설화 154)

곰의 후손이라는 한민족에 곰 관련 설화가 이 몇 편이 전부라니 허탈할 뿐이다. 게다가 이 몇 편의 설화들마저도 한결같이「곰나루 전설」의 변종으로서 동일한 내용을 중복하고 있다.

그런데 곰나루설화도 시조설화는 아니다.『단군신화』는 곰-사람-건국시조로 이어지는데 반해 곰나루설화는 곰-나루터-사당으로 이

<그림6> 금강의 곰 사당과 곰 조각상

곰 조각상은 곰나루사당에 세워두고 지나가는 사공들이 고사를 지냈다. 곰나루전설에 의하면 곰과 그 새끼들은 금강에 빠져 후대가 끊겼음을 알 수 있다. 조상신숭배라기보다는 민간귀신 숭배에 더 가깝다.

어지는 전혀 다른 이야기구조를 보이고 있다. 환언하면 곰나루설화는 풍랑에 의한 나룻배의 전복과 고사告祀를 통한 재앙의 극복이 설화의 주제가 된다. 정확히 말하면 곰나루설화는 시조설화나 건국신화가 아닌 수많은 지명 관련 민간이야기 중의 하나이다. 설화 형성의 상한연대도 삼국시대의 백제까지로 한정될 수밖에 없다.

공주는 백제의 고도古都로 원래는 웅천熊川이라 불리다가 한성에서 천도한 뒤에 웅진雄鎭이라고 개명했다. 15세기의 문헌인 『용비어천가』에는 「고마나」라고 하였다. 지명에서 구龜, 웅熊, 정鼎, 검儉 등의 글자는 고어에서는 모두 크다大라는 뜻을 나타낸다고 한다. 근세에 와서 「고마」의 한자식 표기를 금마金馬, 고마古馬라고 하는데 「가마」나 「고마」는 모두 「검은 것」이라는 뜻을 지닌다고 한다.

이영택은 우리나라는 웅녀熊女의 아들 단군의 후손답게 곰이 신성시되어 곰과 관련된 지명이 많다고 주장한다.

金馬里－寧越郡酒泉面　金馬面－益山郡　　　伐金里－扶安郡胃島面
　　　古興郡大西面　　　　　　　　　　　　新安郡荷衣面
金湖島－光陽郡太金面　古羅金－高興郡錦山面　東金瀨島－海南郡三二面
兎金島－莞島郡蘆花邑　錦里　－陜川郡三嘉面　錦湖島－海南郡三二面
　　　　　　　　　　安邊郡釋王寺面
黃城今里－新安郡新衣面　古今島－莞島郡古今面　琴洞－務安郡三鄕面
　　　　　　　　　　　　　　　　　　　　　達城郡瑜伽面
飛禽島－新安郡飛禽面　八禽島－新安郡八禽面　黔同島　義州郡州內面
甘里　－昌寧郡高岩面　甘川洞－釜山市 西區　　甘釜島－珍島郡古郡面

可馬峰—黃州郡都峙面　可馬院—寧邊郡百嶺面　駕幕島—高敞郡上下面
　　　　鳳山郡洞山面　　　　楚山郡古面　　　　麗川郡突山邑
可幕里—尙州郡化西面　加幕里—鎭安邑　　可賣島—高興郡蓬萊面
葛馬島—莞島郡薪智面　葛馬洞—大田市中區　葛馬角—元山市(葛麻半島
끝)
葛馬德—富寧郡西上面　葛麻里—醴泉郡開浦面　渴馬里—瑞山郡浮石面,
任實邑

　　　　　　　　　　　　　　　　　　　　高尙郡大山面
　　　　　　　　　　　　　　　　　　　　昇州郡住岩面
가마에—江西郡咸從面　釜島　—麗川郡華井面　蓋馬高原—咸鏡南北道
　　　　　　　　　　莞島郡金日邑
　　　　　　　　　　統營郡山陽邑
去毛里—始興郡君子面　居無役里—靈德郡柄谷面古毛里—抱川郡蔬屹里
　　　　　　　　　　　　　　　　　　華城郡麻道里
黑島—沃溝郡沃島面　黑山嶋—新安郡黑山面　玄川里—麗川郡召羅面
　　　新安郡荷衣面
玄圃里—鬱陵郡北面　玄石洞—서울市麻布區　桂馬里—靈光郡弘農面
古馬島—靈岩郡三湖面　熊川洞—麗川市, 鎭海市　熊島—昌原郡龜山面
穴島—珍島郡珍島面　九美洞—城南市, 靈德邑　九美浦—長淵郡大救面
　　　莞島郡薪智面
　　　統營郡閑山面
飛水口味—華川邑　沙口味里—海南郡松旨面　上禮口味—明川郡上雩北面
城九味—唐津郡松山面　石九味—扶安郡蝟島面　　含九味—麗川市

泉九味—莞島郡蘆花邑　船艙九味—莞島郡甫吉面 九味里—尙州郡利安面

通九味—鬱陵郡西面　栗九味—馬山市　가마구미, 대구미—莞島邑

池西九味—鏡城郡漁大津邑 九尾洞—安東郡南先面 九尾里—金陵郡龜城面

九 里, 魚隱 里, 地富 里, 楸 里, 柳 里, 靑魚 里—文川郡明龜面(松田半島)

雁馬島—麗川郡南面 鳶島里(鳶馬는「가리마」로 읽는다)[18]

상기上記한 지명들이 모두 곰을 의미하는지는 확실하지 않다. 야생동물의 서식지로 적당한 북한 삼림지대나 단군 발상지라는 백두산, 묘향산주변에는 곰 관련 지명이 적고 도리어 남방 쪽에, 그것도 섬의 지명에(무려 26개가 도명島名이다) 주로 나타나고 있다는 사실에 주목하기 바란다. 백두산 부근의 곰 관련 지명은 겨우 개마고원 하나뿐이다.

주지하다시피 한반도 해변에는 제주도를 제외하고는 주로 작은 섬들이 분포되어 있다. 섬은 육지와의 단절과 이동의 불편 그리고 먹잇감의 부족으로 포유동물의 서식에 불리하다. 섬의 이런 특수한 환경조건 때문에 곰과 같은 야생동물은 거의 서식하지 않고 주로 조류鳥類나 곤충들이 생존한다. 이영택이 저서에 열거한 곰 관련 지명에는 통구미通九味, 현포리玄圃里 등 울릉군의 행정구역도 나오는데 울릉군은 원래 화산섬이어서 야생동물이 서식하지 않는 곳이다. 육지와의 소통이 단절되어 섬으로의 접근이 불가능하기 때문이다. 포유류 중 유일하게 쥐만 서식하는데 이는 사람들의 배나 화물에 묻어 들어온 경우이다.

이로 미루어볼 때 적어도 통구미, 현포리라는 지명은 곰하고는 아무런 연관이 없음을 알 수 있다. 구미九味나 한자어 현玄이 곰과 대응한다는 해석도 재고할 필요가 있다. 곰보다는 「크다」나 「검은 것」이라는 해석이 더 설득력 있어 보인다. 문제는 이 두 지명만 불확실한 것이 아니라 섬 관련 지명, 더 나아가서는 전체 지명이 곰과는 어떠한 연관도 없을 수 있다는 가능성이다.

‘가마可馬’, ‘갈마曷馬’, ‘감부甘釜’, ‘가막加幕’ 등의 지명도 곰이라는 뜻보다는 솥이나 갈대 등 다른 의미일 가능성이 더 많다.

가마(ㅡ+ㄱ/ㅅ, =가마, 釜, 窯, 鳥, 黑): ‘가막’은 음차로 표기되어 있어 그 의미를 정확히 알 수 없다. 또 ‘가막골’은 (가막+골)로 분석하여 ‘가막’이란 단어를 추출할 수도 있고 ‘가마+ㅅ+골→가맛골〉가막골’의 변화로 추정할 수 있으므로, ‘가마’란 단어를 추출할 수도 있다.

첫째로 가능성이 높은 것은 ‘가마’란 단어가 합성된 땅이름으로 보는 것이다. 현대 국어마저 ‘가마’는 주로 ‘가마〈窯〉’의 의미로 쓰이나 중세에서의 ‘가마’는 주로 ‘솥〈釜〉’ 가마솥〈鑊〉으로 사용되었고 더러는 노구솥〈鍋〉의 의미로도 사용되었다. ‘가마〈窯〉’의 의미로도 쓰였으리라 짐작되나 그 예는 찾기 어렵다. 현재 남한의 땅이름을 모두 모아 정리한 『한국 땅이름 큰 사전』에 ‘가막골’은 모두 29곳이 등재되어 있다. 이 중에서 부동釜洞이라고 불리는 곳이 3곳이고 지형이 가마솥〈釜〉 모양이라서 붙여진 이름이라고 하는 곳이 5곳 있다. ‘가마실’이라는 땅이름으로 35곳이 등재되어 있는데 이 중에서 ‘부곡〈釜谷〉’이라고 불리는 곳이 19곳이나 된다. 그러므로 대체로 ‘가마’가 붙은 땅이름은 땅의 생김새가 ‘솥’과 관련되어 생긴 곳이거나, 주위에 온천이 있어 생긴 땅이름으로 볼 수 있다. 그러므로 ‘가막골’의 ‘가마’는 ‘釜/窯’의 의미와 관련된 단어였으리라 추정케 한다.

둘째로 ‘가막가치 가막죠개’라는 단어가 있는 걸 보면, ‘가막’은 ‘검다’는 의미를 가졌다고도 볼 수 있다.[19]

예천군 개포면 갈마리의 지명 유래도 곰과는 관련이 없는 것으로 나타나고 있다.

결국 상술한 지명들은 곰이라는 의미보다는 『용비어천가』의 해석처럼 「크다」거나 「검은 것」이라는 의미가 더 많은 것으로 추측된다. 실제로도 흑도黑島, 흑산도黑山島, 현천리玄川里, 현포동玄圃洞, 현석동玄石洞과 같은 검다는 의미의 지명이 보인다. 이들 중 섬에 붙은 지명은 크다는 의미가 많을 것으로 짐작된다. 곰과 관련된 지명은 웅천동熊川洞, 웅도熊島의 경우처럼 직설적으로 밝히고 있다.

이 논리를 받아들인다면 결국 곰나루라는 지명도 곰과는 별로 관련이 없다는 결론이 도출된다.

「곰나루 전설」은 암곰이 동굴에서 도망치는 남편을 향해 사지를 찢어 던진 반쪽의 자식이 성장하여 종족의 시조가 되었다는 악륜춘족 신화, 에벤키족 신화와 너무나 흡사하다. 뿐만 아니라 혁철족과 나나이족 신화도 이와 유사하다.

그런데 곰과 자식이 물에 뛰어들어 죽음으로서 '암곰', '나무꾼', '남편'의 후대가 끊어진 것과는 반대로 이들 신화들에서는 곰과 사냥꾼의 후손이 종족의 시조가 되어 혈통을 잇고 있거나 사람이 아예 곰이 되고 있다는 점에 유의할 필요가 있다.

두 형제가 분가하였는데 한 형제가 재산을 많이 가지자 다른 형제가 화가 나서 산속 곰의 집에 들어가 곰이 되었다.[21]

한 백발의 노부부가 산으로 들어간 후 검은 털이 나고 두 마리 곰으로 변했다.

보다시피 사람이 곰으로 변한다.

그런데 『단군신화』 역시 곰나루 전설처럼 곰이 인간으로 변하여 박달나무 토템 부족에게 동화, 흡수되면서 곰의 혈통이 끊어지고 있다.

악륜춘족, 혁철족, 에벤키족은 곰의 직계 후손인데 반해 한민족은 곰의 혈통이 끊기고 있다는 이 사실은 학술적으로 아주 중요한 자료이다. 실제로 고조선을 계승했다는 고구려에도 곰 토템과 곰 숭배 풍속 그리고 웅제熊祭 의식의 흔적은 보이지 않는다. 신기하게도 개구리 토템이나(금와왕전설) 버드나무 신앙(류화)이 나타나고 있다. 동이족에게서도 곰 토템 숭배나 제사 의식이 없다.

이와 같은 사실은 무엇을 설명하는가?

곰 토템을 한민족의 시원 토템으로 인정하는 근거가 된『단군신화』,
『삼국유사』나 『환단고기』의 집필자가 후기에 고조선 역사를 신비화
하기 위해 만들어낸 위사僞史이거나 아니면 한민족과는 아무런 연관도
없음을 입증한다.[22]

「곰나루 전설」에서 보이는 곰 사당과 제사도 혁철족, 아이누족의
조상 숭배, 곰 숭배 의식의 차원이 아니라 액막이 정도의 귀신제사 또
는 고사의식에 불과하다. 이는 한민족이 곰 토템과는 아무런 혈연관
계가 없거나 이미 선사시대에 다른 토템 부족에 의해 동화, 흡수되어
역사 무대에서 자취를 감췄음을 의미한다. 그러므로 곰 토템 분포 지
역을 한민족의 생활권, 역사 영역에 포괄시키는 건 근거 없는 억지에
불과하다.

결론적으로 말하면 토템의 자연환경 결정론에 따라 곰이 서식하는
지역이면 혈연과는 무관하게 곰 토템이 존재할 수 있다는 가능성으로
부터 곰 토템 유사성을 동일혈연, 동일민족 문화권으로 인정할 수 없
다는 추론이 유출된다.

곰, 호랑이, 개구리 토템을 가진 중국 경내의 여러 민족들의 토템을
비교해보면 유사토템에 의한 혈연일치설이나 동일조상설이 얼마나
위험한 발상인가를 금시 알 수가 있다.

『단군신화』의 곰 토템과 동일한 토템을 가진 민족으로는 황제족,
하민족夏民族, 서남강족西南姜族, 서남이족西南彝族, 서남리수족西南傈僳族,
서남백족륵묵인西南白族勒墨人, 서남진미족西南晋米族, 운남아와족云南阿瓦
族, 서남노족西南怒族, 서남장족西南壯族, 악륜춘족鄂倫春族, 악온극족鄂溫克
族, 혁철족赫哲族, 일본 아이누족, 북해도의 하이인蝦夷人 등이 있다.

<그림7> 등에 개구리 모양의 등거리를 걸친 나시족 여인들

중국 운남성의 소수민족인 납서족納西族은 개구리를 조상신으로 모신다. 개구리 토템 족인 금와왕의 후손이라는 한민족에게는 개구리를 신성시하는 풍속을 그 어디에서 도 찾아볼 수 없으니 도대체 어찌된 영문인가.

『단군신화』의 호랑이 토템과 동일한 토템을 가진 민족으로는 태호, 복희씨, 여와, 신농, 염제, 헌원과 하민족夏民族, 상민족商民族, 몽골족, 서남파인西南巴人, 서남장인西南藏人, 서남락파족西南珞巴族, 서남강족西南姜族, 서남리수족西南傈僳族, 서남백족西南白族, 서남내서족西南內西族, 서남진미족西南晋米族, 서남노족西南怒族, 서남합니족西南哈尼族, 서남태족西南傣族, 서남마사족西南摩梭族, 서남동족西南侗族, 서남묘족西南苗族, 서남토가족西南土家族, 서남극목인西南克木人, 서남망인西南芒人, 악륜춘족鄂倫春族, 운남아와인云南阿瓦人, 일본인, 베트남인 등이 있다.

금와왕 신화의 개구리 토템과 유사한 토템을 가진 민족으로는 황제족, 서남이족西南彝族, 서남내서족西南內西族, 서남락파족西南珞巴族, 서북동향족西北東鄉族, 운남아와인云南阿瓦人, 서남동족西南侗族, 만족滿族, 해남려족海南黎族, 필리핀인, 베트남인 등이 있다.

운남성의 아와인阿瓦人 민족만 해도 원숭이, 코끼리, 표범, 닭, 올빼미猫斗鷹, 앵무새小米雀, 독수리, 黑斗公鳥, 개미, 호랑이, 고라니馬鹿, 곰, 말馬, 노새騾, 검은 원숭이, 검은 청개구리 등 수많은 토템이 혼재하고 있다.[23]

이렇듯 부동한 공간에서의 동일한 토템과 동일한 공간에서의 부동한 토템의 공존 현상은 유사토템이라 하여 결코 혈연이 동일하거나 조상의 뿌리가 같다고 단언할 수 없는 유력한 증거가 되고 있다.

곰 토템 상징물이 출토되었다는 이유로 홍산문화, 흥륭와문화가 한민족의 고조선시대의 역사라고 주장할 수 없는 이유가 바로 여기에 있다. 다만 그것은 우연의 일치 아니면 족외혼, 전쟁과 내전, 부족 성원의 이동 등에 의한 토템의 전파, 공존, 흡수 과정일 따름이다.

2 토템과 선사시대 인류의 일상생활

고대 인류의 최대 관심사는 자연재해, 질병과 죽음이었다.

토템은 신석기시대인들의 생존과 가장 밀접한 관계가 있었던 자연물에서 시작되었다. 신석기시대 인류의 생존을 위해 반드시 필요한 자연물로는 뭐니 뭐니 해도 먹잇감을 제공하는 동식물이 일 순위였을 것이다. 식물은 먹잇감으로도 필요했고 사냥을 위한 수렵, 어로, 채집 도구로도 사용되었다.

지금까지는 학계에서 고고학 발굴을 통해 출토되는 유적들을 중심으로 연구하다보니 마치 선사시대 사람들의 생활도구가 석기, 동기, 철기 위주인 것처럼 잘못 이해된 점이 아쉽다. 사실 불과 100년 전까지만 해도 한국에서의 영농기구나 살림도구들의 중심은 목기였다. 그러니 수천 년 전 신석기시대에야 더 할말이 있겠는가. 그때는 99%가 목기 위주 사회였다고 해도 과언이 아닐 것이다. 고고학 발굴에서 목기 유적이 배제된 것은 그것들이 쉽게 부패되어 사라졌기 때문이다.
석기, 동기, 철기 도구의 수공제작은 당시에는 어려운 일이었기에 오
늘날의 금은 세공품처럼 진귀품이나 희소제품으로서 극소수의 상류
층이나 권력층 또는 수렵이나 어로, 채집 활동에서 핵심 역할을 담당
했던 인솔자, 경험자, 힘센 자만이 소유했을 가능성이 많다.

수목樹木 토템도 바로 이러한 일상생활과의 밀착된 관계 속에서 발
생했던 것이다.

1. 수목樹木 토템

수목 토템은 북아시아 종족들이 보편적으로 신앙하는 토템 종류이
다.

만족의 버드나무 토템, 몽골족의 자작나무 토템, 한민족의 박달나
무 토템과 버드나무 토템[24], 북아시아 여러 종족들의 솟대 토템 등 수
없이 많다.

하늘과 땅과 그리고 인간을 이어주고 인간과 연통하는 신의 통로로
서 신격화되기 전까지의 수목 토템 즉 신목神木의 원시적 기원은 어디
서부터일까.

수목 토템의 기원

동물이 고대인들의 토템이 되고 조상으로 신성시된 것은 그의 실용
성[25] 즉 식용과 약용의 혜택으로부터 시작된다. 물론 동물의 뼈로 제
작한 골기도 수렵도구나 사치품으로 사용되었다. 그러나 자연수自然樹

나 자연석自然石의 용도에 비해서는 사용 범위가 광범위하지 못했다. 나무와 돌은 먹잇감, 약재의 용도는 물론 돌과 함께 수렵, 어로, 채집 도구와 생활용품, 건축 용재로 널리 사용되었다. 선사시대 주거지는 거의 전부가 나무, 풀, 돌로 축조되었음을 쉽게 추측할 수 있다. 신석기시대에 발전된 석기의 광범위한 사용은(골기를 포함) 고고학 유물 발견에서 입증이 되었다. 그러나 주로 목기들로 제작되었을 건축 자재, 생활용구, 생산도구(수렵, 어로, 채집)들은 시간의 흐름과 함께 부식하여 역사에서 자취를 감췄을 뿐이므로, 이것이 고대인들의 일상과 분리시킬 수 없는 목기의 중요성을 연구에서 배제하는 이유가 되어서는 안 된다.

이보다 훨씬 앞선 시대에는 나무가 고대인들에게 방향을 지정하는 방위표지의 기능으로 인류에게 유용하게 인식되었다. 울창한 나무숲이 우거진 삼림지대에서 지정된 도로도 없는 고대인들에게 거목巨木은 부족의 수렵, 채집 활동 시에 위치를 확인시켜주는 하나의 방위 표시물이었을 것임에 틀림없다. 원로遠路에서도 식별이 가능한 높은 나무는 부족의 생활공간으로서 모임 장소, 회합 지점, 향도嚮導 기능을 수행하며 활동 반경의 중심지 역할을 했을 것이다.

지금도 도로에는 멀리에서도 보이도록 표지판을 높이 세운다. 길을 잃지 않도록 분기점마다 노선 표지판을 세워 이동의 편리를 도모한다. 현재와 고대의 방향 표지판에 다른 점이 있다면 고대에는 그것이 천연 자연물이었지만 지금은 인위적인 제작물이라는 것이다. 고대 부족에게 향도로서의 나무는 미로를 헤매는 자에게 방향을 인도하는 등대 같은 존재였으며 고달픈 하루 동안의 노동 끝에 따스한 보금자리로 무사하게 귀서歸棲할 수 있도록 도와주는 친절한 안내자였을 것이다. 처자가 있고 침소가 있고 식량이 비축되어 있으며 지친 육신을 휴식할 수 있는 공간이 바로 그 나무 밑에 있었다.

시간이 흐르며 거목의 형상은 식물이라는 본래의 의미를 초월하여 부족 공동체, 가족, 휴식 장소, 보금자리로 상징화되면서 더없이 귀중한 존재로 기억되었을 것이다.

뿐만 아니라 부족 회의, 식량 분배, 이웃 부족과의 전쟁 출정식, 계율을 어긴 부족 성원에 대한 징벌과 처단, 전쟁 공로자에 대한 포상, 혼례식 등 부족의 중대한 행사들은 모두 이 나무 밑이나 큰 바위에서 거행되었을 것이므로 누구나 함부로 범접할 수 없는 신성한 장소로, 권위의 상징으로 각인되었을 것이다.

현재도 그러하거니와 상고시대에도 물리적 공간은 물체가 가진 가치와 의미의 다소에 따라 중심과 주변으로 영역이 구분된다. 천연 자연물로서의 수목이나 암석은 공동체의 구심점이 되면서 사물적인 권위 영역을 구축한다. 사람들의 일상은 자연히 이 권위적 영역을 축으로 활동반경을 형성한다. 시청 광장을 중심으로 한 도시의 공간 구도, 정자나무나 학교 운동장을 중심축으로 한 시골 마을의 영역 구도처럼 선사시대에도 거목이나 거석을 중심으로 부족의 생활공간이 구축되었을 것이다.

북방 유목민족인 흉노는 해마다 세 번 제천행사를[26] 거행했다. 그 중 용성회의龍城會議와 대림회의蹛林會議는 자연 상태의 나무를 제장祭場으로 정하고 선우單于 휘하의 제후대관諸侯大官이 모두 참가하는 국가의 최고 재판정이자 중요 대사를 합의, 처리하는 샤머니즘 의식이다. 일

〈그림8〉 선사시대의 석기와 목기 위주 생활 (한국사박물관 고조선 편)

백 년 전은 물론이고 지금도 농촌에서는 지게와 같은 목제농기구를 사용하고 있으니 선사시대는 더 말할 필요도 없을 것이다.

본 학자 에가미 나미오江上波夫는 용성제龍城祭의 제사 방식이 나무의 주위를 선회하는 의식이라고 주장했고 임간林幹은 대림제蹛林祭가 숲을 도는 샤먼 의식이라고 주장했다.[27] 이는 『자연 상태의 나무』가 고대 북아시아인의 정치, 경제, 일상생활을 포괄하는 모든 방면에 걸쳐서 얼마나 중요한 역할을 담당했던가를 설명해준다. 더구나 무당의 샤머니즘 의식은 나무를 떠날 수 없다. 그러나 나무가 처음부터 신이 인간에게 강림하는 통로로서의 신목으로 숭배된 것은 아니었다. 그보다는 먼저 방위적 공간 상징물이었을 가능성이 많다.

한국의 지명 연구서를 보면 일상생활에서 방위 개념이 얼마나 중요한가를 알 수 있다. 근대에 와서도 동서남북, 전후좌우의 방위 개념으로 지은 지명이 전국 각지에 광범위하게 분포되어 있다. 동리, 남리, 앞마을, 뒷마을과 같은 지명은 마을의 위치를 쉽게 찾을 수 있도록 한다. 그런데 동서남북과 같은 방위 개념이 없었던 상고시대에는 나무, 바위, 산 등 천연 자연물로 위치를 판정할 수밖에 없었을 것이다. 방위 지명이 삼림지대인 북한 지역에서 특별히 많이 쓰이고 있다는 사실이 이를 단적으로 입증해준다.[28]

치룻골(옻나무마을), 솔밭마을, 느랏골(느릅나무마을), 대밭골, 정자골, 싸리골, 머구나무골(오동나무마을), 복사골, 죽림동(대나무마을), 송림동(소나무마을) 등은 모두 나무에서 유래된 지명들이다.

구암동龜岩洞(거북바위마을), 입석리立石里(선돌마을), 입암리立岩里(선바위마을), 입암리笠岩里(갓바위마을) 등의 지명은 자연석을 마을 이름으로 삼은 일례이다.[29]

석기시대 인류는 더구나 자연물과 밀접한 관계를 유지했을 것으로 추측된다.

결국 나무신앙은 초원지대와 산악지대에서 생활한 유목부족과 삼림부족의 주변 환경과의 생존관계에서 발생한 필연적인 문화현상이다.

일상생활과 자연수自然樹의 관계

앞에서도 언급했듯이 신석기시대는 석기를 포함한 목기 위주의 생활권 시대였다. 거의 모든 생활도구가 나무로 제작되었다. 수렵도구인 활, 창, 방패, 살림도구인 그릇, 물고기 건조대, 건축 자재인 집 기둥, 석가래 등등 어느 하나 나무가 사용되지 않은 것이 없었다.

부랴트족은 자작나무를 〈어머니의 나무〉라고 신성시하는, 자작나무 토템 민족이다. 이들은 활, 화살, 양동이, 그릇, 욕조, 여물통, 받침접시, 잔, 유르탄 (천막), 마구馬具 등 모든 생활용품들을 자작나무로 제작한다.

박달나무 토템 부족은 자작나무 대신 박달나무를 많이 이용했을 것이다.

『단군신화』에서 곰 토템 부족은 박달나무 토템 부족에게 흡수된다. 즉 단군은 박달나무 토템 부족의 후예이며 신단수는 곧 박달나무이다.

『무당내력』30에 보면 단군은 개국시조가 아닌 신으로, 즉 무조巫祖로 경배되고 있다. 단군이 박달나무 토템 부족의 종교적 의식을 거행하던 무당임을 입증하는 대목이다. 아래에 졸저 "한국을 해부한다"(역사시대 편)에서 진술된 관련 내용의 일부를 인용한다.

『단군신화』에 의하면 한국은 단군으로부터 시작되었다고 한다. 그러면 단군은 도대체 어떤 사람인가?

단군은 한자漢字로 檀君이라고 적는다. 단군 시절에 문자가 있었는가, 또 있었다면 한자였는가는 사료 부족으로 검증할 수 없다. 그러나 그것이 최초 문자로 기록된 『삼국유사』나 『제왕운기』 등 사서에서는 한자로 되어 있으므로, 문자를 터득한 후세 사람들이 기입할 때 선사시대의 역사적 상황에 준해서 옮겼으리라 믿는다. 문자의 역사적, 문화적 체현성에 대한 그러한 믿음이 없다면 환웅이 태백에 강림할 때 환인에게서 받아 가지고 왔다는 천부경天符經(역시 한자로 되어 있다) 81자의 풀이마저도 불가능해지고 말 것이다. 그런 만큼 우리는 비록 『단군신화』가 역사현장사록이 아닌 후기의 편록編綠일지라도 문자의 상술한 특성에 의해 단군이라는 한자를 파자破字함으로써 그 의미를 타진할 수 있을 것이다.

檀은 박달나무 단 자이며 향나무 단 자이기도 하다. 옛날엔 제단을 박달나무나 향나무 아래에 만들었음을 알 수 있다.

木은 나무 목 자이다. 예로부터 우리 민족은 세상의 어떤 사물에나 죄다 신이 내재한다는 다물신多勿神을 신앙했다. 그런 뜻에서 수령이 수백 년 되는 신령스런 나무 밑에 신단을 쌓고 제사를 지내는 민간신앙이 생겨난 것이다. 오늘날까지도 나무 밑에 사당을 만드는 민간신앙이 전해져 내려오고 있다. 뿐만 아니라 『단군신화』에서도 웅녀가 신단수 밑에서 자식을 낳게 해달라고 기자祈子하는 장면을 볼 수 있다. 나무를 신과 연관시켜 인식된 것은 땅에 뿌리를 내리고 하늘에 머리가 닿은 글자 모습에 그 원인이 있을 듯싶다.

亶은 믿음 단, 믿을 단 자이다. 믿음은 바로 신앙이며 신앙은 신에 대한 경외심이다. 여기서 머리 두ㅗ에는 불을 뜻하거나 신神을 뜻하는 점 주丶와 하늘을 의미하는 한 일一 자가 모여 있다. 풀어보면 하늘에 계신 신을 뜻한다. 점 주丶에 이을 곤ㅣ으로 바꿔보아도 뜻은 변하지 않는데, 땅에서 하늘에 닿는다는 글자의 모습에서 나타나듯이 '머리 위' 즉 하늘을 의미하는 만큼 역시 하늘에 계신 신을 가리킨다.

回는 돌아올 회 자이다. 제사장 즉 무당에 의한 사람과 하늘神과의 교감을 뜻하는 글자이다. 이 글자는 입 구口 자 두 개로 구성되어 있다. 외곽의 큰 입 구 자는 신의 말씀이요 안의 작은 입 구 자는 무당의 말을 뜻한다. 무당의 말이 신에게 전달되고 신의 말씀이 무당에게 전달되는 과정이 곧 돌아올 회回 자인 것이다.

또한 입 구 자에 음식물, 제물의 뜻이 있고 땅의 뜻이 있다는 풀이도 상술한 파자 내용과 다르지 않다. 제물을 차리는 목적은 신에게 제사 드리기 위한 것이기 때문이다.

旦은 아침이라는 뜻이다. 제사는 보통 해가 떠오르는 아침부터 지낸다. 그러니까 단檀 자는 아침에 나무 밑에 제단을 차리고 하늘에 계시는 신께 제사를 드린다는 의미를 가진 글자이다.

君은 다스릴 윤尹 자와 입 구口 자로 구성되어 있다. 활과 화살을 의미하는 활 계ㅋ는 칼을 의미하는 삐침 별丿과 합쳐져 활과 칼을 들고 사람들을 다스린다는 뜻을 나타내고 있다. 또한 윤尹 자를 손에 지팡이를 쥔 노인으로 파자해도 같은 의미이다. (이때는 계ㅋ가 손 계 자이다.)

예로부터 노인은 경외의 대상이었다. 노인은 조상이며 경험자이며 선각자이며 권력을 장악한 지배자이다. 그러니 손아래 사람들을 다스릴 수밖에 없다. 무기를 들고 다스리지만 교화는 입을 통해 한다.

임금 군君 자는 바로 경험과 절대권을 가진 노인이 활과 화살, 칼을 들고 말로서 백성을 다스리는 모습이다. 그리고 또 입 구 자는 일정한 지역을 나타내는 땅이라는 의미도 가지고 있다. 그래서 군君은 지역적 국한성을 가진다.

그러니까 단군檀君이란 다름 아닌 나무 아래에 제단을 쌓고 신께 제사를 드리는 행사를 주관하며 이들 부족을 다스리는 자를 말한다.

그런데 옛날의 제사장은 바로 무당이었다. 무당이 하늘과 땅을 이어주는 (무巫 자에서의 이을 곤) 사람이라는 뜻만 보아도 쉽게 알 수 있다. 무당은 제사장이었을 뿐만 아니라 부족의 통치자였다. 삼한 때는 제사를 지내는 우두머리를 천군天君이라고 불렀다. 단군－천군, 같은 말이다.

중국 사서인 25사 중『한서』,『후한서』의 동이전에는 부여夫餘, 마한馬韓에서는 해마다 5월 또는 10월에 천신을 제사지냈다고 기록되어 있다. 그러니까 고대에는 왕이 제사권을 잡은 무당을 겸하고 있었음을 알 수 있다.『삼국사기』신라본기 1에서 남해차차웅南解次次雄 왕도 무당이라고 했다. 김부식은 사서史書에서 김대문의 말을 인용해 남해차차웅이란 "무당을 의미하는 방언이다. 세상 사람들이 무당으로써 귀신을 섬기고 제사지내므로 이를 경외하더니 드디어 높은 어른을 일컬어 자충 즉 차차웅이라 했다."고 쓰고 있다.

'솟대'를 세우고 제사를 지내는 천군天君 역시 무당이었다. 고구려 차대왕은 무당을 스승으로 삼기까지 했다.

현대 민족사관, 대륙사관의 창시자라고 할 수 있는 단재 신채호는 소도蘇塗를 수두라 했으며 수두는 신단이고 단군은 수두하느님의 의역이라고 했다. 수두 하나에 단군 하나가 있었으므로 단군은 한 사람이 아니었음을 알 수 있다. 5월, 10월의 제천 때엔 소도를 세웠고 단군은 소도제蘇塗祭를 주관하는 제사장이었다. 또 어떤 이는 단군이란 몽골어 '텅그리'의 음역으로서 제사장을 뜻한다고 풀이하고 있다.

환웅이 태백산으로 강림할 때 데리고 온 풍백風伯, 우사雨師, 운사雲師도 역시 무속인이었다. 풍백은 바람 풍, 맏 백 자이니 풍수를 맡은 우두머리이고 우사는 비 우, 스승 사이니 기우제를 맡은 우두머리이고 운사는 구름 운, 스승 사이니 천문지리를 맡은 우두머리일 것이다. 중국의 황제 치우전설蚩尤傳說에서도 풍백, 우사는 곡식이나 형법보다는 바람을 일으키고 폭우를 뿌리고 짙은 안개를 펴는 신술사神術師로 묘사되어 있다.

실제로 이들 셋은 각각 입법, 행정, 사법을 맡았고 석제라, 왕금영, 육약비라는 이름을 가지고 소머리나 돼지머리를 제단에 진상하고 제사 지내는 우두머리였다고 전해지고 있다. 풍백이 거울을 들고 우사가 북을 치며 춤을 추고 운사가 검으로 호위했다는 이야기는 무당의 굿을 떠올리게 해주는 대목이다.(pp.11~15)

박달나무는 자작나무과 자작나무속에 속한다. 한국, 일본, 중국 북동부, 우수리강 유역 등지에 분포되어 있는데 나무의 재질이 단단하여 건축 자재나 가구재로 주로 쓰인다. 얼마 전까지도 박달나무는 다듬이방망이, 빨래방망이, 디딜방아공이, 절구공이, 나졸들의 육모방망이, 홍두깨, 도깨비를 쫓는 상상의 방망이, 얼레빗 등을 제작하는 재료로 사용되었다.

이렇듯 박달나무의 재질의 견고함은 수렵에 필요한 창, 방망이 같은 사냥도구 제작과 건축 자재로 애용되었을 것임에 틀림없다.

흉노, 선비, 돌궐, 고차高車, 거란, 강족光族, 몽골, 고구려, 만주족 등
역대 유목민족들이 숭배한 버드나무는 병을 치료하는 약재로 광범위
하게 쓰였다. 버드나무수피는 진통제로, 가지는 골절상 치료에 효험
이 뛰어나다. 히포크라테스는 2500년 전에 벌써 버드나무껍질을 달인
물을 해열, 진통제로 사용하여 실제로 임상효과를 거두기도 했다.
1897년 독일에서 개발된 아스피린은 해열, 진통제로도 유명하며 심혈
관질환과 뇌졸중, 심근경색 예방에도 효험이 출중하다.

치병治病 역할만이 아니라 유목민족들의 생존에 필요한 주거용의 골재骨材
(오니;oni) 및 화살대의 재료까지 제공해 준다.[31]

자작나무 또한 수피에 부패를 막는 효능이 있어 좀도 생기지 않고
곰팡이도 슬지 않는다. 열을 내리고 습을 제거하며 기침을 해소하고
담을 삭인다. 해독 작용과 염증 치료에도 탁월하다. 수액은 자양강장
과 피부병 치료에 효능이 있고 신경통, 관절염, 소화불량 등에도 약리
효과가 좋다.
　버드나무에 대한 이러한 숭배는 처음에는 부족의 일상생활과 주변
자연환경과의 밀접한 관계에 의해 산생했다.

몽골계 민족의 발원지에 해당하는 흑룡강 중상류 일대나 동몽골 지역에서
무성한 가지를 자랑하는 수종樹種으로 사실 버드나무 이외에 다른 나무를
찾아보기는 힘들다.[32]

그런데 버드나무 토템 후예라는 한반도에는 이상하게도 민간에 버드나무 숭배 습속이 거의 전래되지 않고 있다. 버드나무 숟가락으로 반함飯含을 물리는 장례의식과 무당들이 축귀逐鬼굿을 할 때 사용하는 버드나무와 버드나무를 머리에 두른 무속신 중의 하나인 유목신장무신도柳木神將巫神圖 등 몇 가지 사례만 있을 뿐이다.[33]

버드나무 숟가락을 이용하여 고인에게 쌀을 떠먹이는 반함의 장례 습속은 사실 전통 무속이라기보다는 중국에서 전래된 유교 장례문화라고 봐야 옳을 것이다.

반함이란 본래 목욕을 시킨 후 입에 구슬을 물리는 것을 말하나 여기서는 불린 쌀을 나무 숟가락으로 입에 세 번 떠 넣는 의례를 말한다. 쌀은 고인이 사후에도 살아가는 데 필요한 양식을 의미한다. …… 사용하는 숟가락은 버드나무를 칼로 빚어서 납작하게 만든다. 버드나무는 본래 유柔해서 망자를 위해 사용한다. 숟가락 대신에 젓가락을 사용하기도 한다.

유림장儒林葬은 유림儒林에서 학덕이 높은 선비에 대해 숭앙하는 의미에서 지내는 장례식이다.[34]

무당이 귀신을 쫓는 버드나무나 버드나무 무속 신인 유목신장柳木神將도 본토 자생무속보다는 원나라 때 중국에서 전래되었을 가능성이 많을 것으로 추정된다.

웅녀는 신단수 앞에 엎드려 자식의 임신을 기자祈子하는데 이는 박달나무의 견고함이 남자들의 발기된 성기를 상징하고 있음을 염두에

둔 장면 설정인 듯싶다. 암석이나 수목에 기자하는 풍속은 이런 자연 물들의 견고함이 상징하는 남성의 성기를 향한 발원 행위인 것이다. 신단수 즉 박달나무 토템 부족의 샤머니즘 의식을 주재하는 샤먼인 환인은 곧 웅녀의 발원 대상인 남성 성기의 소유자이다.

이 사건은 곧 곰 토템 부족이 박달나무 토템 부족에 의해, 족외혼의 형식으로 흡수되었음을 의미하기도 한다. 곰 토템 부족은 이로서 자신의 존재에 종지부를 찍고 역사에서 자취를 감춘 것이다. 곰의 자식 단군은 벌써 곰의 혈통이 끊어진, 박달나무 혈맥을 계승한 환인의 후대이다.

곰 토템 부족을 정복하고 흡수시킨 환인은 자작나무 토템 부족의 한 지파인 박달나무 토템 부족이었다.

그런데 박달나무에 대한 서로 엇갈린 견해가 무수하다는 사실을 반드시 짚고 넘어가야 할 것 같다.

역사적으로 북방 민족들이 신목으로 간주하는 나무를 살펴보면 크게 자작나무, 버드나무, 소나무, 상수리나무와 같은 특정의 수종에 한하는데 이 중에서 자작나무는 타이가지대나 주변 지역, 소나무와 상수리나무는 흑룡강 하류에서 한반도에 이르는 지역, 버드나무는 초원지대 및 초원과 삼림이 혼재된 지역에서 주로 숭배하고 있다. 이 나무들이 신목으로 경배된 이유는 수목의 가지가 무성하고 의학적 관계 즉 나무의 약리효과 때문이라고 한다.[35]

그런데 이상하게도 위에 열거한 신목 중에 박달나무만은 배제되어 있다. 흑룡강 하류와 한반도라면 당연히 소나무나 상수리나무여야 할 텐데 엉뚱하게도 박달나무다. 이런 불확실성 때문인지 심지어 어떤 학자들은 단목檀木을 향목香木이라며 우두전단牛頭栴檀에 비견하는 해프닝까지 벌이고 있다.

박원길은 환웅의 즉위의례와 북방 민족들의 즉위의례의 유사성을 지적하고 있지만 본서에서는 이를 정반대라고 본다. 흉노, 거란, 선비, 오환, 몽골 등 북방 민족들은 신목에 제물을 헌상하고 주위를 선회하는 습속이 있다. 그런데『단군신화』에서는 "降於太白山頂, 神檀樹下, 謂之神市, 是謂桓雄天王也"라고만 기술했을 뿐 제천행사나 제물헌상獻上 또는 신목선회 같은 의식은 보이지 않으므로 박원길의 견해는 당연히 설득력이 결여되었다고 해야 할 것이다.

사목死木 숭배−솟대와 장승

나무는 살아있는 방위 표지인 자연물로부터 신목으로 상징화되고 다시 죽은 사목인 솟대, 장승으로 은유恩宥되는 샤머니즘적 형성 과정을 거쳤다. 그러므로 솟대와 장승의 숭배도 나무신앙의 연장선상에서 파악되어야 할 것이다.

중국 서남지역에 사는 소수민족인 모난족毛難族은 마을 입구에 매탄梅壇을36 세워 그 신목을 귀신이 사는 장소栖息로 신성시한다.

서남동족西南侗族은 고목古木을 사수社樹37라고 부른다. 신을 영접하고 제사 지내는 일을 이 고목 아래에서 거행한다.

서남카자흐족西南哈薩克族의 신화에 의하면 창조주 가사감迦薩甘은 대지에 한 그루의 나무를 심었는데 이 생명수에서 나중에 수많은 영혼이 자라났다. 나무에 영혼樹靈을 불어넣어 인류의 시조인 아담아탑阿達姆阿塔과 아담아나阿達姆阿娜를 창조했다고 한다.

대만의 아미인雅美人 신화에서는 인류와 날아다니는 새, 걸어 다니는 짐승 모두는 큰 나무大樹가 낳은 것이라고 한다.[38]

뿐만 아니라 중국 서남 여러 소수민족의 나무신앙에는 마을 수호신의 기능도 포함되어 있다.

솟대의 신앙적 의미도 이와 유사하다.

솟대가 어디에서 유래되었는가에 대한 공인된 해석은 아직 없다. 솟대의 기원에 대한 자료 부족으로 명확한 고증이 어렵다.

솟대와 장승이 번갯불에 소사燒死되거나 자연고사枯死된 고목이 그 연원이었을 것으로 추정한다. 고목은 그 특이한 형상 때문에 울창한 숲 속에서도 분별이 용이하고 또 키가 높아서 먼 곳의 어느 방위에서도 찾기가 쉬워 위치 표적으로의 기능을 충분히 감당했을 듯싶다.

나무가 희소한 초원지대에서는 마른나무를 구해 일정한 곳에 세워 방위 표적물로 삼았을 것이다.[39] 삼림지대 사람들도 수렵으로부터 채집, 어로, 농경으로 전이하면서 주거지를 옮겨 점차 산지에서 분지나 평야로 진출하게 되었고, 이런 곳에서는 구하기 힘든 마른나무 대신 장대長竿를 만들어 세우게 되었을 것이다.

물론 솟대 위의 조상彫像은 고목 위에 앉은 새를 그대로 모방한 것이다. 이 새가 무슨 조류인가 하는 해답에도 정설이 없다. 아마 신석기 시대의 나무신앙 형성 초기에는 수렵과 관련된 맹금류인 독수리나 매였다가 청동기의 농경시대로 이월하면서 농경과 관련된 철새인 오리로 바뀐 것이 아닐까 추측된다.

북아시아 샤머니즘 우주관에서 3이라는 수 즉 상계, 중계, 하계로 나뉜 세 개의 우주 층을 이어주는 솟대의 작용과 하늘, 땅, 물을 영역으로 삼고 계절에 따라 하행했다가 상행하며 이승과 저승을 넘나드는 오리의 신격화는 모두 후기 학자들의 다분히 주관적인 분석일 뿐이다. 한반도에서도 벼농사가 위주인 한강 이남지역에서의 물새이자 겨울철새인 오리를 앉힌 솟대신앙의 보편적인 현상은 농경과 오리의 가장 밀접한 관계를 설명해준다. 천둥새라 불리는 오리가 재채기를 하면 비가 온다는 속신俗信도 농경과 오리의 연관성을 암시하는 속담이다.

솟대신앙은 만주, 몽골, 시베리아, 일본 등의 지역에 분포되어 있다.

솟대는 위치 표적의 용도로부터 발단하여 점차 자연수를 대신하여 신목의 상징으로 신격화된 것이 확실하다. 그런데 오리, 따오기, 까마귀, 갈매기, 왜가리, 까치…… 등 수많은 주장들이 엇갈리는 새의 종류에 대해서는 무슨 조류라고 꼭 집어 단언하기 어려운 점이 분명 있다.

오리라는 설에 동의하는 데는 그럴만한 이유가 있다.

만주, 북아시아 지역이 수렵사회로부터 농경사회로 진입한 것은 신석기 말, 청동기 초이다. 농경사회는 교통과 지리적 방위노선 파악이 무엇보다 중요한 수렵사회와는 달리 천기와 계절의 변화에 대한 파악이 가장 중요하다. 오리는 바로 농경민들의 관심사인 계절을 알려주는 철새이다.

야쿠트족은 오리를 비와 천둥을 지배하는 천둥새라고 부른다. 계절에 따른 오리의 이동은 역법이 없었던 고대 농경민의 살아있는 역서나 다름없었을 것이다. 농경지역이 아닌 북아시아에 솟대신앙이 있다는 사실도 유목민과 천기의 관계에서 설명된다. 비가 내리는 곳에는 목축의 사료인 풀이 자라고 풀이 자라는 곳은 유목민이 찾는 곳이다.

지금도 몽골 풍속에는 비, 눈, 우박, 서리 등을 부르거나 구름을 쫓아 버리는 자다(jada)라는 주술법이 있다. 그것은 초원에서의 풀의 생장과 천기의 관계가 유목민에게 얼마나 중요한가를 입증해준다.

몽골의 기후는 해마다 그 측정치가 다를 만큼 변덕이 심하다. 겨울이 아주 길며 대기가 건조한데 강우량은 적다.

바람은 서풍과 북풍의 위력이 센데 특히 4~5월에 부는 봄바람의 풍속은 매초 평균 2~5m나 된다. 고비나 동몽골의 봄바람은 매년 사람이나 가축을 회오리바람에 말아 올려 죽일 만큼 그 위력이 대단하다. 고비지방의 봄바람은 종종 폭풍으로 변할 때도 있는데 그때의 풍속은 매초 12~25m 정도이다.

몽골은 연간 강수량이 200~220mm에 불과한 매우 건조한 지방이다. 고비지방에는 겨울에도 눈이 별로 내리지 않는다.

몽골의 강우량은 5~9월의 여름 한철에 집중된다.

겨울에서 여름으로 바뀌는 때가 가장 어려운 시기로 이때 문제가 발생하면 대량의 가축이 굶어죽는다.[40]

보다시피 선사시대의 유목민이나 농경민에게 바람, 구름, 비 등 천기의 변화가 얼마나 중요했는가는 천기 현상에 대한 선사 인류의 숭배와 경외감의 표현인 자연 토템에서도 알 수 있다.

고대에는 치산치수가 안 되어 가뭄과 홍수 피해가 극심했다.

요임금 때는 큰 가뭄과 대홍수가 연이어 일어났다. 장장 22년이라는 대홍수의 재난을 겪기도 했다. 대지는 물로 가득 차 백성들은 살 곳을 잃어버렸고 살길을 잃은 그들은 노인네와 어린이들을 이끌고 이리저리 떠돌아다니며 굶어죽고 병들어 죽고 산짐승에게 잡아 먹혔다. 논과 밭은 홍수의 거센 물결에 휩쓸려가 버렸고 오곡도 물에 잠겨 못 먹게 되었다.[41]

주지하다시피 중국 5천 년 문화는 용봉문화龍鳳文化로 함축된다. 그러나 용봉문화의 실체인 용과 봉황도 실존하는 동물이나 상상적 동물이 아니라 그 원류는 일종의 자연현상이라고 생각한다. 학자들은 용의 원류로 뱀[42], 뱀이 진화된 것[43], 악어[44], 도마뱀[45], 번개[46], 구름[47], 무지개[48], 소나무[49], 돼지머리[50], 말[51] 등 서로 다른 주장을 제기하고 있다.

〈그림9〉 케냐 대홍수
치산치수가 잘된 현대에도 홍수 피해는 인류가 직면한 커다란 재난이다. 선사시대에는 더욱 심했을 것이 분명하다

상술한 견해들 중 농경과 관련된 항목은 구름과 번개뿐이다. 구름은 비를 의미하며 비는 농경과 직접적 연관이 있다. 일 년 농사의 풍작과 흉작은 모두 구름과 비에 의한 가뭄, 홍수 등 천기 변화에 전적으로 의존한다.

갑골문에서 용의 머리에 도끼 부斤 자가 얹혀진 것은 농경에 대한 천기(구름, 비)의 절대적 지배와 권위를 의미한다. 장강 평원지대는 유난히 강우량이 많고 황하 지역은 강우량이 적어 가뭄을 잘 탄다. 황화와 양자강의 범람은 일 년 농사를 눈 깜빡할 사이에 망쳐놓는, 과학 기술이 발달하지 못한 고대 인류의 불가항력적인 위협이었다. 구름과 비, 천기의 변화가 농경과 인간의 생존에 미치는 영향이 얼마나 지대했는지는 동서양을 막론하고 모든 신화와 전설에 나타나는 대홍수 사건을 보아도 알 수 있다. 창세기의 기록, 메소포타미아 신화는 물론이고 만주, 북아시아 지역의 여러 민족 전설에서도 대홍수에 대한 재앙이 기술되고 있다.

북쪽 하늘과 얼음바다는 남쪽으로 흘러가고 홍수와 빙산이 들판을 덮었다. 땅이 물로 덮이고 하늘도 온통 물 천지……52

저마마가 하늘을 기워 비를 막았다는 아창족 홍수신화, 조롱박 속에서 홍수의 재난을 피했다는 복회신화, 홍수가 범람하여 사람과 동물이 거의 물에 빠져죽었다는 누족신화……53

예를 들자면 끝도 없다.

한국에도 「목도령과 홍수」라는 민간 전설이 전해지고 있다.

옛날에 큰물이 져서 세계가 바다로 변했다. 산 위로 오른 두 남녀만 살아남았다. 두 남녀는 결혼하여 인류의 선조가 된다.[54]

자연의 광기 앞에서 무능하기만 했던 선사 인류에게 천기의 변화는 생존을 위협하는 절대적 권위였음을 알게 하는 신화들이다.

용은 바람을 일으키고 비를 몰아치기도 하고 구름 속을 누비며 안개를 내뿜으면서 한재와 수재를 관장한다.[55]

지금까지의 글을 보면 용은 바로 구름이다.

만악, 양자악으로 수신水神, 우신雨神, 우뢰신, 농업신을 삼았다.[56]

용이 구름, 안개를 뿜어내고 비를 일으켰다. …… 용과 경운景雲이 항상 함께 고대문헌에 나타나고 …… 경운은 慶云이라고도 쓰는데 비를 몰고 와 복을 내리는 구름을 뜻하는 말이다. 초기의 동고 예술 표현에는 타룡의 입술 앞에 반드시 경운이 그려져 있었다.[57]

상商 갑골문의 용龍은 바로 타(타룡)가 안개비를 내뿜는 모양을 묘사한 것이다.[58]

보다시피 용은 양자강에 사는 악어나 뱀이 아니라 비를 거느린 구름이다. 고대의 그림에서 용과 구름이 항상 함께 나타나는 현상은 용

〈그림10〉 용 장식 무늬와 도자기에 새겨진 용 도안
구름은 비를 부르고 비는 물이 된다. 용의 시원은 동물이 아니라 구름이다.

의 원류가 곧 구름임을 입증해준다.

봉황도 마찬가지 경우라고 할 수 있다.

닭, 공작새, 까마귀, 등 봉황의 원류에 대한 가설이 무수하지만 이는 오히려 조류보다는 바람을 나타낸 것이라 생각한다. 시간을 알려주는 닭의 특성은 그래도 농경과 연관이 있으니 어느 정도 설득력이 있다고 해야 할 것이다. 그러나 봉황이 동이족이 살던 지역인 동해 연안의 토템임을 감안할 때 어로, 바람과 밀접한 관계가 있음을 봐야 한다. 해풍에 의한 풍랑은 고기잡이로 생존을 유지하는 어민들에게 커다란 재난이 아닐 수 없다.

한자 풍風은 고대에는 붕朋이라고도 했다. 갑골문으로는 𩙿이다. 바람에 날리는 버드나무 가지이다. 봉황 토템 부족인 소호의 원래 성은 풍씨風氏이다. 고대인들은 바람은 날아다니니까 날개가 있을 거라고 상상했을 것이다.

바다의 신 우강은 천제의 친손자였으며 또한 바람의 신이었다. 그가 바람의 신으로 나타날 때는 사람의 얼굴에 새의 몸을 하고 있으며 거대한 두 날개를 퍼덕여 매우 강한 바람을 일으키는데 … 한 번의 날갯짓에 3천 리의 거친 파도가 일어나고 폭풍을 따라 구름 속 9만 리까지 치솟아 오르는 모습…[59]

고대인들은 바람이 "커다란 날개"를 달고 하늘을 자유자재로 비행하는 줄로 믿고 있었음이 분명하다.

봉황이 날개를 펴고 지나간 곳은 마치 큰 태풍이 지나간 것 같아 ⋯ 사람
들의 집을 허물어트릴 수 있었다.[60]

봉은 바로 바람이다.

고대에 봉鳳은 풍風 자였다.

갑골문 금문자로는 이다. 머리 위의 도끼는 인간의 생존에 미치
는 바람의 절대 권위를 상징한다.

고문에서 봉鳳 자는 붕鵬 자로 썼다. 제후박齊侯鎛에서의 봉은 붕 朋
이다. 은 바람에 날리는 깃이거나 바람에 흔들리는 버드나무 가
지이다.

모두 바람을 표시한다.

팔괘도 구름과 바람의 통로이다. 태극의 씨앗도 바람과 구름이다.
음양 역시 바람과 구름이다. 고대인들은 모든 현상을 자연현상으로
이해했다. 이 분야에 대해서는 다른 기회에 전문적으로 논하기로 한
다.

보이지 않는 바람을 어떻게 묘사할까? 궁리 끝에 바람이 불 때면 가장 민
감하게 흔들리는 공작의 깃을 그리기로 했다. ⋯⋯ 후대의 봉황이 바로 이
글자 ⋯⋯ 벌레 충虫은 풍風이라는 글자가 이전에 새를 그린 것이었다는
점을 상기시키는 부호이다. ⋯⋯[61]

솟대 위의 오리 역시 이 경우와 마찬가지로 농경사회와의 밀접한
관계를 설명해준다.

『단군신화』에 나오는 풍백, 우사, 운사 역시 죄다 바람, 구름, 비와 관련된 무당들이다.

그 형제 중에서 치우는 호랑이와 이리떼를 이끌고 앞에서 길을 인도했다. 그리고 뒤에서는 우사雨師와 풍백風伯이 따라가며 길의 먼지를 깨끗이 닦아 놓았다.

풍백의 이름은 비렴飛廉이라고 했다. 머리는 참새처럼 생겼고 한 쌍의 뿔이 돋아 있으며 몸은 사슴과 비슷했다. 그리고 뱀의 꼬리를 하고 있으며 몸에는 표범무늬가 있었다.

우사는 평호萍號 혹은 병예屛翳라고 하였는데 무척 이상하게 생겼다. 생김새가 마치 누에와 비슷했지만 몸이 작다고 해서 과소평가할 수는 없었다. 그가 법술을 부리기만 하면 하늘 가득히 먹구름이 몰려와 눈 깜짝할 사이에 억수같이 비가 쏟아져 내렸기 때문이다.[62]

장승은 고대의 「성기 숭배」라는 가설도 있지만 그 역시 초기엔 지역 경계 표시의 역할로 인간과 인연을 맺었을 것으로 추측된다. 마을 입구에 세워 영역 표시의 역할을 했을 가능성이 높다. 오늘날의 도로변에 세우는 「이정표」 정도였을 것이다. 성기 숭배, 마을 수호신, 축귀, 액막이 등의 기능은 나중에 추가된 것들이다.

토템은 고대 인류의 생활과 불가분의 관계에 있었다.

토템 연구는 1791년에 시작되어 200여 년이 지나 지금에까지 이르는 역사를 가지고 있다. 그러나 아직까지도 학계가 공인할 만한 토템 이론은 없다.

토템이란 청동기시대의 샤머니즘으로 진입하기 전까지의 신석기시대 인류 문화 현상이다. 지금까지의 토템에 대한 외국 학계의 여러 가지 견해를 정리해보면 아래와 같다.

① 토템을 종교현상이라고 보는 견해이다.

영국의 학자 J . E Mac-lenan은 토템을 일종의 원시종교신앙이라고 주장한다. 그의 제자 W. Robertson-smith는 한 걸음 더 나아가 토템 숭배는 모든 종교의 기원이라고 단언한다.

하지만 이는 확대해석이다. 토템은 자연과 인간과의 직접적관계의 산물이고 종교는 인간과 초자연적인 존재와의 관계이기 때문이다.

토템을 종교의 원시형태라고 정의하는 프랑스의 학자 E 뚜얼칸의 연구성과도 lenan의 견해와 흡사하다.

러시아학자 C . A 토카레프는 토템을 초기 씨족의 종교라고 정의한다. 역시 러시아학자인 A . M 쪼뤄타레프는 토템을 혈연관계를 식별하는 가장 이른 종교의식 형태라고 보고 있다. 그런가하면 하이통은 신생 씨족의 종교라고 주장한다.

현재 중국학자들도 원시종교의 한 형식이라는 견해가 보편적이다.

②토템을 반종교적현상이라고 보는 견해

프레이저는 토템을 자연적으로 우러나오는 보호관계, 사회학적 관점에서 보면 하나의 부족 내에 서로 부동한 성원들 사이의 관계라고 추론하고 있다.

중국학자 림혜상과 양쿤도 같은 관점이다. 림林은 토템은 한편으로는 신앙이며 다른 한편으로는 사회제도라고 보고 있다. 양楊은 토템을 사회조직과 종교라는 두 측면에서 말하는 것이라고 한다.

③ 토템은 일종의 사회조직제도 또는 문화제도라는 견해
영국학자 W . Rivers와 독일학자 W . Wundt 그리고 중국학자 천쟈우의 주장을 들 수 있다.

④ 토템을 일종의 사회의식형태라고 보는 견해.
주로 구소련학자들의 주장이다. 튀얼스튀프는 "토템 신앙은 군혼을 기초로 한 혈연과 사회가 전제된 사회의식형태이며 무리 내에서 연계되고 내부적으로 통일된 의식형태이며 이 무리와 저 무리가 상호 대립되는 의식형태"라고 주장한다.
쎄르모프는 토템 신앙이란 "인류 집단의 최초의 공동의식형태"이며 초기에는 종교가 아니었고 다만 후에 점차 법술法術 의식을 발생하게 하였으므로 종교와는 불가분의 연관이 있다고 보고 있다.

모든 종교가 사후세계를 추구하는 데 반해 토템은 현실세계의 생존과 안녕을 추구한다. 토템은 제한된 생명의 한계 내에서 의식주를 위한 일종의 생계방식이지만 종교는 현실과는 무관한 미래(내세)에 대한 집념이다. 한마디로 토템은 인간에 대한 자연의 절대적 권위시대에 인간과 자연과의 타협 내지는 공존방식이었다. 이 과정은 자연권위에 대한 인간의 저항시대 즉 초자연적인 존재-신을 만들어내는 종교시대에 이르기까지 계속되었다.

토템은 땅이나 지역성에 묶여있지 않다. 토템 성원들은 따로 떨어져 살며 다른 토템의 추종자들과 평화롭게 모여 산다.

같은 토템이 반드시 민족의 동일성을 의미하는 건 아니라는 말이다. 실제로 만족과 몽골족, 흉노 그리고 고구려는 같은 버드나무 토템을 가지고 있지만 민족 구성은 다르다.

이렇듯 토템에 의한 공동체의 결집력은 혈연이나 현대적 의미에서의 가족적인 일체성으로 나타나지는 않지만 그보다 훨씬 더 강하다고 한다.

유사토템을 근거로 혈연 일치나 조상 동일설로 비약하는 연구는 어리석은 판단임을 다시 한 번 지적하고 싶다.

2. 돌 숭배와 한국–몽골의 유사토템 비판

돌은 나무와 더불어 언제 어디서나 주변에서 가장 쉽게 구할 수 있고 실용할 수 있는 천연 자연물이다. 사냥물을 향해 던지면 수렵도구가 되고 규모 있게 쌓으면 주거공간이 되고 부족 성원들이 모이면 공동체 행사공간이 되고 시체를 덮으면 무덤이 되고 소원을 빌면 성역이 된다.

그런데도 돌 숭배가 토템으로까지 승격되지 못한 것은 식용과 약용의 실리를 제공하는 동식물과 같은 유용성의 결여와 생명체가 아니라는 이유 때문일 것이다.

선사시대 북아시아 공동체의 특징은 목초지와 사냥물을 추적하여 무리가 부단히 이동하는 것이었다.

동북아시아에 살고 있는 사람들은 가혹한 기후조건으로 말미암아 틈만 나면 살기에 더 유리한 지방으로 이동하는 경향이 강하다는 것은 이미 역사적으로도 입증된 사실이다. 이동 원인으로는 그들 내부의 정치적인 갈등이나 주변 정세의 변동 등도 고려하지 않을 수 없지만, 무엇보다도 그들이 살고 있는 지방이 가혹한 환경조건으로 인하여 안정적이면서도 대규모적인 식량 확보를 할 수 없다는 한계를 안고 있다는 것을 고려해야 할 것이다.[63]

이러한 이동에서 지리적 특성과 방위에 대한 파악은 필수였고 그 과정에서 돌 숭배 의식이 형성되었다.

돌 숭배의 유래

돌에 대한 숭배는 초원과 삼림지대인 북아시아 유목민에게서 시작되었다. 광활한 초원은 어디나 비슷하여 방위적 위치 판단이 어려운 사정이 존재한다.

몽골의 오보는 대개 고개나 산꼭대기, 샘, 강, 기묘한 모양을 한 언덕바위, 중요한 상징을 지니는 나무의 주변 등에 세워진다. 그러나 오보가 가장 많이 세워진 곳은 …… 사방을 관망할 수 있는 산꼭대기에 나타난다.

단순히 경계지대의 표시나 이정표의 역할만을 가진 것도 적지 않다. 이러한 오보는 현재도 초원이나 길가에서 무수히 발견된다.

이정표를 주 기능으로 삼는 오보는 대부분 고개나 길이 갈라지는 곳에 위치하고 있다.[64]

위의 설명은 교통이 상대적으로 발달한 몽골의 현재 상황을 기록한 글이다. 과학기술이 미비했던 선사시대에는 방위 파악이 결코 쉽지만은 않았을 것이다. 그런데 이 방위 파악은 상고인의 생존과 밀접한 관계가 있는 중요한 일상이었다.

이러한 난관을 해결하기 위해 초원의 부족들은 집단의 성원 중에서 경험자를 선발하여 무리의 인솔자로 삼았을 것이다. 선출된 자는 무리를 이끌고 목축지를 찾아 이동하는 과정에 이동 노선의 결정권자가 되었을 것이고 점차 공동체의 운명을 결정하는 권력의 구심점이 되었을 것으로 간주된다.

사람들은 하나의 돌무지에서 다른 하나의 돌 더미까지의 무사도착을 평안과 연결시켜서 생각했다. 부족들은 돌 더미에 이르면 휴식을 취하고 원기를 회복했으며 부족회의를 열고 다음의 행선지를 결정했다. 뿐만 아니라 이 자리에서 부족의 계율을 어긴 자를 징벌하고 결혼식을 거행하기도 했을 것이다. 가축의 숫자를 점검하고 병든 자를 치료했다. 출발하기 전에 다음 돌 더미까지 무사히 도착하게 해달라고 돌을 얹으며 소원을 빌기도 했다. 다음 돌 더미까지 무사하게 이르면, 병든 사람도 없고 죽은 사람도 없고 짐승에게 잡혀간 사람이나 가축도 없고 타부족의 공격도 없이 안전하게 목적지에 이르면 출발 당시에 돌 더미에 돌을 얹으며 빌었던 소원이 효험을 나타낸 것이라고 생각하고 이번에는 더욱 열심히 돌을 얹고 소원을 빌었을 것이 분명하다. 이런 과정을 거듭하면서 돌 더미는 점점 높아졌고 숭배 의식도 나날이 커져 결국에는 샤머니즘의 싹을 틔운 것이다.

울창한 숲 때문에 방향 판단이 어려운 삼림지대의 수렵 부족들도 고령의 경험자를 두령으로 추대하여 그에게 사냥물 추적의 권리를 일임했을 것이다. 이들은 자신들의 경험을 통해 가축의 먹이가 풍부한 목초지와 사냥감이 많은 수렵지로 무리를 인도했다.

그러나 경험이란 한계가 있게 마련이다. 홍수, 산불, 폭풍으로 인한 자연의 변화는 경험의 근거로 되는 기억마저 휩쓸어가기 일쑤이다. 게다가 노쇠가 몰고 오는 기억력 감퇴도 경험의 정확도를 녹 쓸게 하는 악재가 된다.

이 경우에 대비하여 경험자(두령)는 나무나 거석 등 천연 자연물을 이용하여 위치를 표시해둠으로써 실수 없는 이동의 편리를 도모했다. 수목이 거의 없는 초원에서 위치 표적으로 삼을 만한 것은 오로지 돌

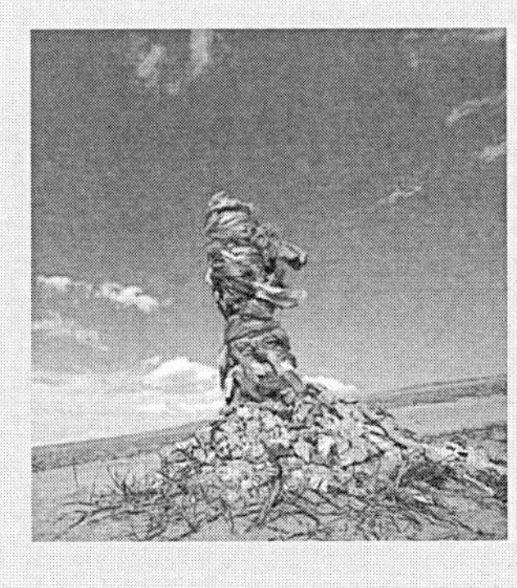

〈그림11〉 몽골의 오보
오보는 처음에는 고개나 산마루, 갈림목에 세워져 위치를 파악하는 방위 표시 역할을 하였다. 오보가 신성시된 것은 나중의 일이다.

뿐이다. 심지어 동東몽골의 초원지대에는 돌조차도 귀하다.[65]

그곳을 지나갈 때마다 사람들은 돌 더미에 귀중한 돌 하나씩을 얹어놓음으로써 표적물이 먼 곳에서도 잘 보이도록 했다. 시간이 흐를수록 이런 돌 더미들은 부족들의 안전한 이동을 담보해주는 등대 같은 역할을 하며 기나긴 노정을 잠시 멈추고 휴식하는 공간으로도 이용되었다. 그곳을 지나가는 부족 성원들은 휴식을 취하며 돌을 얹었고 돌을 얹으면서 다음 이동 지역까지의 평안을 기도했을 것이다. 부족의 안전한 이동이 돌 더미의 신령스러운 도움으로 가능하다고 믿어지기 시작했다.

이렇듯 휴식을 취하고 그 자리에서 다음의 행선지를 결정하고 식사를 하고 돌을 얹으며 소원을 비는 이 모든 행사는 경험자의 지휘 아래 이루어졌다. 돌 더미에 대한 숭배의 도가 높아짐과 동시에 경험자의 권력도 격상되었으며 그러한 토대 위에서 돌 더미에서의 부족의 행사는 점차 샤머니즘 의식으로 승격되었고 경험자는 무당으로 변해갔을 것이다.

지금까지도 전해지고 있는 몽골의 오보, 중국과 한국의 성황당(서낭당), 돌탑, 달집 등 돌무지 숭배는 선사 부족들의 그 당시의 거주환경과 생활의 필요에 의해 시작된 것이라 할 수 있다.

동북아시아의 전 지역에 존재하는 이러한 돌무지 숭배의 유사성은 유사환경에 의한 유사결과일 따름이다. 이러한 유사풍속을 혈통동일설이나 동일조상설의 근거로 삼을 수 없는 이유가 여기에 있다. 환경의 유사성으로 인한 우연의 일치일 따름이다.

한몽韓蒙문화의 유사성과 조상동일론 비판

한몽韓蒙수교 이후 몽골의 문화에 대한 학계의 연구가 활발하게 전개되고 있다. 귀납하면 대체로 한몽 샤머니즘문화의 유사성을 조상동일설로 전개시키고 있는 양상이다.

일단 한마디 짚고 넘어가야 할 것은 몽골의 역사가 한민족의 역사보다 짧다는 사실이다. 몽골족은 기원후 8세기 무렵이 되어서야 몽올실위蒙兀室韋라는 이름으로 역사에 첫 모습을 드러낸 민족이다. 기원후 542년에 역사무대에 등장한 돌궐보다도 한 발 늦게 출범한 후생候生민족이다.

기록 중에 가장 오래된 몽골 역사는 기원후 14세기에 편찬된 『집사集史』라는 역사서에 나오는 「에르군네-쿤 설화」와 서방서西方書인 도오손d.ohsson의 『몽골사』에 나오는 이와 유사한 설화이다.

지금으로부터 대략 2천 년 전에 일부 몽골 부락과 돌궐 부락 간의 다툼이 일어나 마침내 전쟁으로 비화되었다.[66]

칭기즈칸이 탄생(A.D. 1155년)하기 2천 년 전에 몽골족은 몽골고원의 다른 부족의 침공을 받아 모두 피살되었다.[67]

그런데 이 "칭기즈칸 탄생 2천 년 전"의 역사는 한편의 설화일 뿐만 아니라 고증도 어려워 신빙성이 없다고 한다. 역사적으로 돌궐과 몽골의 것이 교묘히 혼합된 복합설화이며 후대에 출현한 민족이 이전 민족의 설화를 모칭했다는 혐의까지 받고 있다.[68]

고조선은 몽골족의 출현 시기보다 훨씬 이전에 역사무대에서 활발한 활동을 한 민족이다. 중원의 동이족과도 빈번한 교류를 하며 군자국으로 천하에 이름을 날리던 유구한 민족이다. 어떻게 자기보다 후대에 출범한 민족을 조상이라 할 수 있는가.

한민족의 기원을 몽골의 샤머니즘에서 찾는 학자들이 내세우는 논리적증거들을 잠시 살펴보도록 하자.

이들은 자신들의 주장을 한국과 몽골설화의 유사성을 근거로 입증하려 하고 있다.

몽골의『에리히 메르겡』전설

옛날 이 세상에는 7개의 태양이 떠 있어 생물이 살 수 없었다. 그때 이 지역에「에리히 메르겡」[69]이라는, 보이는 사물마다 쏘아 맞히는 명궁이 있었다. 많은 사람들이 그에게 가서 이 세상의 많은 태양을 쏘아 없애달라고 부탁했다. 세상에 남자로 태어난「에리히 메르겡」은 자신의 활솜씨에 자신을 가지고 있었다.

만일 내가 이 7개의 화살로 7개의 태양을 맞히지 못하면 엄지를 자르고, 물도 안 마시고, 풀도 안 먹고, 모르모트(동물-쥐과)가 되어 햇빛이 비치지 않는 구멍에서 살겠다고 맹세했다.

그리고 동쪽에서 서쪽으로 줄서 있는 7개의 태양을 동쪽에서부터 쏘기 시작하여, 6개의 화살로 6개의 태양을 맞혔다. 7번째를 쏘려고 하니 제비가 날아와 태양을 막았는데, 화살이 제비꼬리를 맞혀 그 꼬리가 두 개로 갈라졌다고 한다. 그 남은 하나의 태양은「에리히 메리겡」을 무서워하여, 산 뒤로 넘어갔다.「에리히 메르겡」은 제비가 자신을 방해했다고, 말을 타고 쫓아가 죽이려고 했다. 이에 말이 주인에게 맹세했다.

"만일 내가 제비를 쫓아가지 못하면 내 다리를 잘라 야외에 버리시오. 난 안장 가진 말을 포기하고 오지에서 살 것입니다."

말이 제비를 쫓아가지 못하니 「에리히 메르겡」이 화가 나 말의 앞다리를 잘라 들판에 버렸는데 캥거루로 변해버렸다. 캥거루의 앞다리가 짧은 이유는 바로 그것 때문이라고 한다. …… 「에리히 메르겡」도 자신의 맹세를 지켜 엄지를 자르고 햇빛이 안 보이는 구멍에서 살게 되었다. 모르모트의 발가락은 4개인데 바로 그 이유 때문이다. ……

세상에 남은 한 개의 해는 「에리히 메르겡」을 무서워하여 산 뒤로 들어갔기 때문에 낮과 밤이 생겨났다.

이와 흡사한 한국의 전설은 4가지가 있다고 한다.

1. 월명스님의 도솔가 전설

경덕왕 때 2개의 태양이 떠 10일간 계속 비추었다. 월명이란 스님이 왕의 명령을 받고 하늘에 헌화의식을 올리고 노래를 지어 부르자 그 중 하나가 없어졌다.

2. 한국 남쪽지방의 전설

이 세상이 형성된 후 석가모니불과 미륵불이 여러 가지로 싸웠는데 …… 그때 두 개의 태양과 두 개의 달이 떠 …… 석가모니가 서쪽 하늘에 가서 부처에게 도움을 청하자 태양과 달을 하나씩 없애주고 이 세상을 안정시켰다.

3. 한국 중부지방의 전설

…… 당시 하늘에 태양과 달이 둘씩 떠 세상이 안전하지 못하게 되자
쇠로 만든 화살과 활로 태양과 달 하나씩을 쏘아 없앴다.

4. 제주도전설

…… 이 세상에 2개의 태양과 2개의 달이 떠 풀과 식물들이 사람의 말
을 하게 되고, 사람과 귀신이 구별되지 않아 어려워지자, 동생이 형에
게 부탁했다. 형이 1000근의 활, 1000근의 화살로 해, 달 하나씩을 쏘아
바다에 버렸다.[70]

태양에 대한 한국과 몽골 두 나라의 전설은 요임금 시대의 활을 잘
쏘는 예가 열 개의 태양을 쏘아 아홉 개를 떨어트린 중국의 전설[71]을
상기시킨다. 본토 자생 설화라기보다는 중국신화의 영향을 받은 것으
로 간주된다. 그리고 내용 속에 신라와 불교가 개입된 걸 보아 모두
고려 시기나 조선시대에 형성된 설화들로 추측된다.

한국과 몽골설화에서 보이는 유사성은 민족의 기원이 같아서가 아
니라 고려시대의 몽골 침입에 의한 외래문화의 유입으로 추론하는 것
이 더욱 타당하다고 생각한다.

려麗·원元 양국 사이의 문화의 감염은 벌써 양국교섭兩國交涉 초기부
터인데[72] 1269년(元宗 9년)에서 1369년(고려 恭愍王 18년)까지 원 간
섭기라 하여 정확하게 100년간 몽골족의 지배 아래 시달렸다. 고려와
몽골 연합군은 1218년 거란족을 평양의 강동성에서 멸한 후[73] 형제지
국兄弟之國의 관계를 형성한다.[74]

충렬왕대에 이르러서는 고려와 원이 생구관계甥舅關係를 정립하더니 결국 충렬왕이 원나라의 부마가 되어 원 황실의 연회나 행사 때에 서열 배정이 일곱 번째에 이를 정도로[75] 두 나라의 문화 관계가 밀접해졌다.

왕실 중심의 국가체제를 갖춘 중세사회에 있어 혼인을 통한 려麗·원元 양국 왕실의 결연관계는 …… 언어, 습속, 학문, 문학, 물산 내지 인물 등 각 분야에 걸쳐 교류와 융합이 성히 행해지게 하였다.[76]

고려왕의 요구에 의해[77] 충렬왕대부터는 원나라 황실의 공주를 왕비로 맞아들여 고려 왕실에서는 원나라 말과 풍속이 공공연히 유행했다.

충렬왕 시절부터 고려왕은 원나라 황제의 부마이자 외손이기도 했다. 궁중에서는 몽골어와 우리말이 혼용되었고 몽골식 풍습이 유행했다. 궁중에서는 왕을 포함하여 변발辮髮을 하고 호복胡服을 입는 등 몽골 풍속을 많이 따랐다. 몽골어인 수라, 수라간이라는 말도 이때부터 사용되었다. 몽골문자는 궁중에서 사용되었을 뿐만 아니라 사역원司譯院에서 가르치기도 했다. 표음문자인 이 몽골문자가 놀랍게도 뒷날 훈민정음 창제에 유익한 밑거름이 되기까지 했다는 사실은 사람들을 더욱 경악하게 한다.

한국문학사에서 신화시대가 막을 내리고 본격적으로 전설, 민담을 비롯한 설화시대가 전개된 것은 고려시기이다. 신라, 고려 초의 생활을 다루고 있는 이 설화들의 특징은 몽골설화와의 유사성을 전혀 발견할 수 없다는 점이다.[78]

한국설화에서 몽골설화와 유사한 내용이 나타나기 시작한 것은 이

른바 몽골 간섭기라고 불리는 100년간의 원나라 종속국 시기라고 생
각한다. 현재 북한지역의 함경도와 평안도 그리고 황해도는 이보다도
훨씬 더 오랫동안 몽골의 지배 아래 있었다.

을미년(1235)에 개원과 남경에 만호부를 설치하고 황룡부에 치소를 두었
다. 원나라 4년(1267)부터는 요동도총관부로 개편하였다. 원나라 23년
(1286)에는 다시 개원로로 개편하고 함평부를 관할하였다.[79]

동녕로는 본래 고구려 평양성이다. 장안성이라고도 한다. 원나라 6년
(1269) 이연령, 최단, 현원렬 등이 부주현진 60성을 들어 항복했다. 원나
라 8년에는 서경을 동녕부로 고쳤다.[80]

원나라의 지방행정구역으로 편입된 평안도와 황해도지역은 20년
간을, 철령 이북의 함경도[81]는 장장 134년여 동안을 몽골의 직접 통치
하에 있어 철저하게 몽골화되었음을 알 수 있다.

중원과 유럽을 휩쓰는 몽골문화의 소용돌이에 깊숙이 침수되면서
이 영양소의 공급으로 파생된 이 시기의 설화는 고려 말과 조선왕조
를 거쳐 한말에 이르기까지 채록되어 문자화되었던 것이다. 원나라
속국이 되기 이전의 한국설화가 몽골설화의 내용과 전혀 일치하지 않
다는 사실은 두 민족의 뿌리가 다르다는 것을 의미한다. 두 나라 설화
의 유사성은 다만 고려에 대한 원나라의 지배시기에 전파된 문화의
영향을 설명할 따름이다.

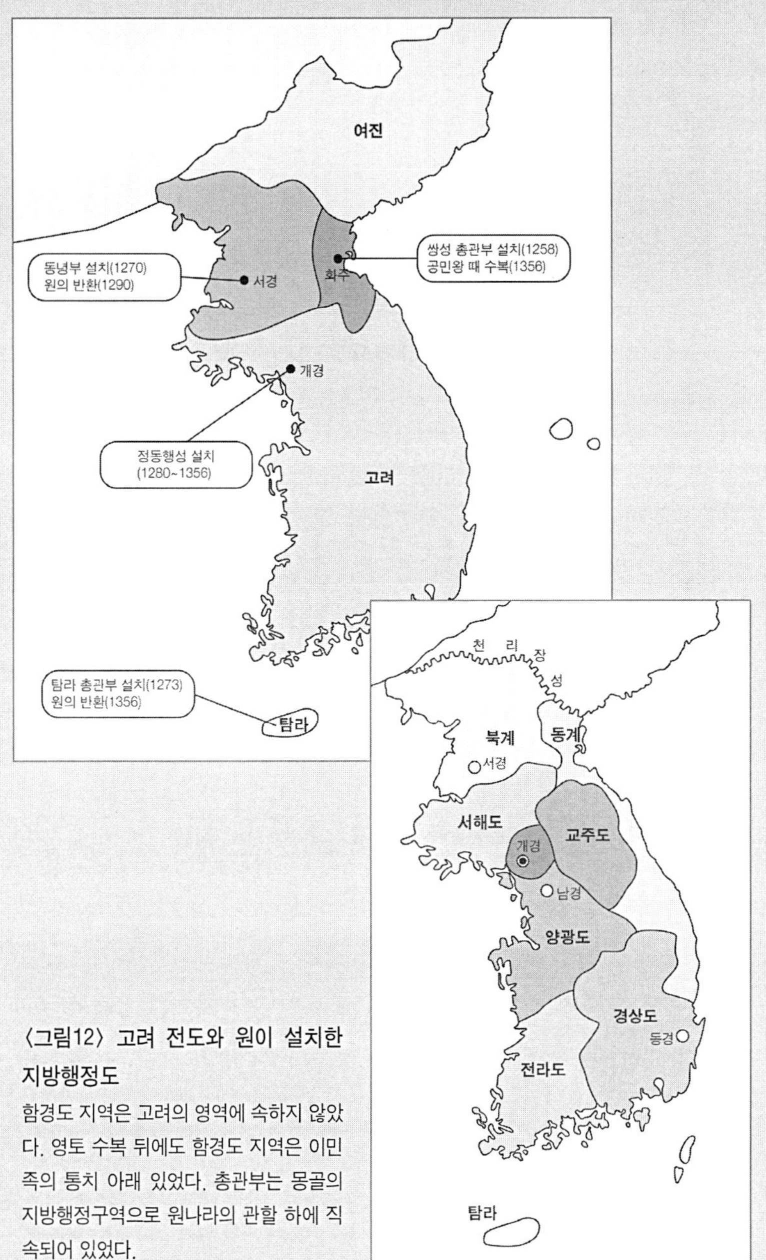

〈그림12〉 고려 전도와 원이 설치한 지방행정도

함경도 지역은 고려의 영역에 속하지 않았다. 영토 수복 뒤에도 함경도 지역은 이민족의 통치 아래 있었다. 총관부는 몽골의 지방행정구역으로 원나라의 관할 하에 직속되어 있었다.

『삼국유사』의 환인제석桓因帝釋이란 기사는 불교 경전인『법화경』에서 나온 것이고 …… 따라서 이것은 객관성이 결여된 하나의 설화에 불과하다. 이것은 고려의 중엽에 몽골의 침략을 받던 고려인들이 민족의 우월성을 기리기 위하여 평양지방에 전승되어 내려오던 왕검인신앙王儉人信仰을 윤색하여 만든 설화에 불과하다.[82]

이마니시 류今西龍가 일본인 학자이고 그의 논점이『단군신화』의 실체를 부정하는 식민사관이라는 이유로 배격당하고 있지만 고려시대가 극심한 불교사회였다는 사실은 누구도 부정할 수 없을 것이다. 게다가『삼국유사』의 저자인 일연은 불교 승려이기까지 하다. 몽골이 고려를 침입했을 때 대적해 싸울 생각은 않고 부처님이 도와줄 거라는 망상에 사로잡혀 강화도에 숨어 방대한 대장경을 찍어낸 고려 조정의 행태도 불교에 대한 국가적 차원의 믿음이 얼마나 광적이었던가를 짐작하게 해준다.『단군신화』가 "만들어진 신화",[83] "후인後人의 윤필潤筆이 가해진" 신화,[84] "고려시대에 꾸며낸 이야기", "불설佛說의 우두전단牛頭栴檀에 근거한 가공加工의 이야기"[85]라는 혐의를 뒤집어쓸 만도 하다.

불과 30년밖에 안 되는 일제 식민지 통치가 한반도에 남겨놓은 그 깊은 문화 흔적을 돌이켜보면 장장 100년간이나 지속된 몽골의 문화 흔적은 얼마나 깊었을까를 어렵잖게 상상할 수 있다.

● 민속의 유사성

오보와 서낭당

훈출루와 돌하루방

솔로모드와 솟대 그리고 장승

● 설화의 유사성

「칭기즈칸신화」와 「동명신화」 그리고 「주몽신화」

「아구국 전설」과 「나무꾼과 선녀 전설」

「황금매 전설」과 「흥부와 놀부 전설」

「여우와 토끼 전설」과 「범과 토끼 전설」

「미하친 이야기」와 「여우누이 이야기」

「우루의 무서운 이야기」와 「호랑이보다 무서운 곳간 이야기」

「쥐의 지혜」와 「까치의 보은」

● 유희의 유사성

장치기, 고누, 실뜨기, 굴렁쇠 굴리기, 가위바위보, 공기놀이, 씨름

● 음식의 유사성

신선로, 설렁탕, 슐(국이나 탕의 몽골어)

● 기타 유사성

수건, 고수레, 댕기, 돌잡이, 신방 엿보기, 신랑 다루기, 인두, 소주, 흰
색 숭배,[86] 제주도 가옥에서 대문 구실을 하는 정낭과 몽골의 새낭, 연
지곤지, 줄타기, 땅재주, 칼 디디기, 두루마기, 족두리, 만두, 제기차기,
윷놀이, 춤, 까치가 울면 귀한 손님이 온다는 속설 등등 ……

이 모든 민속과 설화의 유사성에도 불구하고 몽한蒙韓 두 민족의 기원이 동일함을 설명할 수 없는 건 상술한 원인이 충분한 해답이 될 것으로 믿는다. 이들 풍속은 한마디로 몽골의 고려 지배 당시에 들어온 문화이지 민족의 기원이 같아서 공유한 문화가 아니다.

국립문화재연구소 조사 결과 한국인과 몽골인은 신석기부터 유전학적으로 분리됐음을 확인하는 연구결과가 나왔다. 국립문화재연구소는 중앙대, 동아대 등과 함께 '한민족 기원 규명 연구'라는 이름으로 한반도에서 발굴된 고인골古人骨과 몽골지역에서 발굴된 고인골의 유전자를 비교 분석한 결과 이 같은 결과를 얻었다고 19일 밝혔다. '한민족 기원 규명 연구'는 2006년 몽골, 2007~2008년 중앙아시아, 2009년 러시아, 2010년 일본, 2011년 중국, 2012년 서남아시아 지역 고인골과 한반도의 고인골을 비교해 우리 민족의 기원과 이동 경로를 밝히는 프로젝트다. 3월부터 실시된 1차 연구에서는 몽골국립대, 몽골과학대와 협조해 신석기부터 근세까지 한반도 출토 고인골 427점과 몽골 출토 고인골 585점 중 일부의 유전자를 비교했다. 연구 결과 두 그룹은 신석기부터 서로 다른 유전형질을 가진 것으로 드러났다. 국립문화재연구소 이규식 보존과학연구실장은 "국가간의 고인골 비교 조사는 이번이 최초"라며 "이번 연구 결과가 학계의 인정을 받는다면 한민족 기원에 대한 주요 학설인 '북방 단일 기원설'을 뒤집는 근거가 될 수 있을 것"이라고 말했다. 국립문화재연구소는 19일 연구 결과에 대한 종합평가를 실시한 뒤 이달 말까지 종합보고서를 발표할 예정이다.[87]

일부 학자들은 같은 알타이어족이라는 몽골어와 한국어의 친족 관계를 들어 두 민족 기원의 동일성을 주장하고 있다. 그러나 한국어와 동일한 교착어는 몽골어 말고도 세계 언어의 절반 이상을 차지한다. 김병관 박사는 알타이어의 종주국격인 몽골을 현지답사 했으나 터키에서와 마찬가지로 우리 조상들의 언어적 흔적을 찾지 못한 채 참담한 실망뿐이었다고 했다. 또 기본 낱말을 비교해보아도 후세, 특히 고려 말 100년 가까이 몽골의 지배를 받던 시기에 차용했으리라고 생각되는 보통 어휘 이외에는 도무지 유사한 기본어휘가 없었다고 분명하게 밝히고 있다.[88]

결론적으로 말하면 한민족과 몽골족은 뿌리가 다르다. 더구나 몽골족은 한민족보다 역사도 짧다. 몽골족이 뒤늦게 역사 무대에 등장했던 A.D. 8세기 당시에 한민족은 이미 고조선을 거쳐 고구려에 이르는 유구한 역사를 자랑하는 고대 민족이었다. 그런데 어떻게 그들과 뿌리가 같을 수 있는가. 이러한 주장은 스스로 자신의 조상을 모독하는 행위와 다를 바 없다. 한민족에 대한 몽골족 지배의 굴욕의 역사를 승인하는 아픔을 감수하는 쪽이 차라리 조상의 얼굴에 먹칠을 하는 불경不敬보다는 현명한 선택이 아닐까 한다.

3. 마늘과 쑥에 대하여

『단군신화』에서 마늘과 쑥에 대한 기록이 문제시되는 것은 크게 두 가지 때문이다.

첫째는 재야사학계가 마늘의 원산지를 근거로 『단군신화』의 초기 발상 지역을 파미르고원이나 천산산맥 일대로 추정하기 때문이다.

둘째는 마늘과 쑥이 한민족의 시원에 던져주는 의미이다.

『단군신화』에 보면 곰은 동굴 속에서 호랑이와 함께 살았다. 동굴 속에서는 땅이나 돌바닥에서 상승하는 냉기와 습기 때문에 피부병과 냉증으로 인한 각종 합병증이 유발할 가능성이 높다. 환인이 곰에게 마늘과 쑥을 준 걸 보면 당시 웅녀가 오랫동안의 동굴 생활로 여러 가지 질병에 걸렸음을 암시해준다.

습기에 의한 아토피성 피부염, 치질 증상이 있었거나 냉기에 의한 부인병인 불임증, 생리통, 요통 같은 것을 앓았을 가능성도 배제할 수 없다. 신석기시대 혼인제도는 족외혼이어서 곰은 이미 호랑이 토템 부족과 혼인을 한 부부사이였는지도 모른다. 곰과 호랑이가 같은 동굴 속에 살고 있었다는 기록이 그 사실을 입증해준다. 그러나 냉병에 의한 불임증 때문에 곰은 출산을 하지 못했던 듯싶다.

쑥이 체내의 냉기와 습기를 다스려 육신을 따뜻하게 하며 부인병과 생리통 치료에 효과가 좋다는 의학 상식도 그것을 설명해주기에 충분할 것이다. 뿐만 아니라 쑥은 아토피성 피부염, 치질, 관절염 치료에도 효과가 있다. 환인이 거느리고 온 3천의 무리 속에는 병을 치료하는 직업을 가진 사람도 포함되어 있었다. 곰이 앓고 있는 질환에 적합한 처방으로 쑥과 마늘을 선택했을 것으로 짐작된다.

곰이 불임증을 앓고 있었다는 증거는 출산에 관한 산육속의 예를 들어도 알 수 있다. 『단군신화』에 나오는 "3.7일"이라는 숫자 표현은 출산과도 연관이 있는 기록이다. 결국 곰은 21일[89]이라는 약물치료 과정을 거친 후 부인병이 완쾌되어 임신하는 데 성공한다.

쑥은 치병治病에만 효과가 있는 것이 아니라 샤머니즘 사상에서는 부정을 제거하는 데도 효험이 있다. 지금도 민간에서는 새집에 이사를 하면 그 집의 나쁜 기운을 털어내기 위해 쑥을 태우는 풍속이 남아 있다.

마늘도 치병 기능과 주술적 기능을 동시에 가지고 있는 식물이다. 『본초강목』에는 마늘이 강장, 강정, 항균 작용을 한다고 기록되어 있다. '알리신'이라고 하는 마늘향의 정체는 살균 효과가 현대약품인 페니실린보다 더 강력하다. 피부병, 식중독, 감기 등 각종 세균성 질환 치료와 예방에 효과가 탁월하다. 열악한 동굴 생활로 인해 부인병과 피부병을 앓고 있던 곰에게는 적당한 처방이라고 할 수 있을 것이다.

그 외에도 마늘은 관상동맥경화증,[90] 체내의 면역력 증대[91]에도 효과가 좋다고 한다.

뿐만 아니라 마늘은 주술적인 기능까지 가지고 있다. 서구에서는 마늘이 귀신을 쫓는 퇴마의 능력을 가진 신령스러운 존재로 인식되고 있다. 이는 마늘을 신령스러운 약초로 생각했던 중앙아시아의 스키타이훈족의 유럽 진출과 관련이 있다고 하지만 이 역시 확실한 고고학적 증거는 미비한 상태이다.

어찌됐던 고대인들은 신체 질환을 생리적 현상이라기보다는 귀신의 조화로 인식했기 때문에 치병에는 항상 약물과 함께 악귀를 몸 안에서 축출하는 주술 치료를 병행해서 진행했다.

그런데 이러한 치병 기능을 초월하여 마늘은 최근 들어 국수주의자들에 의하여 고대국가의 영역을 규명하는 유력한 단서로 둔갑하며 눈길을 끌고 있다. 한마디로 마늘의 원산지를 근거로 단군의 건국 발상지가 백두산이 아닌 중앙아시아 파미르고원이나 천산산맥 일대라고 주장하는 것이다. 이러한 재야학계의 주장에는 신빙성이 부족하다.

마늘은 몽골에서 중국을 거쳐 한반도로 들어온 것으로 전해지고 있다. 한민족이 파미르고원이나 천산산맥을 거치지 않고 몽골지역 즉 바이칼호수 부근에서 동남쪽으로 하행했다는 민족 이동 노선과 부합되는 주장이다. 이럴 경우 단군조선의 발상지인 백두산이나 묘향산과도 자연스럽게 이어진다.

동몽골의 모드토이하마르지방으로부터 요동만遼東灣까지의 거리는 700km이다. 모드토이하마르지방은 몽골에서 만주로 나가는 길목 역할을 하고 있다.

이 할인골 유역은 …… 중국이나 만주로 이동하는 길목 역할을 하고 있다. 따라서 옛날부터 수많은 민족이 이 지방을 거쳐 갔다.[92]

이 이동 노선은 바이칼 남부와 몽골 동부를 경과하여 만주와 한반도로 이어지는 빗살무늬 문화의 전파 노선과도 맞아떨어진다. 시베리아 이방인인 환인의 무리가 바이칼 주변에서 요동, 요서 지역이나 한반도로 남하하는데 만년설이 뒤덮인 알타이산맥과 천산산맥을 넘어서 왔을 리는 없다. 뿐만 아니라 마늘은 일부 학자들이 주장하는 것처럼 천산산맥에서만 생장하는 식물이 아니다.

동몽골의 초원에는 실파가 무수히 깔려있고 또 망가르라는 야생 마늘이 구릉지대에 많이 자생하고 있다. 일본의 小澤童男 같은 학자들이 한국 고대의 웅녀 설화의 기원지가 이곳일 가능성이 많다고 말할 정도이다.[93]

단군조선의 중앙아시아 발상지설을 반론할 만한 또 하나의 증거는 옛 문헌에 마늘이 달래로 나타나고 있다는 사실이다.

그때 신(환웅)이 신령스러운 쑥 한 심지와 달래 스무 줄기를 보내 너희가 이것을 먹고 100일 동안 햇빛을 보지 않으면 곧 사람의 모습을 얻으리라 하였다.

한자 애艾는 분명 쑥을 나타낸다. 그러나 산蒜을 마늘로 번역하는 데는 문제가 있다. 옥편 해석에서 산蒜은 마늘의 뜻도 되고 달래의 뜻도 된다. 옛 문헌에는 산蒜이 대산大蒜일 수도 소산小蒜일 수도 있지만 일반적인 경우 달래를 가리킨다고 했다.
『본초강목』에도 산蒜은 달래라고 했다. 마늘은 호산胡蒜이라 하고 달래는 소산小蒜이라고 한다.

대산大蒜 마늘은 …… 텃밭에 씨를 뿌리며 해를 넘긴 것이 좋다. …… 산蒜은 매운 맛이 나는 채소이며 요새 사람들은 호胡를 대산大蒜이라 한다.[94]

명나라 사람 이시진이 찬술한 『본초강목』을 보면 마늘은 원래 중국에서 나지 않았는데 전한前漢시대 사람인 장진이 B.C. 130~120년대에 서역 즉 중앙아시아를 여행하면서 가져왔다고 한다.[95]

장건이 호산胡蒜을 서역에서 실어오니 마침내 산蒜을 소산小蒜이라 불러 호
산胡蒜과 구별했다.[96]

달래는 천산산맥 한 곳에서만 생장하는 마늘과는 달리 중국 동부와
우수리강 유역, 한반도와 일본 전 지역에 걸쳐 자란다. 곰이 먹은 것이
마늘이 아니고 달래라면 단군조선의 발상지를 어디로 정할 것인지 궁
금해진다.

달래도 약재로 쓰인다. 달래의 비늘줄기는 한방에서 건위, 정장, 화
상 등 치료에 효과가 있는 것으로 나타난다. 속의 냉기를 다스리고 몸
을 따뜻하게 하는 약효도 있어 종기를 비롯한 피부병과 냉병에 시달
리던 곰의 병 치료에 도움이 되었을 것으로 추측된다.

웅녀가 인간으로 변하기 위해 환웅에게서 처방 받은 쑥이 본토 자
생식물인 걸 감안할 때 「마늘」도 자생식물인 달래일 가능성이 많아진
다. 잡식성 동물인 곰은 환웅이 오기 전에도 쑥과 마늘을 식용했을 것
이 분명하다. 이러한 까닭에 환웅이 웅녀에게 쑥과 달래를 처방한 두
번째 이유를 육식 금지라고 생각한다. 아마도 당시까지도 야만의 단
계에 머물러있던 웅녀의 육류 섭취를 금지시킴으로써 인간화에 도달
하게 하려는 주술적 의미였을 것이다.

고기를 섭취하면 인간과 동물이 혼합한다는 미신은 신화 속에도 널리 퍼
져있는 소재이다. 동물이 인간이나 인간을 닮은 신으로 변신하거나 혹은
그 반대의 과정에 대한 수많은 예가 있다. …… 석기시대의 동굴 벽에도
인간과 동물의 관계가 생생하게 표현되어 있으며 인간이 신체적으로 동물

보다 열세였다는 초창기의 힘의 관계도 나타나 있다. …… 인간은 매우 뛰어나고도 사실적으로 표현된 동물의 그림 뒤에 가려져 묘사되었다. 길게 돌출한 주둥이와 매우 정교하게 표현된 무시무시한 두 개의 얼굴을 가진 털이 많은 형상은 인간인지 동물인지 판단하기 어렵다.[97]

여기서 미신이라 함은 샤머니즘 사상을 의미한다. 무속의 범위 안에서는 동물도 인간으로 변신할 수 있다. 선사 인류는 동물과 거의 다름없는 생활을 했기에 인간과 동물을 분별하기조차 쉽지 않았다.

『단군신화』의 "백 일 동안 햇빛을 보지 말라"는 표현 역시 일종의 샤머니즘적인 금기라고 할 수 있다. 서대석과 임동권은 그 이유를 다음과 같이 해석하고 있다.

그런데 이 부분에서 지금까지 주목하지 않았던 것이 일광금기日光禁忌에 대한 부분이다. …… 그렇다면 왜 환웅은 인간의 형태를 얻는 조건으로 일광금기를 제시한 것일까. …… 절대자로서의 천신의 개념은 자연현상을 주재하는 신이라기보다는 종교적 기능면에서 후대에 나타난 신의 개념이다. 『단군신화』에 등장하는 환인은 태양신도 아니고 천제의 신도 아닌 우주의 자연현상과 국가를 세우는 인간사까지를 주재하는 절대 신으로서의 성격을 보여준다.[98]

100이라는 수는 큰 수요, 많은 수라는 뜻이다. '백' 자를 '일백 백'이라고 하지만 언어로는 '온 백'이라고 한다. '온'은 '온갖, 모든'의 뜻이다. 많다는 것을 표시할 때 100이란 말로 표시하는 일이 많았다. "백가百家, 백과百

科, 백화百花 ……” 등은 모두 백이 아니라 온갖, 모든 것이라는 의미를 내포한다. 단군신화에서 말하는 ‘백일기百日忌’도 오래도록 일광을 보지 말고 기도하는 것으로 해석된다.[99]

기대했던 것보다는 별로 만족스러운 해석이 아닌 듯싶다. 기존의 ‘신’이라는 개념에 “절대자”라는 관형어 하나를 더 첨부했을 따름이다. 임동권의 경우는 학자의 연구라고 할 수 없을 정도이다.

모르긴 해도 고대인들은 당시에 이렇게 거창하게 생각하지는 않았을 것이다. 불교의 백일재百日齋가 고려시대부터 존속했던 걸로 미루어 산이나 절에 가서 3일, 7일 또는 100일간의 치성을 드려 자식을 얻는 무속이나 불공佛供의 기자속祈子俗은 『단군신화』가 문자화된 고려시대에도 있었을 것으로 생각된다. 무가巫歌 속의 바리공주도 100일간의 치성 끝에 태어난다.

태양은 불을 상징하고 또 건조함을 의미한다. 그러나 생명은 물에서 시작된다. 자궁은 마르고 건조하면 생명을 잉태하지 못한다. 항상 양수가 넘쳐나야 임신을 할 수 있다. 본서에서는 백일기의 의미를 안으로는 쑥과 마늘로 체내의 냉기를 해소하고 밖으로는 햇빛을 차단함으로서 자궁 속의 음기를 보존하는 일종의 샤머니즘적인 치료라고 본다.

결론적으로 말하면 토템은 선사인의 성씨姓氏이다.

선사시대 사람들은 이름이 없었다. 설령 소수의 상류층이 이름을 가지고 있었다 하더라도 「환인, 단군」[100]처럼 이름만 있고 성은 없었다.

당시에는 문자가 없었기 때문에 부족을 상징하는 특별한 기호도 없었다. 그 대안으로 가시적인 자연물을 찾아 부족의 성을 대체하였던 것이다. 곰과 호랑이는 곰 토템 부족과 호랑이 토템 부족의 성이다.

토템은 씨족의 신분증이다. 활동공간과 지리적 위치를 나타낸다. 곰 토템 부족과 호랑이 토템 부족은 삼림지대에 사는 부족을 상징하며 악어 토템 부족은 남방지역에 거주하는 부족을 가리킨다.

생계방식을 나타내기도 한다. 늑대나 호랑이와 같은 산짐승 토템을 가진 부족은 수렵을 생계수단으로 삼는 집단임을 의미하며 물고기를 토템으로 가진 부족은 어로를 생계수단으로 하는 공동체임을 알게 한다.

그런데 여기서 중요한 것은 숭배하는 토템은 같아도 조상의 뿌리는 다르다는 사실이다. 토템은 족외혼, 부족간의 전쟁, 부족 내의 갈등, 개인의 이동에 의해 분산되며 다른 토템과의 공존, 뒤섞임, 흡수, 동화의 과정을 거친다. 환경의 공통성은 토템의 유사성을 배태한다. 여러 토템들의 혼재와 환경조건에 의한 우연의 일치가 유사토템의 동일한 혈통의 가능성을 배제한다.

이와 같은 사고방식은 고고학 연구에서 아주 획기적 전환을 유도할 만한 대단히 가치 있는 새로운 견해이다. 지금까지 학자들은 유사토템은 곧 혈통의 동일성, 조상의 동일성을 의미하는 것처럼 주장해온 것이 사실이다. 그에 따라 선사시대 부족들의 활동 영역과 고대국가의 영역을 규정해온 것이다. 그러나 이제부터 역사는 다시 쓰여야 한다.

　토템과 혈연, 토템과 고대부족국가의 영역은 관계가 있을 수도 있고 없을 수도 있다. 이를테면 대륙을 횡단하는 광대한 분포 범위를 가진 곰 토템 민족을 하나의 조상을 가진 혈연집단으로 보는 건 상고사의 진실을 밝히는 데 전혀 도움이 되지 않는다.

　『단군신화』의 곰 토템 부족은 환웅과의 족외혼을 이루고 박달나무 토템의 후예인 단군을 낳은 그때 벌써 부족으로서의 자취를 감추었다. 곰 토템은 더 이상 한민족의 조상이 아니다. 한민족의 혈관 속에는 곰 토템족의 혈맥이 끊어진 지 오래다.

　눈을 크게 뜨고 한번 주변을 둘러보라. 어디에서 곰의 숨결이 흐르고 있는가. 도처에는 솟대와 장승, 서낭당밖에 없다.

　한민족이 곰 토템, 박달나무 토템 부족의 후대라고 주장하는 건 동이족과의 혈연관계를 스스로 부정하는 것과 다름없다. 혹자는 동이와 한민족은 같은 조류 토템을 숭상하는 조상의 후손이니 혈연관계가 있을 여지는 남아있다고 스스로를 위안할지도 모른다. 그러나 동이족 조류 토템의 원류源流는 앞에서도 지적했듯이 바람「風」이고 북아시아 조류 토템의 원류는 선사시대의 수렵 부족들이 사냥에 이용했던 엽조獵鳥―독수리나 매였을 것이므로 서로 다르다. 오리와 같은 철새로 토템이 변환한 건 청동기시대의 농경사회로 진입하면서부터였다.

■ 주

1 송찬식.『僞書辨』《月刊中央》 1977. 9월호.

2 이도학.『在野史書解題』『환단고기』《민족지성》 1986. 11월호.

3 조인성.『「규원사화」論添補』《慶大史論》 3. 1987. 경남대학교.
　『「규원사화」와 「단군고기」』《한국사市民講座》 2집. 1988.

4 이순근.『고조선 위치에 대한 제설의 검토』《성심여자대학교》 1987. 5. 15.

5 「삼성품설」 마테오리치가 중국에 소개한 그리스도의 삼위일체에서 파생한 단어이다.

6 『요동사』김한규 저. 문학과지성사. 2004. 2. 13. p. 152.

7 紅山文化. 2006년 4월 내몽골지역의 홍산문화지역에서 곰이 중화 북방의 선사토템임이 밝혀졌다. 5500년 전 牛河梁神廟에서 출토된 玉龍이 처음에는 猪龍으로 인정되었으나 나중에는 熊龍으로 판정되었다.

8 葉舒憲. 중국신화학회 회장. 하남성에서 거행된 「중국신화국제학술세미나」에서 《중화민족의 용 토템의 내원은 곰 토템》 이라는 논점을 제시해 학계를 놀라게 했다.

9 『모이한과 흑곰』《納河民間文學集成》 1988. 『通古斯-滿語簇神話比較硏究』(楊治經. 黃任遠 대북. 1997) pp. 44~45.

10 『赫哲族民間故事選』上海文藝出版社 1986. pp. 255~257.

11 『한국의 문화유산』정용호, 최몽룡, 천혜봉, 김동현 외. 한국문화재보호재단. 1997. 12. 20. p. 29.

12 『브리태니커백과사전』19 p. 553.

13 『英賢傳』에 보면 B.C.27세기 炎帝시대의 재상 宿沙氏가 처음으로 바닷물을 끓여 소금을 채취한 것으로 기록되어 있다. 고대에는 소금이 귀해 화폐(鹽貨)로도 사용되었고 노예와 교환되기도 했다. 고대 로마에서는 병사들의 俸給도 소금으로 지급되었다. 고대 로마 시인 호라티우스는 "소금과 빵은 기아를 극복하고 얼굴 색깔을 붉게 한다."고 말했는데 이는 고대인들이 소금을 식용했음을 입증한다. 지혜로운 고대 이집트인들은 시체를 장시간 소금물에 담가놓는 방법으로 성공적으로 부패를 방지했다. 소금에는 바다에서 나는 해염(海鹽) 외에도 육지에서 나는 바위소금(巖鹽), 호수소금(池鹽), 우물소금(井鹽) 등 종류가 다양하다. 巖鹽은 천연 자연에서 산출되는 염화나트륨인데 그 분포 지역은 러시아남동부, 프랑스 다크스, 인도 핀자브, 캐나다 몬트리올, 미국 서부와 뉴욕 중부 등 모든 대륙에 걸쳐 두께 수m에서 300m 이상의 층으로 산출된다. 채취 방법은 소금을 함유한 바위에 물을 붓고 녹아내린 소금물을 증발시킨다. 뿐만 아니라 소금은 「신농본초경」에 따르면 약물중독의 해독제로도 소개되고 있다. 러시아 남동부지역은 바로 신석기시대 선사인들의 집단거주지이다. 이로 미루어볼 때 선사시대 인류가 소금을 식량 저장수단과 식물중독 해독제로 많이 사용했을 것으로 짐작할 수 있다.

14 『鮮卑石室的發現與初步硏究』米文平. 「文物」1981년. p. 2.

15 물론 호랑이처럼 "산중의 왕"이라는 강대함을 경외한 데서 생긴 토템도 있다. 그러나 이런

경우에도 인간의 생존에 필요한 유용함은 여전히 존재한다.

16 熊送祭. 아이누족은 곰은 죽은 뒤에 그 영혼이 어미의 세계로 회귀한다고 믿고 있다. 그들은 어린 곰 2~3마리를 길러 수렵기가 되면 성대한 웅송제를 지낸 다음 도살하여 제물로 삼는데 이는 죽은 새끼 곰에게 어미나라로 돌아가서 살아있는 동안 인간에게 융숭한 대접을 받았으니 더 많은 곰을 인간에게 내려주도록 전해달라는 소원을 담은 일종의 샤머니즘의식이다.

17 옛날 금강가에 있는 나루터인「고마나루」에 살던 한 사내가 하루는 부근에 있는 연미산에 놀러갔다가 길을 잃고 배가 고파서 바위굴 속에서 쉬고 있던 중 한 처녀를 만났다. 사내는 처녀와 굴속에서 하룻밤을 지내는 동안 부부의 인연을 맺었다. 그러나 매일 굴 밖으로 나갔다오는 아내의 정체가 의심스러워 슬그머니 따라가 보았더니 처녀가 곰으로 변하는 것이 아닌가. 놀라 도망가려는 사내를 암곰은 동굴 속에 가두어두고 살았다. 그러는 동안 자식까지 둘을 낳았다. 인젠 도망가지 않을 거라고 안심한 암곰이 어느 날 나간 사이 사내는 금강을 헤엄쳐 사람들이 사는 마을로 도망가 버렸다. 뒤늦게 사실을 알고 강가로 달려온 암곰이 자식들을 데리고 나와 남편이 돌아오기를 간청했지만 사내는 뒤도 돌아보지 않고 자기 집으로 가버렸다. 절망한 암곰은 자식들을 품에 안고 금강에 뛰어들어 자살하고 말았다. 그 후부터 금강을 건너는 나룻배가 풍랑에 뒤집히는 일이 많아 사람들이 나루 옆에 사당을 짓고 곰의 넋을 위로했다.
『한국 구전설화』 충청남도편 pp. 212~213. 충남 公州邑 中洞 李致雨 76세 남 (1973년 9월 26일 임석재 조사)

18 『韓國의 地名』李泳澤 지음. 太平社. 1986. 8. 15. p. 64.

19 『용비어천가』 조규태 지음. 한국문화사. 2007. 1. 8. pp. 231~232.

20 『개포동초등학교 41회 동기회』 백필현.

21 『赫哲族文學』徐昌翰, 黃任遠 著. 北方文藝出版社. p. 36.

22 『삼국유사』에서는『단군신화』의 출처를 중국25사의『위서』로 들고 있지만 정작『위서』에는『단군신화』의 기록이 없다. 일연의 조작일 가능성도 배제할 수 없다.『환단고기』는 20세기의 재야선비 계연수가 편찬한 책으로서 본격역사텍스트로 대용하기에는 신빙성이 결여된 하나의「민간 전설」이라 할 수 있다.

23 『中國巫儺史』花城出版社. pp. 131~139.

24 『단군신화』에서의 신단수와『주몽전설』에서의「柳花」가 이를 설명해준다.

25 ‘실용성’의 범주에는 호랑이나 늑대처럼 용맹과 권위를 숭앙하는 경우도 포함된다. 역량의 비축과 힘의 과시는 곧 유리한 생존 조건의 확보를 의미한다.

26 『史記』와『後漢書』에 보면 “歲正月, 諸長 小會埤于庭祠, 五月大會龍城祭其先, 天地, 鬼神, 秋馬肥, 大會蹄林 課校人畜計”이라는 기록이 있다.

27 『북방 민족의 샤머니즘과 제사습속』 국립민속박물관. 1998. pp. 20~35.

28 『韓國의 地名』李泳澤 지음. 太平社. 1986. 8. 15. p. 39.

29 동상서. p. 71.

30 『巫堂內歷』난곡 지음. 서울대규장각 소장.

31 『북방 민족의 샤머니즘과 제사습속』 국립민속박물관. 1998. p. 87.

32 동상서

33 동상서 p. 88.

34 『영남의 전통상례와 그 사회문화적 함의』(−인암 박효수 선생의 유림장 사례) 박성용(영남 대학교 문화인류학과 교수).

35 『북방 민족의 샤머니즘과 제사습속』 국립민속박물관. 1998. p. 450.

36 「梅壇」에서 梅字는「樹木」을 의미한다.

37 「社」는 땅 귀신 사(主土神)와 제사지낼 사(祭也)의 의미로 파자된다.「神木」또는「祭壇」의 뜻으로도 풀이할 수 있다.

38 『中國巫儺史』花城出版社.

39 실제로 몽골족의 오보는 돌무지 위에 자작나무를 꽂아 하닥을 매달도록 하여 먼 곳에서도 길손이 볼 수 있도록 표적물로 삼는다.

40 『몽골의 문화와 자연지리』 박원길 지음. 두솔. 1996. 4. 24. p. 4~5.

41 『중국신화전설』袁珂. 전인초, 김선자 옮김. 민음사. 2004. 4. p. 343.

42 문일다, 유돈원 주장. 황하, 장강 중하류 평원지대의 농경사회와는 무관한 토템이어서 필자가 보건대 설득력이 없다.

43 손작운 주장. 같은 이유로 부정적이다.

44 위지현 주장. 악어도 농경과는 아무 연관이 없다. 토템은 반드시 고대 인류의 생활과 밀접한 연관이 있다.

45 유성회 주장. 같은 이유로 신빙성이 결여된다.

46 주천순 주장. 농경과 관련된 천기현상이어서 설득력이 있다.

47 하순 주장. 구름과 비의 관계는 성관계를 의미한다. 용은 이들의 성관계로 탄생한다는 주장이다. 구름은 농경과 밀접한 연관이 있다.

48 호칭건 주장. 설득력이 없다.

49 윤영방 주장. 농경과는 직접적 관련이 없다.

50 손수도 주장. 용이 돼지머리를 닮았다는 이유를 들고 있다. 설득력이 부족하다.

51 한국 측 견해. 설득력이 없다. 말은 유목민 또는 기마민족과 연관된 동물이다. 황하, 장강평원에서 정착생활을 하는 농경민의 문화가 아니다.

52 만족 창세신화 『천궁대전』.

53 『중국소수민족설화』 학민사. 1994. 박연옥 편.

54 『한국 민족설화의 연구』 손진태 지음, 을유문화사. 1948. p. 8.

55 『龍鳳文化原流』1998. 北京工藝文化出版社. p. 162.

56 동상서 p. 171.

57 동상서 p. 171.

58 동상서 p. 177.

59 『중국신화전설』袁珂. 전인초, 김선자 옮김. 민음사. 2004. 4. 10.

60 동상서.

61 『갑골문 박사 김경일 교수의 제대로 배우는 한자교실』바다출판사. 2000. 8.

62 『중국신화전설』袁珂. 전인초, 김선자 옮김. 민음사 2004. 4. 10.
　탁록에서 황제와 전투를 벌인 치우의 관하에도 풍백, 우사, 운사가 나온다. 바람, 구름, 비는 농경뿐만 아니라 군사작전에도 중요한 요소였음을 알 수 있다. 교통이 발달하지 못한 당시에는 큰비만 내리면 군사이동이나 작전이 어려웠을 것이고 자칫 패전으로 이어질 우려도 없지 않았을 것이다. 풍백, 우사, 운사가 전쟁에서 비바람, 폭풍우를 몰아치게 했다는 건 군사 지휘관이 천기변화를 전략전술에 잘 이용하여 적을 무찔렀다는 사실을 입증해주고 있다.

63 『몽골의 문화와 자연지리』박원길 지음. 두솔. 1996. 4. 24. p. 318.

64 『북방 민족의 샤머니즘과 제사습속』국립민속박물관. 1998. pp. 409~413.

65 할힌골에는 돌이 없기 때문에 만약 성을 쌓는다면 이곳에서 100~200km 떨어진 동쪽에서 돌을 운반해 와야 한다. 할힌골에 있는 유적지대의 돌들은 모두 동쪽의 대흥안령 기슭에서 옮겨온 돌들이었다.
　동상서 324p

66 『북방 민족의 샤머니즘과 제사습속』국립민속박물관. 1998. p. 263.

67 동상서 p. 263.

68 동상서 p. 265.

69 메르겡-활을 잘 쏘는 사람을 이르는 몽골말. 명궁에게 수여하는 등급.

70 『동북아 샤머니즘문화』전북대 인문학 연구소. 소명출판. 2000. 6. 15. pp. 288~291.

71 『중국신화전설』袁珂. 전인초, 김선자 옮김. 민음사. 2004. 4. 10.

72 『新編 高麗時代史』金庠基 著. 서울대학교출판부. 1999. 9. 30. p. 559.

73 『5백 년 고려사』박종기 지음. 푸른역사. 2004. 3. 25. p. 274.

74 『한 권으로 읽는 고려왕조실록』박영규 지음. 들녘. 2002. 9. 18. p. 373.

75 『高麗國王册封研究』沈載錫 著. 2001. 5. 30. p. 192.

76 『新編高麗時代史』金庠基 지음. 서울대학교출판부. 1999. 9. 30. p. 560.

77 『高麗史』《世家》에는 元宗 11년 2월, 원종이 연경 체류 당시에 元의 中書省에 글월을 올려 세자의 혼사를 청했다는 기록이 남아있다.

78 『삼국유사』와 『殊異傳』등에 수록된 고려 시기의 설화들을 검토하면 이 사실을 확인할 수 있다.

79 元史/志/第11/地理誌2
　乙未歲, 立開元. 南京二萬戶府, 治黃龍府. 至元四年, 更遼東路總管府. 二十三년, 改爲開元路. 領鹹平府.

80 元史/志/卷59志第11/地理2/
　元之6년, 李延齡, 崔坦, 玄元烈等以付州懸六十城來歸.

81 함경도 지방은 원나라 이전에도 漢, 唐, 遼, 金, 여진 등 줄곧 다른 민족의 통치 아래 있었다.

82 今西龍『朝鮮古史の硏究』近澤書店. 1937.

83 『단군, 만들어진 신화』송호정 지음. 산처럼.

84 『韓國史』李丙燾, 金載元 著. 乙酉文化史. 1968. 8. 5. p. 68.

85 『檀君考』사라토니 쿠라키치(白鳥庫吉). 牛頭栴檀은 불보살과 가장 인연이 깊은 나무라고 한다.

86 흰색숭배는 고려 후기의 기록에 의하면 원나라 때 몽골풍속이 유행하면서부터였다고 한다. 결국 우리가 자랑스럽게 여기는 백의겨레라는 말에는 뼈아픈 굴욕의 아픔이 배어있음을 알 수 있다.

87 연합뉴스.『한국인-몽골인 신석기부터 남남』김승욱 기자. 2006. 12. 19. 09:34

88 『남방문화 속의 우리말 탐험』http://cafe.naver.com/glter/7.「감자글터 카페」감자58님.

89 출산과 관련된 산육 속에는 3과 7이라는 숫자가 유난히 많다.-7일마다 山神을 위한다.-산전 3.7일 전에 遠行한 가족은 3.7일이 지날 때까지 산실출입을 삼간다.-산후 3.7일 안에 달걀을 깨트리면 불길하다.-산실에는 부정을 막기 위하여 아이 머리맡에 3.7일 동안 木炭을 놓아둔다.-禁줄은 3.7일 동안 매달아둔다…… 웅녀가 부인병을 앓았던 것이 확실하다.

90 1990년 국제마늘학술대회에서 인도연구팀이 제출한 연구보고서 내용.

91 1987년 마늘의 규칙적 복용이 에이즈 환자의 면역력을 높이는 데 탁월한 효과가 있다는 미국학자들의 연구보고서 내용.

92 『몽골의 문화와 자연지리』박원길 저. 두솔. 1996. 4. 24. pp. 3, 315.

93 『유라시아 초원제국의 역사와 민속』박원길 저. 민속원. 2001. 12. 10. p. 512.

94 『동의보감』

95 동상서.

96 『본초강목』

97 『욕망의 근원과 변화 고기』난 멜링거 지음. 임진숙 옮김. 해바라기. 2002. 3. 23. pp. 37~38.

98 『한국신화의 연구』서대석. 집문당. 2001. 7. 10. p. 49.

99 『단군신화의 민속학적 고찰』임동권.《한국 민속학 논고》집문당. 1971. p. 349.

100 그러나「환인, 단군」은 人名이라기보다는 무당, 제사장과 같은 職名이다.

2장

단군은 진정 개국시조인가

上元甲子(唐堯時)十月三日神人降于太白山(白頭山惑云妙香山)檀木下是

僞檀君乃設神敎而敎之, 長者扶婁而多福神故　人民尊信後日擇地等壇土器

盛禾穀　編草掩之稱日　扶婁壇地　業主嘉利　每歲十月　新穀旣登以甑餠酒果

致誠祈禱　祈禱時必用老成女子　世稱巫人其後婁灸增加謂之巫堂　邇來弊端

疊出　漢唐以來　誣獄頻繁　近日佛家謂之新羅中葉　咸陽等地　有法兩和尙　生

八分遣八路　僞據訛　言莫此爲甚　時乙酉仲春蘭谷破寂耳。

요임금 시절 상원갑자 시월 삼일에 신인이 박달나무 아래에 강림하니 이

가 바로 단군이다. 이에 신교巫敎를 창설하여 장자 부루에게 가르쳤는데,

부루는 어질고 복이 많아 인민이 존경하고 신임하여 후일 터를 골라 단을

쌓고 토기에 벼 곡식을 담아 풀을 엮어 가려놓으니 이를 가리켜 '부루단

지' 또는 '업주가리'라고 하였다. 매년 시월에 새 곡식으로 시루떡, 술, 과

실을 올려 치성, 기도하였다. 기도 시에는 반드시 나이 많은 성숙한 여자를 쓰는데 세상에서는 이 사람을 무인이라고 불렀다. 그 후 무인의 수효가 증가하여 무당이라고 이르게 되었는데, 그 이래로 백 가지 폐단이 겹쳐 나타나서 한당 이래로 무당으로 인한 옥사가 빈번하였다. 근일 불가에서 이르되 신라 중엽 함양 등지에 법우화상이란 사람이 딸 여덟을 낳아 팔도에 나누어 보내 무당이 되었다고 말하고 있는데 이는 근거가 없는 와언으로서 이보다 더 심한 것은 없다.

을유乙酉 중춘에 난곡이 심심풀이로 쓰다.[1]

난곡이 지었다는 『무당내력』의 서문 내용이다.

앞에서 『단군신화』를 분석한 건 이 신화가 실존했던 역사 사실이고 단군이 개국시조라는 관점을 전제로 한 것이었다. 실제로 남북한 역사학자들은 공동보도문을 통해 "단군이 실재한 역사 인물"이며 "건국시조"라는 얼토당토않은 주장을 펴고 있다.

그러나 최초로 문자화된 『삼국유사』가 자료의 출처로 인용한 『위서』에는 『단군신화』의 내용이 없고 「고기古記」도 현재 전해지지 않는 문헌임으로 신빙성이 없다.

더구나 『단군신화』에서 박달나무를 신단수神檀樹라고 표현한 점이 석연치가 않다. 단수檀樹 앞에 왜 신神 자를 첨부했을까? 이는 단군이 박달나무를 모시는 무당이라는 의미가 강하게 담겨있음을 암시한다. 박달나무가 토템의 상징이라면 무당이 섬기거나 신神 자를 첨부할 이유가 없기 때문이다. 대상이 토템이라고 할 때 그냥 곰, 호랑이라고 하지 신곰(신웅神熊) 또는 신호神虎라 하지 않듯이 말이다. 버드나무 토템

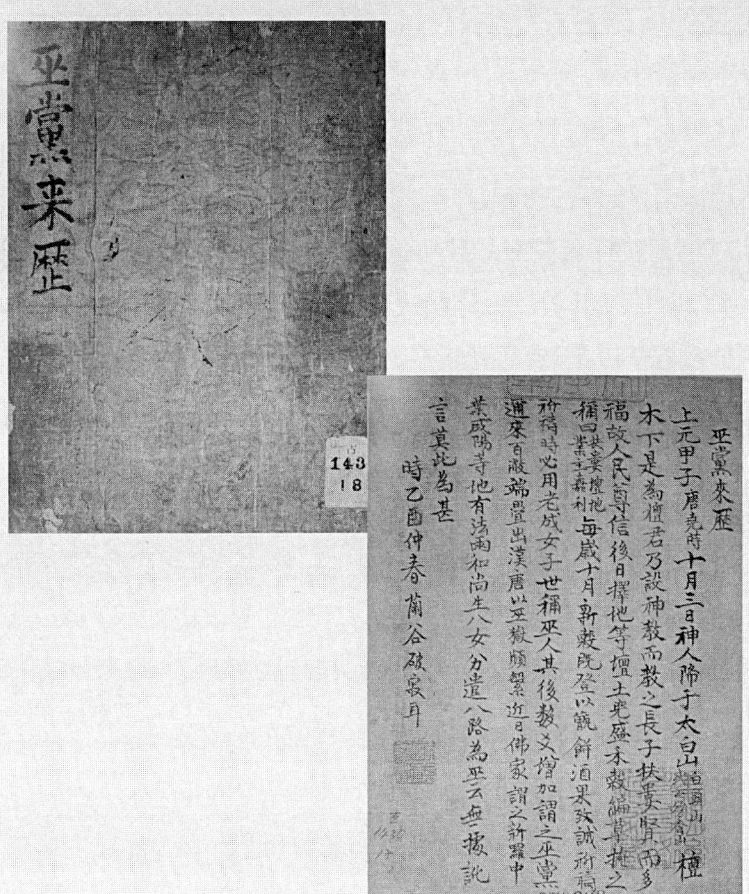

巫堂來歷

上元甲子唐堯時十月三日神人降于太白山檀
木下是爲檀君乃設神敎而敎之長子扶婁賢而多
福故人民尊信後日擇地等檀土兇盛禾穀編蕎之
稱四供養檀地每歲十月新穀既登以酒果致誠祈禱
祈禱時必用老成女子世稱巫人其後數文增加謂之巫堂
邇來百數端置出漢唐以至近日佛家謂之新羅中
葉咸陽寺地有法雨和尚生八女分遣八路爲巫云無據
言莫此爲甚

時乙酉仲春蘭谷破寂辰月

〈그림13〉 무당내력巫堂來歷의 표지와 서문. 서울대학교 규장각 소장.
무당의 굿거리를 소개한 조선시대의 책자. "무당내력"이라는 같은 제목의 두 종류의 책이 있다. 큰 책–도서 번호: 가람 古398.3~M883. 원본 크기: 가로 19.5cm, 세로 28cm 총 14면. 작은 책–도서 번호: 古1430~18. 원본 크기: 가로 17cm, 세로 21cm. 총 14면으로 되어있다.

은 있어도 신류수神柳樹라는 말은 없다.

신석기, 청동기초기시대의 신은 샤머니즘과 밀접한 연관이 있다.

기층사회에서의 단군은 이렇듯 개국시조로서보다 신으로서 인식되고 있었음을 알 수 있다.

『무당내력』은 조선조 말기에 난곡이라는 호를 가진 재야선비에 의해, 소리광대의 활동이 활발했던 1825년 을유년 아니면 1885년 을유년에 찬술된 저서로서 단군에 관한 가장 상세한 기록을 보이는『환단고기』(1911년 저술)보다 저술 연대가 앞서 있다.『환단고기』의 기초자료가 된『단군세기』[2]와『북부여기』[3]는 고려시대에 문자화된 문헌이고『규원사화』는 도가道家 계통의 종교서이다. 최근 학자들은 이 문헌들이 한말韓末과 일제하에 만들어진 '위서'들이라는 이유로 그 신빙성에 의혹의 시선을 던지고 있다.

『환단고기』가 국가의 주권이 강대국들에게 농락당하던 한말과 일제 식민지시기에 만들어진 책인 것처럼 단군에 관한 다른 모든 자료들도 묘하게도 전부 외세의 침략과 지배에서 굴욕의 역사를 연명하던 시기에 저술되었다는 점에 주목할 필요가 있다.

『단군신화』가 등장하는『삼국유사』[4]는 고려 충렬왕 때에 찬술된 책으로 13세기 원나라의 지배 하에서 민족 수난기를 겪었던 승려 일연(1206~1289)의 개인 저서이다.

『제왕운기』역시 충렬왕 때의 학자인 이승휴(1224~1300)가 지어 1287년에 왕에게 바친 저서이다. 역시 100년간이나 지속된 원나라 통치시기에 저술된 것이다. 그마저도 초간본은 없어지고 1360년 고려 공민왕 9년에 낸 재간본과 1417년 조선조 태종 13년에 간행된 삼간본

三刊本만이 남아있다. 이를 근거로 계명대학 이종문 교수는 지금 전해지고 있는 『제왕운기』는 1287년에 완성해 이승휴가 충렬왕에게 바친 원본이 아니라 나중에 누군가의 손에 의해 대폭 삭제되거나 보태어진 것이라는 연구 결과를 발표하기까지 했다.

이밖에 단군에 관한 기록들인 「응제시주熊製詩註」와 「세종실록지리지」는 모두 상술한 문헌들을 그대로 옮긴 것에 불과하다.

이러한 현상은 무엇을 의미하는가?

국가가 주권을 상실하고 국민이 외세의 통치에 수난을 겪을 때는 패배의식과 자비감이 팽배하기 마련이다. 자비감은 저항의식으로 바뀌며 이러한 정서는 통치자와의 직접적 충돌을 회피하여 우회적으로 표출된다. 즉 민족의 역사에 대한 확대해석을 통한 정신적 고양과 같은 방식으로 나타나는 것이다. 피해의식은 이러한 극단적 민족주의 행위 속에는 항상 역사 왜곡으로 이어질 수 있는 위험성이 내재되어 있음을 망각하게 한다.

다른 하나의 이유는 국가 수난시대에는 민간 차원에서의 미신 숭배가 창궐한다는 사실이다. 일종의 범민족적인 자포자기 행위라고도 할 수 있을 것이다. 그 속에서 막연한 위안과 낙태된 희망을 찾으려는 도피심리의 발로이기도 하다. 미신은 절망한 민중의 일말의 관심을 배경으로 무속이라는 명분을 들고 역사의 행렬에까지 슬쩍 끼어드는 것이다. 무당은 역사무대에 등장하는 것으로도 모자라 건국시조로까지 둔갑하기에 이른다. 주변국의 강대함 앞에 굴복한 유치한 패배의식은, 비굴하게도 무속과 결탁하여 드디어는 역사가 아닌 새로운 위사僞史를 조작해내는 것이다. 무속도 모자라서 종교에까지 미친 듯이 매달린다. 몽골의 침략에 저항은 하지 않고 강화도에 숨어서 팔만대장경을 찍은 고려가 아닌가. 어떻게 해서라도 신비하고도 영험한 힘에 매달리려고 하는 게 패배의식의 특징이다. 그 힘이 부족하면 만들어서라도 욕구를 만족하려 한다. 처음에는 도피처로, 위안으로 찾다가 나중에는 자신도 모르게 믿어버리고 그것이 마치도 자신들의 역사인 것처럼 착각까지 하게 되는 악순환이 진행된다.

고려시대에 무속과 무당의 활동이 유난히 창궐했던 이유도 이런 경우라고 할 수 있다. 조정에서는 가뭄을 극복하기 위한 기우제를 구실로 무당을 궁내에까지 공공연히 불러들여 굿판을 벌였다. 현종, 숙종, 고종, 충렬왕, 충선왕, 충숙왕을 거치며 무당을 불러들여 기우제를 지냈다.

백성들은 병이 들어도 약을 안 먹고 무당을 찾아가 굿을 했다. 송악산사, 팔선궁, 봉수산사 등 개성 근처의 산에는 무당들이 신에게 재사 지내는 징소리, 장고소리가 그치지 않았다. 송악산사에는 성황당, 대왕당, 국사당, 고내당이 있는데 국가에서는 큰 행사 때마다 이곳에서 성대한 굿판을 벌였다. 이날이 되면 전국 각지의 무당들이 구름처럼 모여들어 며칠이고 굿판을 벌이며 먹고 마시고 질탕하게 놀아댔다. 충성왕 때 득세한 강융姜融은 자신의 누이를 송악산사 우두머리 무당으로 임명했다. 한편 조정에서는 무당과 굿에 관련된 전문 관청인 별례기은도감別例祈恩都監5과 산천비보도감山川神補都監6까지 두었다.

충렬왕 때 상주판관으로 부임한 안향이 혹세무민으로 영남 일대의 백성들을 우롱한 세 명의 요무妖巫를 처벌한 이야기를 봐도 당시 미신의 악습이 조정, 사대부, 백성들 속에 널리 퍼져 일상화되었음을 알 수 있다. 여기에다 당시에는 불교도 구복求福을 위주로 믿었으므로 무당의 활동을 부추기는 역할을 담당했다. 도가도 무당의 세력 확장에 일조했다.

이처럼 무당은 산천자연으로부터 도가의 태상노군과 부처님까지 등에 업고 전국토를 굿판으로 만들어버렸다. 『삼국유사』와 『제왕운기』가 저술된 고려 말기에는 무당이 극성을 부려 사대부에서 농부에 이르기까지 무당을 찾아다니지 않는 사람이 없었다.

온 나라가 무당의 굿판이 되어버린 이러한 환경 속에서 별 볼일 없는 재야학자들에 의해 탄생한 것이 「단군」이다. 그래서 개국시조라기보다는 무조巫祖라는 판단이 훨씬 더 설득력을 갖게 된다. 원나라의 부마국이라고까지 불린 당시 왕실의 혈관 속에는 몽골인의 피가 흘렀을 것이며 원 황실 공주의 송도 입성으로 왕실과 관료층에는 몽골어가 유행했을 것임에 틀림없다. 기마민족인 몽골족은 중원의 주인이 되고 한족漢族의 선진문화를 수렴했다고는 하나 그때까지도 자신들만의 고유한 샤머니즘 문화를 포기하지 않고 있었다.

그런 연유로 「단군」의 어원을 몽골어에서 찾는 것이 설득력을 가지게 된다. 『삼국유사』, 『제왕운기』, 『단군세기』 등을 지은 학자들이 몽골 문화를 전수받았을 것이기 때문이다. 서민들과는 달리 상류층은 중국이나 몽골 문화를 숭앙했을 것이 분명하다.

단군은 하늘이라는 뜻의 몽골어 텅그리(tengri)와 동일하다.

단군은 당금, 당검이라고도 한다. 당검은 텅그리와 더구나 유사한 발음을 가지고 있다. 텅그리는 무당을 가리킨다.

무가巫歌에서 자주 등장하는 사람으로 〈당금아기〉라는 이가 있다.

당금아기에서 당금의 한 자식이 단군이다.

「단군」이 『무당내력』에서 주장하는 것처럼 개국시조가 아닌, 신교神敎-巫敎를 창시한 무당의 조상이라면 '인구 9억의 대제국-고조선'(삼성기)을 건국한 단군임금은 실존인물이 아닌 '만들어낸 신화'(송호정 교수)가 되고 만다.

단군신화에 대한 연구 성과를 (최남선, 이병도, 김정학, 천관우, 김정배) 수용한다면 해결되지 않는 몇 가지 문제가 그대로 남는다. 일본관학파가 주장했던 단군 부정론의 근거가 되는 『삼국유사』 이전의 문헌에 어째서 『단군신화』는 나타나지 않느냐 하는 문제이다. 이 문제를 해결하여야 고려시대 형설설이 확실하게 부정된다. …… 그런데 아직까지 이에 대한 해석이 미흡하다. 『단군신화』의 내용이 한漢 건화建和 원년인 서기 147년에 만들어진 중국 산동성의 무씨사당武氏祠堂 석실의 화상석畵像石의 그림과 같은 내용을 보여준다는 김재원金載元의 연구가 있으나 이에 대한 비판도 만만치 않아서 이것만으로 『단군신화』의 본래의 모습이 해명되었다고 보기는 어렵다.[7]

이와 같은 판단은 단군 관련 문헌들의 시대적 배경과 연관시켜볼 때 신빙성이 충분하다. 단군은 식민지 치하의 굴욕 속에서 방황하던 민족적자비감과 저항의식이 만들어낸 하나의 허상에 불과하다. 일제 식민지 치하에서 대두한, 일부 역사학자들이 복국을 위한 방법의 일환으로 한국사를 민족주의의 관점으로 재해석한[8] 사실도 이런 경우에 속한다. 이러한 민족주의사관은 역사학을 정치의 시녀로 타락시킴으로서 정확한 역사 인식을 방해9하기에 당연히 지양되어야 할 것이다.

우리는 이제 허황한 꿈속에서 깨어나야 한다. '인구 9억의 대제국', '중국의 란하에서부터 흑룡강까지, 만주 전부와 시베리아 지역을 영토로 하는 초대제국 고조선의 후손'이라는 얼토당토않은 망발을 중단하고 역사의 현실로 복귀해야 한다. 출처도 분명하지 않은 하나의 신화를 가지고 '박달나무의 박은 밝으로서 밝다, 붉다, 환하다의 뜻이고 박달은 밝은 터, 성스러운 곳'이며 그래서 '단군은 하늘같은 임금'이라는 식의 언어유희는 당장 걷어치우고 역사의 진실을 받아들여야 한다.10

아무런 역사 유적도 남긴 것이 없는 단군조선은 『단군내력』의 내용이 사실이라면 개국시조마저 없어진다. 남는 것은 결국 기자조선, 위만조선뿐이다. 기분이 나쁘더라도 받아들여야만 한다. 역사의 진실은 기분에 좌우되지 않는다. 윤내현 등 학자들의 비 학술적 역사 조작 행위도 당장 중지되어야 한다. 윤내현 등의 학자들은 비단 『단군신화』의 실체를 인정할 뿐만 아니라 학술적 연구를 통해 이 사실을 입증하려는 움직임까지 보이고 있다.11

연대	고고학의 시대	사회발전단계	단군신화의 시대
1만 년 전 이전	구석기시대	무리사회	환인시대
1만 년 전 이후	전기 신석기시대	마을사회	환웅시대
6000년 전 이후	후기 신석기시대	마을연맹체사회	환웅+곰녀시대
4500년 전	청동기시대	국가사회B.C.2333	단군 왕검의 고조선시대

『단군신화』에 대한 윤내현의 시대 구분이 사실이라면 환인의 서자

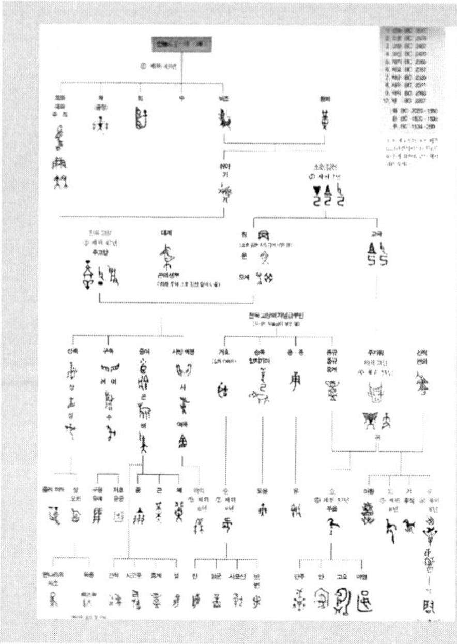

〈그림14〉 삼황오제 계보도
중국 역사학자들은 삼황오제를 실재한 역사 인물이 아닌, 전설 속의 인물로 단정하지만 그럼에도 상고시대 황제들의 재위 기간이 상세하게 기록되어 있다. 재위 기간도 100년이 넘는 것이 없다. 그래도 전설은 전설인 것이다.

인 환웅이 태백산에 내려왔을 때는 무려 4000살이다. 웅녀와 만난 뒤에도 1500년을 더 살았으니 5500살까지 천수를 누린 셈이다. 이보다 더 황당한 것은 웅녀가 환웅과 결혼하여[12] 임신을 하고 아이를 낳을 때까지의 임신 기간이 무려 1500년이나 된다는 사실이다.

저자 스스로도 이 사실을 알았던지 "신화에는 시간이 압축되어 있기 때문에 그것을 확장하여 시대를 구분한 것"이라고 어색한 변명을 늘어놓고 있다.[13]

그러나 아무리 신화라고 해도 인물의 계보만은 시간을 어기지 않는 게 상식이다. 중국의 삼황오제신화만 해도 조상부터 후손에 이르기까지 가계족보를 분명하게 확인할 수 있을 만큼 시간 질서를 지키고 있

다. 『단군신화』에서처럼 아버지와 아들庶子의 연령차가 5500살이나
되는 경우는 드물다.

　단군은 박달나무 신을 모시는 무당이다. 단군은 제석이라고도 하는
데 『무당내력』에서는 "제석은 곧 단군성조聖祖"라고 쓰고 있다. 성조
무가, 당금애기무가, 바리데기무가 등 세 가지의 한국 3대 전통서사무
가徐事巫歌 중 두 가지가 『단군신화』와 구조가 같다고 한다.

　당금애기가 환웅과 혼인했던 곰이라는 것은 신화의 구조로 봐도 한눈에
알 수 있는 일이다. 그것은 "인간의 360여 가지 일을 다스리는" 하나님의
아들 환웅만큼 중대한 생명을 다스리는 신神에 관한 얘기로, 바로 환웅과
혼인했던 곰의 얘기다. 그는 굴속에 갇혔던 곰처럼 산속의 돌 속에 갇혔
고, 단군이 죽어서 산신이 된 것처럼 그의 아들들도 산신이 되었다.[14]

　마을의 우두머리를 무당이라 하고 고을의 우두머리를 검웅이라 한
다. 단군은 신시라는 마을의 우두머리-무당이었다. 중국신화에 보면
요임금 시절의 영산은 무당이 많은 곳이었다고 한다.

　곤의 시체가 누런 곰으로 변하여 궁산의 험한 절벽을 넘어서 서방으로 가
무당에게 그를 다시 살아나게 해달라고 하였다 한다. 그곳은 본래 무당이
많은 곳이었다. 갖가지 진귀한 약초가 있는 영산에서는 무함, 무죽, 무반,
무평, 무고, 무진, 무례, 무저, 무사, 무라 등 열 명의 무당들이 산을 오르
내리며 약초를 캐고 있었다.
　곤륜산의 개명수가 있는 동쪽에서는 무평, 무저, 무양, 무의, 무범, 무상

등 몇 명의 무당들이 근처에 있는 불사수에서 불사약을 얻어내어 이부신에게 피살당한 알유를 치료하였다.[15]

무당은 아주 오래전에도 있었음을 알 수 있다. 일부 학자들은 무당과 무속이 동북아에만 존재하는 사상인 것처럼 알고 있는데 이는 잘못된 생각이다. 보다시피 상고시대에는 중국에도 무당이 많았다.

고대의 무당이 하는 일은 주로 병을 치료하는 의술이었다. 질병은 인간의 생명을 위협하는 악령이었으며 이 악령을 다스리는 사람은 신과의 교감이 가능하다고 믿었던 것이다.

신시의 신神은 신단수의 신처럼 무속의 신神을 의미한다.

물론 이러한 추측은 「단군내력」의 기술記述이 얼마만큼 진실한가에 따라 신빙도가 달라질 것이다.

한편 도교에서는 단군은 물론 주몽까지도 도교의 신선과 연계시키고 있다. 도교의 신선설화는 산악숭배사상과 관련이 깊은데[16] 고대 선인仙人들은 대개 동천洞天 즉 명산의 동굴에 거처했다고 한다. 단군은 동굴에 살던 곰의 자식이며 47대 단군 고열가는 왕위를 버리고 구월산에 들어가 도를 닦아 신선이 되었다는 기록이 남아있다.

고려는 건국 무렵부터 도참圖讖, 비기秘記 등 도교 예언서가 유행했으며 예종 10년(1115년)에는 관방도교기관인 복원궁福源宮을 건립했다. 그 뒤를 이어 의종毅宗(1146~1170)은 전국적으로 선풍仙風을 숭상하라崇尙仙風는 교지까지 내릴 정도였다.

조선조 때의 김시습의 전기체 소설 『금오신화金鰲新話』에서도 "우리 동방은 산수가 천하에 빼어나 단군과 기자 이래로 선도仙道를 수련한 사람이 많았음에 틀림없다"고 씀으로서 단군을 신선으로 인정함을 볼 수 있다.

삼국사기에도 단군이 선인仙人이라는 기록이 보인다.

21년 봄 2월에 왕은 환도성이 난리를 겪어 다시 도읍할 수 없었으므로 평양성을 쌓아 백성들과 종묘사직을 옮겼다. 평양은 본디 선인 왕검이 살던 곳이다. 혹은 왕이 도읍한 왕검을 이르기도 한다.[17]

선인 왕검은 단군신화에 나오는 바로 그 단군을 일컫는다. 이병도李丙燾는 단군에 대해 평양신神의 하나라고 삼국사기 번역서에 주해를 달았다.[18]

여기서 택宅 자는 어떤 사회집단이라기보다는 개인이 살고 있는 집이나 거처를 의미한다. 단군조선의 건국시조라기보다는 산에서 수련하는 선인에 더 가깝다는 인상이 들게 하는 대목이다. 실제로 「난랑비서」의 풍류風流나 『삼국유사』의 풍월도風月道 그리고 「화랑세기」의 화랑은 모두 도교와 관련된 선인들이다.

단군의 단檀 혹은 단壇은 고대음古代音이 '선'이었다는 견해도 있다. 지금도 단壇을 하늘을 날 선이라고 읽는다. 이것은 단군이 하늘에서 날아온 선인을 뜻하는 것이라 할 수 있다. ……
호남지방에서 무당을 단골이라 한다면 경상도지방에서는 무당을 '산이'라고 한다. '산이'는 선仙이 변화한 것이다. ……
「삼국사기」의 고구려 동천왕조에는 단군이 선인왕검仙人王儉으로 기록되

어 있어 단군이 선인이었음을 명백히 해준다.[19]

『청학집青鶴集』에서는 한국의 선통仙統이 환인桓仁(因)에서 시작해서
환웅, 단군으로 이어지며 이 3자를 모두 신선으로 간주한다.

황인진인桓因眞人은 명유明由로부터 도를 배웠고 명유는 광성자廣成子로부
터 도를 배웠는데 광성자는 옛날의 선인이다. 환인은 동방선파仙派의 시조
가 되었는데 환웅천왕은 환인의 아들로서 그 뜻을 계승하고 그 일을 실천
함과 아울러 풍우風雨와 오곡 등 360가지 일을 주관하며 동방의 백성들을
교화시켰다. [20]

일본학자들도 단군신화를 묘향산 산신의 전설과 평양선인의 전설
이 합쳐져서 이루어졌거나[21] 한 선인의 이야기에 지나지 않는다[22]고
간주하고 있다. 풍백, 우사도 도교의 사직신司職神이며 단군은 단심タン
=ム 즉 달님タル=ム의 와전으로 그 의미는 곧 산군山君 또는 산선山仙이
라는 연구 결과를 내놓고 있다.

웅녀는 쑥과 마늘을 먹고 사람이 되었다고 하는데 도교의 양생술식
이법養生術食餌法에도 절곡絶穀을 실천하는 데에 도움이 되는 약품 처방
이 수도 없이 많다고 한다.

도교에는 벽곡辟穀이라 하여 곡기를 끊고 장수하는 양생술이 있다.
벽곡에는 오곡을 금식하고 대신 솔잎, 대추, 밤 등을 조금씩 섭취하거
나 아예 곡기를 끊고 절곡하는 두 가지 수행법이 있다고 한다. 『용호
비결』에 의하면 달마대사도 바로 이 벽곡과 태식법胎息法을 터득하였

기에 장장 9년 동안이나 면벽 수행할 수 있었다고 한다.

又詩曰 正氣常盈腔裏 何妨燕處超然 達摩는

得胎息法 故로 能面壁觀心하니라

黃庭經아 曰 人皆飽食五穀精이나 我獨飽此陰陽氣라 하니

以此二詩로 觀之則壁穀은 專由胎息이니 苟能壁穀하고

獨飽此陰陽氣則地戶閉하고 天門이 開하리니 豈不可平路登仙乎아.

또 시에 말하기를 "정기가 항상 몸속에 가득하면 한가한 곳에서 초연하게 지낸들 거리낄 것이 무엇이 있겠는가?" 하였다. 달마 선사도 태식법을 얻었으므로 능히 면벽하여 관심할 수 있었던 것이다.

〈황정경〉에 말하기를 "사람들은 모두 오곡의 정기로 배를 불리나 나는 홀로 이 음양의 기운으로 배를 불리네!" 하였다.

이 두 시를 가지고 보건대 벽곡은 오로지 태식에 의한 것이라 할 수 있으니 진실로 능히 벽곡을 하여 홀로 음양의 기운을 포식할 수 있다면 땅의 문은 닫히고 하늘의 문은 열릴 것이니 어찌 평지에서 신선이 되어 하늘에 오르지 못하겠는가?

옛날부터 전해져오는 중국의 모든 강장제가 포함된다.[23] 우연의 일치인지는 몰라도 마늘과 쑥은 모두 강장제이다. 그러나 초목으로 만든 약은 생명 연장은 가능하지만 죽음은 피할 수 없다고 한다. 단군도 장수는 했지만 결국은 죽는다.

3과 7에 대한 기록도 보인다. 도교는 수련을 통해 망아忘我에 이르

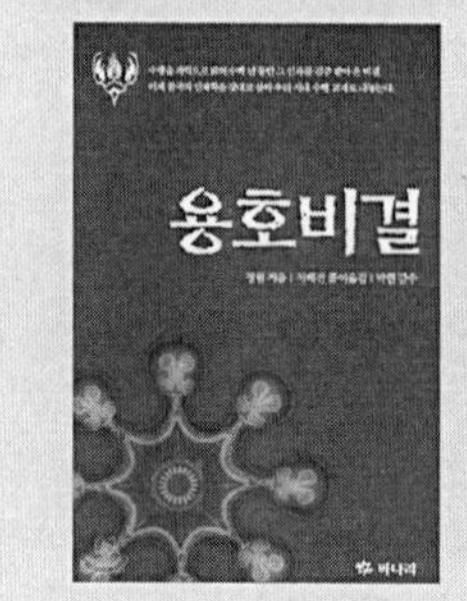

〈그림15〉용호비결龍虎秘訣

북창北窓 정염(1506~1549) 지음. 단학수련서. 정염은 조선시대 대표적인 선인仙人, 이인異人, 도인道人이다.

는데 3일이 지나면 온 세상을 잊을 수 있고 7일만에는 만물을 잊을 수 있다고 한다.[24] 망아忘我란 결국 곰이 동물로서의 자아를 망각하고 인간으로 재탄생하는 도교적 수련과정이라는 가능성도 배제할 수 없다.

우선 백 일 간 결재潔齋하고 청목향靑木香으로 목욕해서 몸을 깨끗이 하여 불결한 것이나 속인들에게 가까이 가지 않도록 한다.[25]

고대 선인들이 수련하던 곳은 산속의 동굴이다. 부정을 타지 않으려고 속인들과 가까이 하는 것을 금한다. 백 일 동안 동굴 밖으로 나가지 않는다는 의미이기도 하다. 자연히 햇빛과 차단될 수밖에 없다. 단군신화에서도 환웅은 곰에게 쑥과 마늘을 주며[26] 100일 동안 햇빛을 보지 말라고 한다. 이 모든 자료들이 단군이 개국시조가 아니라 도교의 신선이라는 결론을 도출하는 데 충분한 명분을 제공해 준다.

단군조선의 개국시조, 무당의 시조, 도교의 신선……

〈그림16〉 동천洞天
고대 성인들은 명산대천에서 수련하여 신선이 되었다고 한다. 단군 역시 동굴에 살던 웅녀의 후손이다. 47대 단군 고열가는 구월산에 들어가 도를 닦아 신선이 되었다는 기록이 있다. 아무래도 개국시조보다는 신선에 더 가깝다.

단군은 도대체 누구인가?

단지 신화 속에만 등장하는 허구의 인물일까. 그도 아니면 열등감과 국수주의가 만들어낸 한낱 망상에 불과한 존재일까.

그 진실은 아무도 모른다.

오직 과거의 두터운 베일에 가려진 역사만이 알 것이다.

선사시대 유적의 새로운 해석

이 장에서는 문화의 전파와 민족의 이동이 반드시 직결, 병행된다
는 고고학계의 고정관념에 의혹의 메스를 들이댈 것이다. 문화의 전
파와 민족의 이동은 병행될 수도 있는 것처럼 인과관계를 벗어난 별
개의 현상일 수도 있다는 사실을 증명하려고 한다.

국내의 일부 학자들은 이미 이 점을 인식하고 있다.

그러나 이 지역에서 발견되는 구석기 이래 청동기시대까지의 유물들이나
그 분포는 그것이 그대로 민족 이동의 한 단면을 나타내준다기보다 문화
의 전파와 이동이라는 성격이 강하다. 즉 이 출토 유물이나 분포도는 당시
의 문화 전파를 나타내주는 지표이지 이후 흉노匈奴 등과 같이 통일된 정
치세력 하에서 일어난 인위적인 민족 이동을 추정케 해주는 기준점으로
삼을 수는 없다.[27]

다음으로 토기의 (바탕흙의 구성과 제작 과정에 대한) 주성분 분석에서
(서로 다른 두 개의 토기의 특징이–필자) 비슷하게 나타난다고 하여 곧바
로 같은 집단이라고 할 수도 없다. 성분 분석으로 측정한 많은 요소들이
통계적 이해에 유용한 지표로 이용되겠으나, 한 지역에서 나오는 시료들
도 사용기간, 원료(특히 비짐)의 변화, 버려진 이후의 변화(지하수 흡착
등에 의한) 등으로 자체로 복합적인 양상을 띠게 되기 때문이다. 그리고
비슷한 제법製法에서 파생되었다고 하여 곧바로 같은 계통이라고 단정할
수 없음은 말할 나위도 없다.[28]

이러한 판단은 토기의 주성분 분석만이 아닌 문양 분석에도 해당된
다. 역사 방법론의 차이는 미세하더라도 그 결과는 엄청나게 마련이
다. 한민족 북방 기원설이 설득력을 얻게 된 것은 다름 아닌 문화의
전파와 민족 이동의 병행이라는 이 이론에 근거하여 도출된 것이다.
그런데 문화의 전파와 민족의 이동이 별개의 역사 과정일 수도 있다
는 새로운 이론의 자궁 속에서는 전혀 상이한 결론을 얻게 될 것이다.

기존의 한민족 기원설이나 문화와 민족 간의 관계를 새롭게 재구성하는 이론적 장치가 될 것임에 틀림없다.

그럼 지금부터 이 새로운 조명 기구로 굴절되었던 상고사의 진면목을 부각俯角해보도록 하자.

1. 빗살무늬토기의 형성

토기의 기원

빗살무늬토기라는 용어는 일본학자들의 주장에서 비롯된 것이다. 일본의 고고학자 후지다[29]가 도자기라는 독일어를[30] 즐문토기櫛文土器라고 직역한 데서 유래되었다. 조선총독부 관할의 일본학자들은 한반도의 신석기시대 토기무늬들이 시베리아 토기무늬와 유사하다는 근거로 같은 계통의 민족으로 보고 시베리아 기원설을 제기하기에 이른다.

빗살무늬토기는 강단사학계에서 주장하는 한민족의 북방기원설을 입증하는 가장 유력한 이유이기도 하다. 이러한 논리는 빗살무늬토기의 분포 지역을 고조선의 강역으로 추정하는 이상한 연구 결과를 초

〈그림17〉 빗살무늬토기의 분포도

민족의 이동보다는 문화의 전파일 가능성이 많다. 문화의 전파가 반드시 민족의 이동을 수반하지는 않기 때문이다, 인도 불교佛像의 중국, 한국, 일본으로의 전파도 민족의 이동은 없었다.

래하며 고고학계에 일대 혼란을 조성하는 원인을 제공하고 있다.

도대체 토기의 분포 지역과 전파, 민족의 이동과 형성 그리고 국가의 영역에는 어떤 관계가 있을까?

이 문제에 대한 정확한 과학적 판단을 얻으려면 우선 토기의 발생 과정에 대해 살펴볼 필요가 있다.

토기 출현의 가장 오랜 연대는 구석기시대까지 소급한다. 아프리카의 구석기 유적에서 토기가 출토되었고 체코슬로바키아의 돌니 베스토니즈(Dolnivestonice) 구석기 집락 유적에서도 불에 탄 점토제粘土製

의 여성상과 동물상 토기 제품이 발견되었다.

일본의 죠몬토기는 방사성 탄소 연대 측정에 의하면 약 1만 2천 년 이전으로 소급하는데 일부 학자들은 구석기시대 말기의 토기로 보고 있다.

토기가 출현하기 전에 고대 인류는 어떻게 살았을까?

토기 형성은 사실 점토粘土와 점토를 소성燒成할 수 있는 열에너지만 보장되면 가능하다. 구석기시대인들은 수렵으로 취득한 짐승 고기를 불을 피워 구워먹었다. 아프리카의 민속사계에 의하면 집이나 마을에서 쓰는 토기는 여자들이 수공으로 제작한다. 남자가 사냥물을 잡아오면 여자가 마당에 불을 피워 고기를 구웠을 것이다. 처음에는 돌을 천연 솥으로 사용했을 것이다. 그러나 천연 돌솥은 두께가 일정하지 않고 견고하여 가공하기도 힘든 데다 밑굽이 반듯하고 쓰기 편리한 것을 구하기도 쉽지 않았다.

불을 피울 때 주변의 점토는 자연스럽게 구워진다. 움집이나 동굴에는 난방시설이 없었기에 추위를 덜고 불씨를 오래 보존하기 위해 가옥 바닥에 흙구덩이를 파고 그 안에 불씨를 담아 보관했다.[31] 이것은 실내의 온도를 높일 수 있는 유일한 난방시설이기도 하다. 불에 구워진 바닥의 점토는 돌덩이처럼 견고해졌을 것이 틀림없다. 여기서 힌트를 얻어 움푹하게 파인 모양을 가진 점토를 빚어 불에 구워낸 것이 인류의 첫 토기의 탄생으로 이어졌을 것이다.

토기 제작은 1200°~1300°의 고온에서 소성시켜야 하는 도자기와는 달리 600°~800°[32]의 저온 상태에서 소성되므로 가정이나 노천露天 (open klin) 제작이 가능하다.[33] 소성도가 낮아 다공성과 강도가 떨어

〈그림18〉 토기 제작 과정

(상단 : 중국 문명의 형성, 신세계 출판사, 2004 / 하단 : 암사선사주거지)

지고 표면이 거친 단점이 있지만 사용에는 별로 지장이 없었을 것이
다.

물론 당시에는 질그릇을 굽는 가마시설도 없었으며 그 기술은 전반적으로
보아 원시적이었다. 공기를 그냥 쏘였고 열을 고루 받게 굽지 못하였기 때
문에 질그릇은 드문드문 검은색이나 붉은색을 띠며 얼룩이 졌다. 그러나
벌써 우리나라 신석기시대 주민들은 빗기, 서리기, 테쌓기 등의 수법으로
그릇 형태를 만들었으며 질그릇을 만드는 기술에서 일정한 발전을 가져왔
다.[34]

토기는 550°~800°의 저온 상태에서도 소성이 가능하므로 선사시
대에는 주로 노천露天작업을 통해 가마시설 없이 제작되었다.

신석기시대에는 점토를 수날법手捏法으로 빚고 시문이나 유약 처리
과정도 생략되어 제작이 간편했다.

체코슬로바키아나 아프리카의 구석기시대의 토기가 주로 저장용기
였다가 신석기시대로 이월하면서 조리도구로 용도가 바뀐 것은 농경
사회로의 진입과 관련된다. 고기는 구워서 먹을 수 있지만 곡물은 구
울 수 없다. 처음에는 얇고 움푹한 돌그릇에 볶아 그대로 먹거나 돌로
빻아 가루를 내어 먹었다. 그런데 혹 조리 중에 용기에 빗물이 떨어져
들어가거나 곡물 자체에서 분비되는 즙액으로 자연스럽게 쪄진 경우
가 있을 것이다. 천연 돌솥의 사용 불편은 토기의 발견과 조리도구로
의 본격적인 사용을 촉진시킨 요인이기도 하다.

이러한 현상은 수렵과 농경생활을 영위하며 음식물을 불에 구워먹고 돌솥에 숙성시켜 섭취한 모든 부족들이 동시 자생적으로 토기를 생산, 사용하였을 것이라는 가설에 신빙성을 부여한다. 이 가설은 특정 토기의 분포 지역을 문화의 전파와 민족의 이동 내지는 국가의 영역과 일치시키려는 학술적 시도에 제동을 거는 반론이 되기에 충분하다.

동일한 환경조건에서는 동일한 인류학적 결과가 파생된다. 이 동일한 환경조건이라는 것은 부동한 공간에서의 동일성을 포괄하는 개념이기도 하다. 이를테면 농경이 거대문화의 전파나 민족의 이동 없이도 세계 각 지역에서 자생적으로 시작된 것처럼 말이다. 기온과 수원, 적당한 강우량과 경지만 공급되면 민족의 이동과 같은 전제를 떠나서 그 어느 곳에서라도 똑같은 농경사회가 형성될 수 있다. 수렵 역시 공간의 제한을 탈피하여 삼림지대에 사는 부족이라면 어디에서나 생존방식으로 채택되었다.

유약을 입힌 도자기도 고대인들의 생활 속에서 스스로 발생한 문화현상이다.

유약의 주성분은 장석(Feldsper), 규석(Quaetz), 석회석(Limistolle)의 3대 요소로 이루어진다. 규석은 유리질이 주성분으로 유약의 중추가 되고 장석은 점토 내에 있는 알루미나 성분과 작용하여 점토에 융합시키는 역할을 하고 석회석은 유약 표면의 광택과 유연성에 영향을 준다. 여기에 산화물[35]의 발색제를 첨가하여 색상을 내주거나 유탁제나 결정 생성제를 넣어 유약의 투명도나 표현 상태를 조절한다.

그러나 지구상에 존재하는 어떤 식물이든 태우면 나오는 재[36]와 소금이 유약의 주재료가 되는 경우도 많다.

처음 토기를 만들 때에는 태토만으로 성형하여 구웠기 때문에 표면이 거칠고 물이 스며들어 사용에 불편했으므로 이러한 결점을 보완하기 위해 유약의 개발은 필수적이었을 것이다. 이러한 유약의 발명은 매끄럽고 물이 스며들지 않는 편리한 그릇의 제작을 가능하게 했다.

최초의 도자기 유약은 B.C. 3000년 경 이집트에서 천연 탄산소다와 모래를 섞어 만든 유리구슬을 보고 도자기 타일에 이용한 것으로, 유리가 도자기 유약의 기초가 되었다는 학설의 근거가 되며 그 후 유리질에 코발트, 동, 망간, 철 등 발색제를 넣어 색채가 있는 저온유가 만들어졌다.

또 다른 견해로는 나뭇재가 고온에서 도자기 표면에 녹아 유약이 되는 것이 우연히 발견된 후 점차 나뭇재와 용융제를 섞어 여러 방법으로 다양하게 개발, 발전되어 왔을 것이라는 견해가 있다.

우리나라의 경우 신라 토기가 경질 토기로 발전하면서 가마 속에서 소성하기 시작하였고 고온 처리가 가능해지면서 나뭇재가 기물의 표면에 녹아내리는 것을 알게 되어 나뭇재를 기물의 표면에 입혀서 구워내기 시작하였을 것으로 추정된다.

다른 한편으로는 중국 송나라 청자의 영향으로 유약 기법이 중국에서 전수되었다는 중국도입설이 있다.

유약의 주성분인 규석 질, 즉 나뭇재와 알루미나의 작용은 경험으로만 전해오다가 불과 200여 년 전 프랑스, 독일 등 여러 나라의 학자들에 의해 본격적으로 연구되어 그 후 과학적이고 체계적인 학문으로 수립되었다.

또 다른 유약 재료로는 소금이 있다. 소금이 가마 속에서 타서 기화氣化되면 염소가스와 나트륨가스로 이원화되는데 그 중에서 나트륨 성분이 기물 속에 함유되어 있는 알루미나와 작용하여 규산염이 되는 것이다. (상기 자료 출처: 인터넷 사이트)

일상생활에서도 쉽게 구할 수 있는 저온도의 열량(550°~800°의 불)과 점토, 여기다가 재까지 추가하면 토기 제작은 고대인의 낙후된 수공기술로도 쉽게 만들어낼 수 있는 생활도구가 아닐 수 없다. 점토에 나무에서 흘러나온 수액과 연소되고 남은 재가 융합된 것이 유약 처리까지 된 선사인의 첫 도자기였다.

남방의 토기가 북방의 토기보다 채도彩陶가 발달한 이유는 북방은 강우량이 적어 땔나무의 수분이 적은 데 비해 남방은 상대적으로 수분이 많다는 점37 때문이다. 연소 시에 분비되는 대량의 수액은 질 좋은 재의 공급을 받아 자연스럽게 채도를 만들어냈을 것이다. 게다가 열대지방은 천연적으로 색소가 짙은 수종樹種이 대부분이다.

이렇듯 사전史前문화는 인류의 의지에 의한 발명이기 이전에 먼저 자연이 내린 혜택으로 이루어진 문화였다.

토기의 용도

토기의 주된 용도는 일용日用, 실용實用, 의식용儀式用으로 대별된다고 한다. 일용 토기로는 음식을 익히는 데 사용되는 조리도구인 자비용煮沸用과 저장용, 의식용으로 사용되는 공헌용供憲用, 액체 운반용 등이 대표적이다.

　아프리카나 체코슬로바키아 집락 유적에서 발굴된 최초의 토기는
용기容器였다. 말린 고기, 구운 고기와 같은 음식물을 저장함으로써
짐승의 도둑질을 막을 수 있고 (솥뚜껑을 덮음) 먼지, 비, 눈 등 각종
오염을 방지하는 위생적 역할도 했다. 겨울에는 얼지 않도록, 여름에
는 변질되지 않도록 냉장고 역할도 했음직하다. 반숙의 열매를 채집
하여 토기 속에 저장하면 완숙에 도움이 되고 조류의 알 같은 것을 보
관하면 깨어지지 않도록 안전을 도모할 수 있었다.

　토기가 조리도구로 사용된 건 신석기시대의 농경사회에 진입하면
서부터다. 곡물을 물과 섞어 불에 익혀야 했으므로 토기를 솥으로 대
용했던 것이다. 삶고 지지고 볶자면 토기의 흙이 우러나와 비위생적
이었겠지만 그래도 당시로서는 최상의 조리도구였을 것임에 틀림없
다. 점토는 인체에 해롭지 않으며, 설령 해로운 점이 있다고 해도 소금
을 넣고 끓이면 스스로 해독작용을 하여 식용에는 무난했을 것이다.

　토기가 저장용이나 조리도구를 초월하여, 예술로 승화되어 부족 중
에서 신분이 높은 지배층의 사치품으로 제작되기 시작한 것은 계급분

〈그림20〉 제사용 토기 (국립청주박물관)
진천 석장리 유적

화가 생기면서부터였다. 재산과 권력의 상징으로 지배층에서 소장했을 것이다. 제작의 섬세함과 문양의 예술성이 추가된 토기 제작은 토템의 상징적 의미에서도 귀중품이 되기에 손색이 없었다. 토기가 부족의 문화 정도와 기술 수준과 위세를 나타내는 유일한 징표가 된 것이다.

토기가 고대부족사회의 문화 수준을 측정하는 척도의 역할을 하는 대표적 상징물이라 함은 현재의 보석처럼 결혼예물, 결맹표징, 전쟁에서 패한 부족이 승자에게 바치는 공물, 결혼하여 새로운 성원이 된 타부족의 장인匠人[38]이나 전쟁포로로 노예가 된 장인이 남편이나 주인에게 바치는 진상품으로 광범위하게 사용되었음을 의미한다.

토기가 제사용으로 사용된 것은 자연 토템이 신격화되며 샤머니즘이 부족의 성스러운 의식으로 정착되면서부터였다. 지금까지 출토된 공헌용貢獻用 토기로는 각종의 바리鉢, 그릇받침皿, 굽다리접시高杯와 부리토기 그리고 소형의 목이 가는 호壺, 향로香爐, 기대器臺 등이 있다. 이 밖에 사람이 죽으면 관으로 사용된 옹관甕棺 즉 매장용 토기도 있다.

이처럼 토기는 선사사회에서 가장 광범위하게 사용된 생활용구였으며 처음에는 개인적으로 제작되다가 나중에는 급증하는 수요를 충족시키기 위해 전문화되면서 대량생산되었다.

용도의 차이에 따라 토기의 외양과 질도 달랐다. 물론 제작자의 기술과 개인 기호, 전통도 영향을 미쳤을 것이다.

가정용은 보통 목이 잘록한 호류壺流의 형태이고 물을 저장하는 토기는 아가리와 목이 넓은 항아리甕의 형태가 많다. 무거운 것을 운반하는 데 사용되던 토기에는 손으로 잡기 위한 손잡이把手와 2개 이상의 호를 묶기 위한 손잡이가 달린 것도 있다.

머리 위에 이고 다니는 건 밑굽이 평평하고 둥그스름하다. 사치품과 제사용은 정교한 문양의 도입과 섬세한 디자인을 추구했을 것이다.

이처럼 용도는 토기의 모양을 결정하는 근거이다.

토기의 문양

위의 고찰에서 알 수 있듯이 토기의 무늬는 오늘날 고고학이 주장하듯 단순히 혈연과 종족의 동일성을 의미하는 문화현상만은 아니다. 이런 논리가 빗살무늬토기의 출토 지역을 한민족의 생활 흔적이라고 주장하는 얼토당토않은 결과를 초래한 것이다.

신석기시대의 토기에 문양이 처음부터 시문된 것은 아니라는 증거는 초기 구석기시대의 토기가 민무늬(무문무늬)였다는 점을 주안해도 알 수 있다.

토기에 처음으로 무늬가 새겨진 계기는 아마도 편리한 사용의 실용성 때문이었을 것이다. 무거운 토기를 들고 옮기는 데 편리하도록 토기 표면에 거친 시문을 넣은 것이다.

무늬의 모양은 생업과도 관계가 있을 것으로 사료된다. 삼림지대 부족들의(수렵 부족을 포함) 기하학적무늬, 하천이나 호숫가 주변 부족들의(어로 부족을 포함) 그물망무늬와 물결무늬, 초원지대 부족들의 곡선 또는 타원형무늬 등의 현상이 이 점을 입증한다.

예술품으로 제작된 토기는 화려한 예술적 무늬를 시문하였고 제사용 토기에는 상징적 부호나 동물의 문양을 새겨 넣었다. 또한 장인의 개인적인 선호와 가문이나 마을의 제작 전통에 따라 문양은 다양하게 시문되었다. 예술품으로 특수 제작된 토기는 한반도와 시베리아에서 모두 발굴되고 있다.

바라바지역의 신석기시대 유물로 상당히 많은 양의 토기가 발굴되었다. 소쁘까-2(노보시비르스크주)와 쁘로뜨까(노보시비르스크주)에서 …… 출토된 원저 및 첨저로 된 호형 토기는 …… 문양이 뾰족한 도구를 가지고 뒤로 빼듯 시문한 압인문이다. 문양들은 복잡한 기하학문이 서로 겹쳐지게 시문되었다. 다시 말해 모든 문양의 구성이 의도적이며 치밀하다는 것이다. 게다가 토기가 첨저계임을 감안한다면 이런 문양은 우연하게 발생한 것이 아닌 …… 신석기시대부터 증가한 예술적 감각을 투영해서 문양을 시도한 토기이다. …… 구석기시대의 예술품들이 매우 드물고 상당히 단순하게 제작된 것과 달리 신석기시대에는 조형적이고 세밀하게 묘사된 것이 주류를 이룬다.[39]

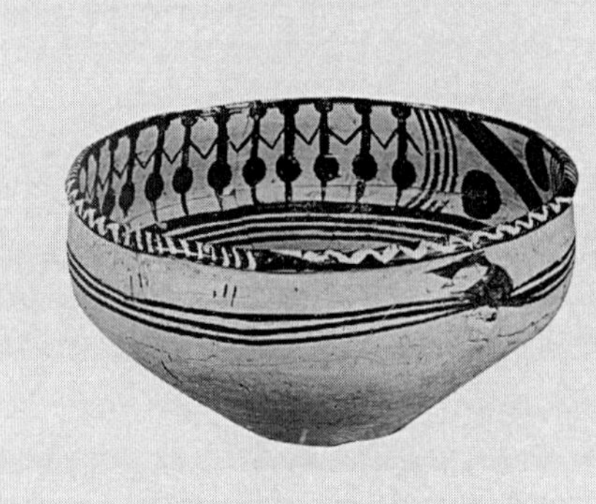

〈그림21〉 중국신석기시대의 채
색토기
마가요문화 유물. 곡선 구도와 복잡
한 나선형 무늬가 화려하다.
이런 토기는 사치품으로 인정되어
극소수의 권력자들만이 소유했을 것
이다.

우리나라 신석기시대 주민들은 질그릇뿐만 아니라 생산도구를 비롯한 여러 가지 물품도 무늬로 장식하여 일종의 공예품을 만들었다.[40]

그러면 빗살무늬토기가 북위 550° 이북 지역에서만 출토되는 이유는 무엇일까?

지구는 위도에 따라 기후도 다르고 자연현상도 부동하다. 북위 550° 이북 지역은 지구의 북반구로서, 대체로 빗살무늬토기 발굴 지역[41]의 토양은 흑점토이고 기후는 한랭하다. 산세는 가파르고 사람들의 성격은 거칠고 강하며 직설적 표현을 즐긴다. 이 지역의 선사시대의 주요 교통수단은 스키나 썰매이고 수렵 대상은 순록과 사슴 그리고 노루이다.

이러한 자연기후의 특징과 생활환경이 북방 사람들로 하여금 직선적이고 기하학적인 무늬를 선호하게 만들었던 것이다.

이와는 반대로 중앙아시아 지역은 토양부터가 사점토로 진흙보다는 사토 성분이 많으며 추위보다는 바람이 심하다. 사막에서의 교통수단인 낙타는 물론이고 주식主食인 양羊도 완벽한 원형을 선호하도록 유도한다.

남방의 토양은 황점토질이고 온난한 기후에 하천이 많이 분포되어 있다. 교통수단은 배이고 알곡을 주식으로 한다. 자연의 특성으로부터 전수받은 그들의 온화하고 부드러운 성격에서 모난 것을 싫어하며 부드러운 곡선을 선호하는 성향이 나타난다. 이러한 자연적 환경이 그 지역의 토기 무늬에도 그대로 반영된 것이다.

지역	토양	기후	자연	교통	주식主食	수종樹種	분포	무늬
북방아시아	흑점토	얼음 / 성에	산악	스키 / 직선	순록 / 사슴 노루	침엽수	스칸디나비아 반도, 러시아, 동북東北, 한반도, 일본	직선 직선기하 각선
중앙아시아	사점토 사막	모래 / 바람	사막	낙타	양	사막식물	이란, 이라크, 중앙아시아	원형
남방	황점토	수증기 / 아지랑이	평야 / 물	배 곡선	알곡	활엽수	중국, 남아시아	곡선 곡선기하무늬

당시의 사람들은 수렵이 힘든 맹수를 피해 사슴과 같은 뿔 가진 동물을 주로 사냥 대상물로 삼았다.

대련시 곽가촌 유적에서는 다량의 동물의 유골이 출토되었는데 그 중 꽃사슴 뼈는 70여 개나 된다. 말사슴과 노루, 사향노루 유골은 10여 개이고 큰고라니 뼈는 세 개 출토되었다. 대단히 많은 꽃사슴 뼈 다음은 돼지이다. 사냥 종류로는 꽃사슴, 말사슴, 큰고라니, 사향노루가 제일 많다. 사슴과는 전체 뼈의 55.3%를 점한다.[42]

모두 뿔을 가진 초식동물이다.

그러나 주의할 점은 북방에서도 빗살무늬토기는 다양한 무늬들 중의 하나일 뿐이라는 사실이다. 그 원인은

첫째로 하천 주변, 호수 주변, 초원지대, 산악지대[43]에 따라 각이한 지역적, 생업적, 부족적인 차이 때문이다.

둘째로 용도의 차이인데 용기, 조리도구, 사치품, 제기祭器의 무늬가 각기 다르기 때문이다.

셋째로 부족 간의 전쟁과 족외혼에 의한 토기 기술의 상호전파 때문이다.

넷째로 장인의 기호와 선호의 차이 때문이다.

다섯째로 부족의 이동과 교차 때문이다.

이런 까닭으로 빗살무늬토기 분포는 중국의 남방에 이르지 못할 뿐만 아니라 한반도 내에서도 북한 지역에 머무를 뿐 남쪽으로 연장되지 못한다. 참고로 고인돌, 비파형 동검의 분포는 요동의 란하를 넘지 못한다.

빗살무늬토기는 한민족만이 아닌 여러 민족이 공유한 문화이다. 한

민족 내에서도 다양한 토기무늬 문화를 가지고 있는 것과 다르지 않다. 예를 들면 한반도 내에서도 빗살무늬토기는 북방 지역에 집중적으로 분포되어 있고 남방에는 극히 드물다. 중국 동북지역에서도 목단강 유역에 빗살무늬가 집중되어 있고 요동 지역에는 극히 희소하다.

빗살무늬토기 분포가 북아메리카와 스칸디나비아반도에서부터 일본에 이르는, 이른바 「환북극문화권」은 동일한 자연현상에 의한 우연의 일치현상일 뿐 혈연의 동일성이나 종족의 동일성, 더 나아가서는 특정 민족의 정체성을 의미하지는 않는다. 다만 기후와 자연현상, 부족의 생활환경과 밀접한 관계가 있을 뿐이다. 같은 빗살무늬토기권인데도 서로 다른 혈통이고 이동이 수반되지 않은, 서로 다른 공간에서 동시에 자생한 문화라는 점을 진일보 담론해보려 한다.

2. 한민족 북방 기원설 비판

동북 지역에서 출토된 대량의 빗살무늬토기는 무엇을 의미하는가

요즘 국내 사학계는 내몽골홍산문화,[44] 산동대문구문화 등에 대해 법석이다. 출토된 문물이 한반도의 사전史前문화를 대표한다는 이유에서이다. 그러나 홍산문화유적에서 대량으로 출토된 갈지자문양의 토기는 한반도에서는 평안북도 의주의 미송리유적과 동북지방의 농포, 서포항유적에서만 소량 출토되었을 뿐이다. 그런데도 이 지역을 고조선의 영역으로 지도에 그려 넣기에 급급해하고 있다.

사실 한국의 문화를 대표한다는 빗살무늬토기는 중국 동북의 송화강 유역과 목단강, 수분하 유역, 삼강평원 및 흥개호지구, 혼강 유역에 집중적으로 분포되어 있는데도 국내 학계는 고조선의 판도를 넓힐 수 있는 요동과 요서에만 시선을 집중할 뿐 이 지역에 대해서는 의도적으로 외면하고 있는 실정이다. 이 지역은 한국과 가까운 거리여서 고조선의 강역 범위를 확대하는 데 아무런 도움도 되지 않기 때문이다.

송화강 유역의 좌가산중층문화층에서는 대량의 갈지자무늬와 압인갈지자무늬의 토기와 함께 빗살무늬토기가 소량으로 발굴되었다.[45]

목단강, 수분하 유역의 야부리북사장亞布力北沙場문화유적에서는 압인의 돗자리무늬와 송곳 같은 것으로 찌른 빗살무늬의 토기가 주류를 이룬다.[46] 이 지역의 영가령하층문화유적에서는 평형사선문, 점빗살문이 위주이며 집터 구조까지 한국의 거주문화와 동일한 반수혈주거식[47]이다. 흑룡강성영안현의 석회장유적[48]에서도 빗살의 도구로 그어내린 평행선문과 평행선문으로 조성된 기하문이 대량 출토되었다.

삼강평원과 흥개호 지역의 신석기시대문화인 신개류유적[49]에서도 물고기비늘문, 능형문과 함께 빗살무늬, 방격빗살무늬의 토기가 발굴되었고 흑룡강성 요하현 소남산유적지[50]에서도 방격문, 거획문, 선문과 함께 빗살무늬토기가 출토되었다.

학계가 이들 빗살무늬토기유적을 외면하는 또 하나의 이유는 B.C. 3000년 좌우밖에 안 되는 토기의 연대수치 때문이다. 고조선의 유구한 역사를 높게 잡아야 하는 그들의 목적을 만족시키지 못하기 때문일 것이다.

그러나 이 지역은 한민족의 토기문화와 아주 밀접한 관계를 가지고 있는 곳으로서 당연히 주의를 돌려야 한다고 생각한다. 부질없는 욕심을 내며 먼 곳만 바라보지 말고 자신과 연관된 지근의 문화를 연구하는 데 심혈을 기울여야 할 것이다. 이 지역은 고조선의 발상지인 백두산이나 묘향산과도 가깝고 흑룡강 중하류에서 발원한 고구려의 고토이기도 하다.

빗살무늬토기의 분포와 한민족의 기원

한민족의 북방기원설은 빗살무늬토기의 분포 지역 추적에서 나온 어설픈 결론이다.

한반도 빗살무늬토기의 체계적 연구는 도리이 류조鳥居龍臧가 1916년 황해도 용반리龍蟠里유적과 경기도 시도 조개더미 등을 조사함으로써 한반도 서해안 지역에서 시작되었다. 그 뒤 후지다 료사쿠藤田亮策 등 일본인 학자 3명에 의해서 1925년에는 서울특별시 강동구 암사동을, 1930년에는 동삼동의 조개더미를, 1932년에는 북동 지역의 유판 조개더미油坂貝塚를 조사하면서 한반도 전체의 빗살무늬토기에 관한 대체적 윤곽이 그려지게 되었다.

한편 1920년대 북유럽의 핀란드와 스웨덴, 북부 독일, 폴란드 등지의 신석기시대 유적에서 빗살무늬토기와 비슷한 토기가 발굴되어 핀란드의 고고학자 아일리오는 그것에 독일어 캄케라믹(kammkeramik=빗살무늬토기)이라는 학명을 붙였다.

한국의 신석기문화 기원을 시베리아에서 찾는 이유는 바로 한반도 중서부지방에서 출토된 빗살무늬토기 때문이다. 일제시대부터 오늘날까지 강단사학계는 줄곧 시베리아 기원설을 정설로 인지해왔다. 바이칼에서 기원한 고시베리아족을 고아시아족이 살고 있던 중국 동북과 한반도를 거쳐 일본에까지 빗살무늬토기 문화를 전파한 종족으로 해석하고 있다.

그러나 유럽의 고고학자(샘풀 1974년, 넬슨 1976년)들은 한반도 빗살무늬토기와 시베리아 빗살무늬토기는 무늬 모양, 시문, 제작 방법상에서 모두 차이가 있다며 양자간의 연계성을 부인하고 있다.

이밖에도 시베리아 기원설을 부정할 만한 다른 증거들도 연이어 발견되고 있다.

> 시베리아 신석기시대의 토기 문양에 있어서 가장 특이한 문양은 연속호선문連續弧線文이다. …… 점문點文이라고도 하는 지자형之字形이다. …… 한반도의 토기 문양에서는 대단히 드물게 보이는데, 예컨대 평안북도 의주 미송리동굴 하층문화의 토기, 경상남도 상노대도의 토기 등에서 볼 수 있다. …… 한반도에서는 시베리아 신석기시대 토기에는 없는 여러 가지 문양이 발달하였다.[51]

중부 시베리아에서 발굴된 세로보기의 빗살무늬는 B.C. 3000~B.C. 2000년경으로 측정되는데 반해 1980년대에 한반도에서 가장 오래된 신석기유적인 강원도 양양의 오산리유적 5층에서 출토된 빗살무늬토기의 탄소 측정 연대는 B.C. 6000년~B.C. 5000년으로 확인되어[52] 고시베리아족이 바이칼에서 남하했다는 가설을 뒤집고 있다.

한편 일본에서 출토된 즐문토기는 방사성 탄소 연대 측정이 약 1만 2000년으로 나타나 구석기시대 말기의 토기로 판정되면서 드디어 빗살무늬토기가 고시베리아족의 이동과 함께 전파된 외래문화라는 주

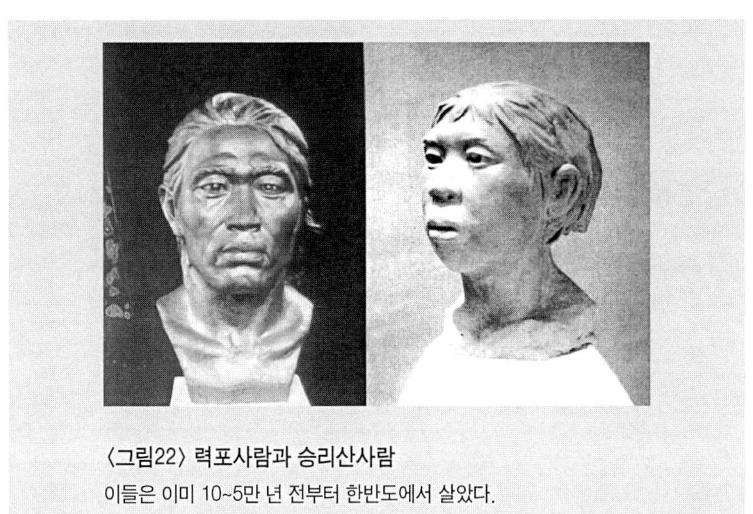

〈그림22〉 력포사람과 승리산사람
이들은 이미 10~5만 년 전부터 한반도에서 살았다.

장을 재고해야 한다는 주장이 나오기에 이른다.

빗살무늬토기가 집중적으로 분포된 북한의 고고학계에서도 한민족의 외래기원설을 부정하고 있다. 이들은 한민족은 시베리아, 바이칼 또는 남방에서 유입된 이방인이 아니라 한반도에서 형성되었다는 본토 기원설을 주장한다.[53] 한반도에는 이미 70~100만 년 전에 검은모루동굴에서 살았던 「호모 에렉투스」가 있었고 이 유인원이 30만 년 전의 화대사람으로, 10만 년 전의 력포사람과 덕천사람으로, 4~5만 년 전의 승리산사람으로, 2만 년 전의 만달사람으로 진화하며 한민족의 조상이 되었다고 한다. 한반도에서 출토된 토기가 시베리아에서 출토된 토기와 다르다는 것을 강조하기 위해 북한학자들은 빗살무늬토기를 유문토기로 학명을 바꿔 부른다.

빗살무늬토기는 대한민국 사람이라면 누구나 다 아는 명칭 같으면서도 정확한 개념과 정의를 내리라고 하면 상당히 당혹스러운 느낌을 받게 한다. 빗살무늬토기라는 명칭은 언제부터 사용된 것인지, 그 명칭은 타당한 것인지에 대한 궁금증도 더해진다. ……

● 북한의 새김무늬토기

우선 새김무늬그릇의 정의는 "끝이 외가닥으로 되었거나 혹은 여러 가닥으로 된 무늬돋치개로 그릇 표면을 누르거나 그어서 무늬를 새긴 그릇을 말한다. 점과 선으로 새긴 기하학적 도안을 기본으로 한 무늬그릇"(조선고고학개요 1977)이라고 되어 있어 기존의 빗살무늬토기의 정의와 크게 다르지 않다.

빗살무늬그릇이란 용어는 1974년대에 들어서면서 새김무늬그릇으로 완전히 대체된다.(사회과학 1974년 2호, 71쪽) 김용간의 1979년도 논문《우리나라 신석기시대 질그릇 갖춤새 변천에 보이는 문화발전의 고유성》(고고민속논문집 7)을 잠깐 옮겨보겠다.

"우리는 지난날 우리나라 신석기시대에 특징적인 주류를 이룬 무늬그릇을 빗살무늬그릇이라고 불렀다. 그런데 내외의 학자들 가운데에는 빗살무늬그릇이란 술어를 서유럽말의 번역인 것처럼 생각하는 사람이 많으며 사실 지난날 …… 일제의 어용학자는 그런 내용으로 글을 썼다. 그러나 우리나라 신석기시대의 무늬그릇은 서유럽의 빗살무늬그릇과는 다른 것이며 따라서 우리가 우리나라의 신석기시대의 질그릇을 논할 때에 쓴 빗살무늬그릇이란 술어는 서유럽 말이 담고 있는 내용과 전혀 다르다. 이처럼 다른 내용을 담고 있는 대상을 같은 술어로 부르는 데서 여러 가지 혼란이 생길 뿐만 아니라 그릇된 방법론에 매달리고 있는 일부 사람들은 우리나라 신석기시대 질그릇의 기원을 아무 근거도 없이 왕청같은 시베리아나 구라파, 아세아대륙 북쪽에서 찾으며 이 술어를 써먹고 있는 형편이다. 그러므로 이 글에서는 빗살무늬그릇이라는 개념보다 더 포괄적인 〈새김무늬그릇〉이란 말을 쓰기로 하고 빗살 같은 무늬돋치개로 무늬를 새긴 경우에도 무늬 수법을 풀어서 서술함으로써 빗살무늬그릇이라는 술어는 쓰지 않기로 하였다.”

강중광의 〈우리나라 신석기시대 번개무늬그릇유적의 연대에 대하여〉(고고민속논문집 6, 1975)에 좀 더 자세한 비판이 실려 있으나 생략한다.[54]

한마디로 아무것도 확실한 것은 없고 믿을 만한 가설도 없다. 요즘은 초등학생들조차 알고 있는 빗살무늬의 명칭 유래조차도 이처럼 계보가 없다. 아무튼 뭐라고 부르던지 명칭에는 큰 문제가 될 게 없을 것이다. 다만 즐문토기가 핀란드학자가 명명하고 식민지 시절의 일본학자가 번역한 명칭이어서 자존심이 상할 따름이다. 왜 우리 학계는 남이 만들어놓은 용어를 사용하며 그 가설을 앵무새처럼 반복해야만 하는가? 거기에는 우리 고고학계의 무능도 있겠지만 다른 한편으로는 북방기원설이 영토 확장에 대한 민족주의 야망과 일치했기 때문에 학자적 양심과 역사적 진실을 덮어버리고 슬그머니 정설로 수용했을 거라는 국내외 사학계의 따가운 비난을 받을 소지마저도 배제할 수 없다.

중요한 포인트는 시베리아 기원설과 본토자생설이 무엇을 의미하며 고고학연구에서 어떤 결과로 이어지는가 하는 문제이다. 어느 쪽을 선택하느냐에 따라 고대국가와 영토문제, 문화와 민족의 기원 그리고 혈통문제 등 상고사 수립의 민감한 문제들에 대한 전혀 상반된 해답을 얻게 될 것이기 때문이다. 시베리아 기원설은 벌써 빗살무늬토기 분포 지역을 한민족의 활동 구역, 문화 범위, 고조선의 영역 확장을 입증하는 명분으로 도용한 지 오래다.

그러나 한민족의 본토자생이론에 따르면 이와 같은 주장은 터무니없는 망발에 불과하다. 빗살무늬토기의 분포와 민족의 이동, 국가의 영역은 별개의 문제이기 때문이다.

이에 대한 견해를 피력하면 다음과 같다.

1. 빗살무늬토기 문화는 동일한 생활환경의 산물인 유사한 토기를 소유한, 혈통이 다른 부동한 부족의 문화이다. 이 문화를 하나의 혈통, 하나의 조상, 더 나아가서는 하나의 국가 영역으로 보는 데는 무리가 따른다. 실제로 국내 역사학자들도 빗살무늬문화를 가진 종족이 유럽을 출발하여 일본 열도에까지 이르렀다거나 반대로 일본에서 출발하여 유럽까지 역행했다는 가설은 신빈성이 결여된다고 여긴다.

혈통과 민족 그리고 문화를 빗살무늬로 통합하기보다는 적어도 유럽, 러시아, 시베리아, 연해주, 동북, 한반도, 일본으로 분류하는 게 합당한 해석일 거라고 믿는다.

2. 같은 빗살무늬토기 출토 지역이라 할지라도 그 전체가 하나의 국가

영역이거나 한민족의 문화권일 수는 없다.

그 이유는 다음과 같다.

① 토기의 무늬는 주거환경의 자연 특징이 주민 심리와 성격 및 취향에 투영된 미학적 표현이다.[55]자연의 지역적 개성과 의식주에서 나타나는 생존방식의 특수성은 문양의 형태를 결정하는 요인이다.

토양의 성분과 연소수종樹種에 의한 소성도燒成度는 유사 토기의 분포 지역을 결정한다.

토기무늬는 종족의 이동노선과 혈연의 동일성과 반드시 연관이 있는 것은 아니다. 한반도와 일본의 빗살무늬토기가 시베리아 지역보다 연대가 훨씬 앞선다는 사실은 이 점을 가장 잘 입증해주고 있다.

② 민족의 이동이 반드시 문화의 전파를 수반하는 것은 아니다. 문화의 이동은 자연환경의 공통성에 의해 전파되기도 한다. 동이족의 북방 이동과 북방 유목민의 남하가 많았지만 빗살무늬토기는 장성을 넘지 못했고 남방의 채도문화 역시 북방에 이르지 못했다.

문화의 전파는 민족 전체의 이동이 아닌 소수의 장인匠人의 이동이나 기술의 전이[56]에 의해서도 이루어진다. 중국과 한반도의 불교 전파가 그러하다.

달마達磨(通大의 뜻)는 보제달마菩提達磨의 약칭인데 남천축 향지왕香至王의 셋째 아들로서 찰제리종성刹帝利種姓이다. …… 달마가 반야다라의 유명을 받들어 60여 년이 지난 뒤에 3년 만에 남해로 항해하여 중국 광주해안에 도착하니 양나라 대통원년(527년) 9월 21일이었다. 광주자사廣州刺史 제앙蕭昂의 주문奏聞(보고報告)에 의하여 신속히 경도京都에 나아가 무제와 대화하게 되었다고 한다. 그러나 기연에 맞지 아니하므로 양나라 도읍을 버리고 북위北魏로 가서 낙양에 머물다가 다시 낙양을 떠나 숭산嵩山의 소림사少林寺에 은퇴하여 종일종야終日終夜 이벽묵좌而壁黙座하였다. 그때에 속인들이 보고 벽관파라문壁觀婆羅門이라고 일컬었다. 달마의 명성이 높아짐에 따라 북위北魏의 효명제孝明帝가 세 번이나 초청하였으나 응하지 않고 전후 9년간 소림사少林寺에 주하였다.[57]

중국에 처음으로 선법禪法을 전한 사람은 인도의 승려 달마이다. 달마는 홀로 중국으로 건너와 소림사에서 선법을 전수하여 중국 선종의 시조始祖가 되었다. 이처럼 하나의 문화 전파는 민족의 이동을 수반하지 않고 한 사람의 이동만으로도 가능하다.

아리안족의 대규모 집단이동 없이 소수 승려들의 왕래에 의해서도 대륙을 횡단하는 불교문화 전파는 완벽하게 수행되었다.

③ 특정 문화 분포의 범위가 반드시 특정 민족과 국가의 활동 영역 내지는 국가의 강역인 것은 아니다. 불교 신봉국가가 하나의 민족, 국가가 아닌 것처럼 빗살무늬토기 문화지역이 한민족의 족적이거나 고대국가의 영역을 증명하는 유일무이한 징표가 될 수는 없다.

④ 하나의 문화(빗살무늬토기 문화)를 혈통이나 조상이 다른 여러 부족이 공유할 수 있는 것처럼(생활환경의 유사성으로 인해 가능한) 한 국가 안에서도 여러 문화를 공유할 수 있다.

보다시피 한민족의 기원을 시베리아에서 찾는 것은 동이족과의 혈연관계[58]와 프리기아 등 중앙아시아 기원설을 스스로 부정하는 것과 다름없다. 본토자생이론 역시 같은 경우이다.

빗살무늬토기 문화는 혈연적인, 동일조상적인 의미가 없는 생활환경의 유사성에 의해 자연적으로 산생된 문화 일치 현상이며 이런 현상은 각지各地 동시자생설로 귀납할 수 있다. 빗살무늬토기 문화는 한 민족뿐만이 아닌, 혈연과 뿌리가 다른 여러 민족이 공유하는 범 북방적인 문화현상이다.

토기의 번영과 신석기인들의 생활

고고학연구에 의하면 고대농경이 시작된 건 신석기시대부터라고 한다.

불은 이보다 훨씬 오래전에 발견되었다. 산불에 타죽은 산짐승의 고기는 인류가 섭취한 첫 숙식熟食이었다. 숙식은 만만하여 씹기 좋고 소화가 잘되고 살균작용으로 위생적이고 보관하기에 편리할 뿐만 아니라 맛까지 좋았다.

처음에는 사냥물을 잘라 불더미에 얹어 구워먹다가 재가 묻거나 고

〈그림23〉 음식물 가공(국립중앙과학관)
곡물을 자연석에 갈아서 먹고 있다.

〈그림24〉선사인의 일상생활
당시에는 토기가 주요 생활 용구였음을
알 수 있다. 저장도구가 모두 토기이다.

기가 잘 타기에 이후부터는 나뭇가지에 꿰어 허공에 매달아 구워먹었다. 그러나 이럴 경우 불과의 거리가 멀어 익히기가 쉽지 않았을 것이다.

토기로 만든 전문 조리도구가 출현하기 전까지는 원시적인 방법으로 음식물을 익혀먹었다. 지금도 북한 지역에서는 감자를 원시적인 방법으로 익혀먹는다. 「감자돌찜」이라고 하는데 그 방법은 먼저 땅바닥에 맞춤한 구덩이를 파고 그 안에 마른 삭정이를 넣고 불을 지핀다. 깨끗하게 씻은 납작납작한 돌들을 준비했다가 불길 속에 던져 넣는다. 돌이 빨갛게 달아오르면 웅덩이에서 돌과 잉걸불을 쓸어내고 깨끗이 청소한 후 다시 달아오른 돌들을 구덩이 바닥에 편다. 그 안에 씻은 감자를 쏟아 넣은 다음 윗부분을 뜨거운 돌로 덮고 공기가 새지 않도록 흙으로 두텁게 묻어둔다. 30분쯤 개천에서 물놀이를 하고 흙을 파헤치면 노랗게 익어 향기로운 김발이 모락모락 피어오르는 천하절미가 드러난다.

오늘날 압력밥솥의 원리도 결국 이런 방법이라고 할 수 있는데 아프리카 원주민들은 아직도 이와 유시한 방법으로 불에 달군 웅덩이에 사냥한 고기를 넣고 바나나 잎과 흙을 덮어 숙성시킨 다음 먹는다. 몽골에서도 알루미늄 용기에 달군 돌과 고기를 함께 넣어 김이 새지 않도록 입구를 단단히 봉한 뒤 이리저리 굴려서 익혀먹는 『허르헉』이라는 전통음식이 전해지고 있다.

천연 자연물을 이용한 이런 원시적인 조리방법은 특별한 조리기구 없이도 음식물을 완벽하게 익혀먹을 수 있는 가장 좋은 방법이다. 이런 과정을 거친 다음에야 조리도구로서의 토기가 제작되었다.

아프리카의 민속학 사례에 따르면 집에서 사용하는 토기는 각 가정에서 제작하고 마을에서 공동으로 사용하는 토기는 마을 단위로 여자들이 제작을 맡았다는 연구 결과가 나왔다. 대체로 대장장이, 사냥꾼, 포혁상의 아내들이 작업을 담당했다.

농경은 정착생활을 전제로 한다. 정착생활의 근본은 무리의 생존공간으로서의 영역 확보이다. 더 정확히 말하면 먹잇감 확보가 우선이다. 동물 사냥, 식물 채집, 경작지, 수원水原 확보 없이는 정착생활이 불가능하기 때문이다.

농경이 아닌 수렵으로만 살아가는 짐승에게도 영역 확보는 생존을 위한선행조건이다. 생사를 건 영역의 고수는 야수계의 생존법칙이다. 새끼도 성장하여 어미와 갈라진 다음에는 타자의 영역에 대한 불침불문율을 엄격하게 준수해야 한다.

국가 성립 이전의 선사 인류는 자기 부족의 활동반경을 엄격히 준수했을 것으로 짐작된다. 그러나 열악한 생존공간에서 죽음의 위험에 직면한 부족들은 이 불문율을 깨고 타자의 영역을 침입하여 활로를 구할 수밖에 없었을 것이다. 그것은 예나 지금이나 생존의 본능이다. 영역확보를 위한 부족 간의 정복전쟁은 신석기시대에도 진행되었을 것임에 틀림없다.

흥륭와유적[59]과 홍산문화유적[60]의 취락지에서 보이는 마을을 감싼 해자垓字는 지금으로부터 1만 년 전에도 다른 부족들의 침입으로부터 자신의 영역을 지켰음을 암시한다. 흥륭와주거유적, 백음장한유적에서도 해자가 보인다.

현재의 지표에서 보면 하나의 불규칙한 원형의 '회토대灰土帶'로서 직경이 166~183m이다. 발굴된 일단一段에 근거하면 이 '회토대'는 거주지를 에워싸고 있는 하나의 개천壕溝이라는 것이 확인되었다. 개천의 가장 넓은 곳은 2m, 깊이는 0.55~1m이다. 이 하나의 개천은 방어적인 작용을 하였으며 아직 입구는 발견하지 못하였다. 개천으로 둘러싸인 범위 내의 지표상에는 약 100여 곳의 '회토권'이 있다. …… 홍룡와유적과 백음장한유적의 입장에서 보면 주거지를 해자가 에워싸고 있는 것이다.[61]

중국의 국공내전 때 모택동이 이끈 공산당 군대는 장개석의 포위망을 돌파하기 위해 만리장정萬里長征에 올랐다. 귀주성에 이른 홍군紅軍은 당지의 소수민족지구를 통과해야만 했다. 그때 홍군의 도래를 이민족의 영역 침범으로 간주한 소수민족의 저항이 엄청났다. 자칫 군사충돌까지 벌어질 지경이었다. 홍군은 소수민족의 저항으로 며칠씩 행군을 중단하지 않으면 안 되었다. 지나갈 길만 빌릴 뿐 정착할 의사는 추호도 없음을 혀가 닳도록 설득해서야 가까스로 그곳을 통과할 수 있도록 허락을 받았다.

이 사건은 고대사회도 아닌, 국가가 엄연히 존재하는 근대사회에서 생긴 실화이다. 이처럼 부족사회는 타부족의 영역 진입을 침입으로 간주했음을 알 수 있다. 부족사회에서는 절대로 용납할 수 없는 행위인 것이다. 이때만큼은 종족은 생사를 걸고 저항했다.

그러나 그 어떤 규칙도 기아와 죽음 앞에서는 규제력을 상실한다. 상고시대에는 유난히 잦았던 자연재해로 인한 흉작으로, 살기 위해 이웃 부족의 영역을 침범할 수밖에 없었다.

전쟁에서 획득하는 첫 번째 전리품은 노예이고 그 다음이 토기 제품이다. 부족들은 전쟁과 사냥에서 공을 세운 자에게 토기를 주는 것으로 포상했을 것이다.

농경 부족들은 해마다 가을이면 추수감사제를 지냈다. 결혼잔치를 벌이고 토템제사도 지냈을 것이다. 이런 축제와 잔치들에는 각 가정들에서 제작한 토기들이 전시되었을 것이고 추장이나 신랑, 신부에게 예물[62]로 전해졌을 것이다.

각 가정에서 제작된 토기들은 모양, 시문, 제작 방법(소성도와 빚는 방법)이 다양했다. 이런 축제에는 보통 족외혼을 통하여 모母토템에서 분가한 자子토템 부족들도 참여하기 마련이어서 토기의 종류가 천태만상이었을 것으로 간주된다. 하천에 사는 부족들의 물결 또는 물방울무늬토기, 삼림지대에 사는 부족들의 직선기하문토기, 어로부족들의 그물망토기를 비롯하여 장인들의 개인적 기호와 가정 또는 마을의 전통에 따른 각이한 무늬의 토기들이 섞여 사람들의 눈을 즐겁게 했다. 물론 새로 개발된 참신한 무늬의 토기도 선보였을 것임에 틀림없다. 자子토템 부족들은 자신들이 정성들여 제작한 토기를 모母토템 부족의 두령에게 진상했다.[63]

부족들이 처한 생활환경은 그 부족만이 가지는 특이한 토기모양과 무늬를 결정하는 계기가 되었다. 여기다가 장인의 개인적 기술(선호)까지 추가되어 그야말로 신석기시대의 토기는 다종다양했던 것이다. 실제로 한반도와 중국 동부 지역 그리고 연해주, 시베리아 선사시대 유적들에서 발굴되는 토기들은 종류도 다양하고 무늬도 각양각색이다.

토기 종류와 무늬의 다양성은 족외혼을 통해 결혼예물로 유입되는 타 부족의 토기와 전쟁에서 포로가 된 타 부족 장인의 노예 노동으로 만들어 바치는 토기 그리고 패전한 부족이 승전한 부족에게 공물로 바치는 토기와 그밖에 전쟁에서 약탈한 토기까지 가세해 그야말로 토기 제품의 전시장을 방불케 했을 것이다.

토기는 또한 부의 상징이고 부족의 징표이기도 하다.

부족들 간에는 선진적인 토기제작기술을 장악하기 위한 심리전과 무력전이 극심했을 것이다. 기술자를 납치하거나 매수하는 행위도 있었을 법하다. 문익점이 중국에 가서 목화씨를 몰래 붓대 속에 감춰 한반도로 들여온 것처럼 기술 도난 행위도 있었을 것이다. 어쩌면 부족들 간에 포로를 토기로 매매했는지도 모를 일이다.

이처럼 토기는 부족의 선진문화와 강대함을 과시하는 징표이기도 하다. 그리하여 나중에는 부족마다 토기제작과 기술개발을 권장하고 결국에는 전문화의 길을 걷게 된다. 토기제작의 전문화는 또한 사회 운영체제의 시작을 의미하는 중대한 사건발단이 되기도 한다.

토기가 단순한 조리도구로부터 사치품, 예술품으로 개발되면서 부족 내부에는 점차 빈부의 격차가 벌어지기 시작했다. 신석기시대 유적의 무덤에서 출토된 토기 부장품들이 이 사실을 입증해준다.

소하연유적에서는 남녀노소를 불문하고 모든 무덤에 토기가 부장품으로 묻혀있었지만 무덤마다 수량은 달랐다. 신개류유적 무덤에서도 무덤마다 토기부장품이 묻혀있었지만 역시 수량은 달랐다. 토기가 당시의 중요한 재산 품목이었음을 알 수 있다.

부장품은 토제생활용구, 석제, 골제의 생산도구와 돌, 조개껍질장식 등 세 종류로 나누어진다. 남녀로소를 막론하고 모든 무덤에 부장품이 있다. 일반적으로 무덤의 부장품은 토기 3점 정도이며 많은 것은 15점인 것도 있다.[64]

통영연대도 무덤유적의 7호, 11호, 14호 부장품은 양과 질에서 다른 무덤들과 현격히 구분되어 신분의 차이를 잘 보여준다. 특히 11호 무덤에는 인골人骨 상부에 5~6개의 토기가 집중적으로 부장되어 죽은 사람이 높은 신분임을 추측하게 한다.

토기는 시간의 흐름과 더불어 변화를 거듭하며 예술품으로까지 발전한다. 홍산문화유적에서는 대량의 토기인형이 출토되었다. 동물의 형상은 물론 사람의 형상도 발굴되었다. 사람의 형상은 주로 임신부나 유방과 음부가 강조된 여성상이 많았다.

선사시대 사람들에게 여성은 신비 그 자체였을 것이며 생명의 원천으로 이해되었을 것이다. 여성은 생명을 창조해내는 초능력을 가진

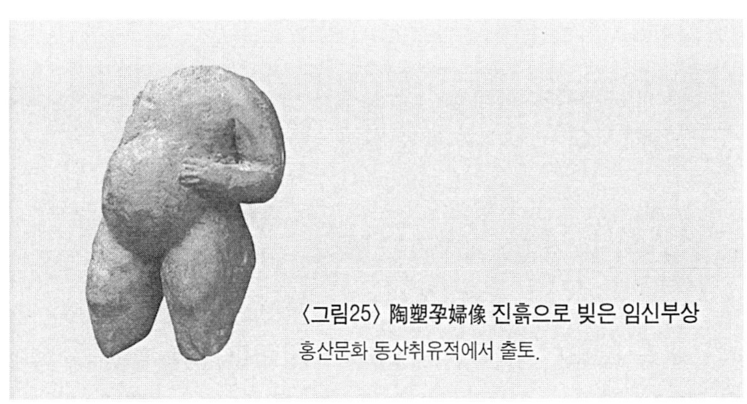

〈그림25〉 陶塑孕婦像 진흙으로 빚은 임신부상
홍산문화 동산취유적에서 출토.

조물주이기도 했다. 인간이 탄생하는 생명의 통로인 음부는 남성의 성욕을 해결하는 곳으로서의 단순한 인체 부위의 의미를 넘어 신비한 성역으로 신성시되었을 만도 하다. 그런가 하면 여성의 유방은 인간의 생명을 지속시키고 성장시키는, 문자 그대로 생명 줄이었다.

이처럼 토기는 그 산생 초기부터 본격적인 전쟁시대가 열린 청동기시대까지 사전史前인류의 생존과 밀접한 관계를 가지고 지속된 중요한 생활문화였다.

그럼에도 불구하고 단순히 토기 무늬의 유사성 하나만 가지고 신석기시대의 인류와 문화현상을 특정 민족의 이익에 유리하도록 상고사를 수의隨意, 변조하는 작태는 학술적인 자세가 아님으로 지양해야 할 것이다. 그런 이유로도 선사시대에 대한 재야사학계의 부당한 역사 부풀리기 작업은 당연히 즉각 중지돼야 한다.

이들의 터무니없는 예단 행위에 의해 왜곡되었던 한국 상고사는 이제 지독한 국수주의의 광기에서 벗어나 보다 정밀하고 복합적인 구조 속에서 인간과 자연의 결부를 통해 문화소, 토기의 형태, 무늬, 분포와 민족의 이동 내지는 기원에 대한 객관적인 연구를 진행해야 할 것이다.

3. 신석기시대 집락集落과 무덤에 대한 분석

한반도의 주거문화와 반혈거식가옥

사학계에서는 여러 문화유적들에서 발굴되는 반혈거식 주거문화유물들을 토대로 이 지역들을 한반도문화의 범주 속에 모두 집어넣는 작업을 하기에 급급하다. 가옥 구조가 땅에 구덩이를 파고 세운 원형 또는 방혈로 된 것이면 무작정 한민족의 활동 영역으로 규정하며 우리 한국 상고사에 편입시키려고 한다.

사실 한반도에서의 신석기시대 주거유적은 옹진반도의 시도와 통영의 연대도, 욕지도 등지에서 소규모로 발견되고 있을 뿐 거의 공백인 상태이다. 춘천의 중도유적지, 서울 암사유적 등 나머지 유적은 거의 전부가 청동기나 철기시대의 유물들이다. 그럼에도 불구하고 학계가 이러한 섣부른 속단을 내리는 이유는 반혈거구조라는 가옥 건축양식의 유사성 때문이다.

반혈거 가옥이란 땅에 60~90cm 깊이로[65] 구덩이를 파고 구조물을 세우는 선사시대 건축 형식이다. 그런데 문제는 반혈거 가옥의 형식이 동일부족의 문화현상이라기보다는 많은 경우 자연환경에 의해 결정된다는 점이다. 반혈거 가옥은 보통 북방의 추운 자연기후를 버텨내기 위한 가옥 구조이다. 따라서 반혈거 가옥 구조는 한반도는 물론 중국 북방지역에 속하는 (동북, 내몽골지역뿐만 아니라 황하지역까지) 실로 광대한 지역에 걸쳐 분포된 주거문화로서 홍산문화, 홍륭와유적, 영가령하층문화유적 등이 그 대표적 예라고 할 수 있다.

그러나 더운 남방지역의 가옥 구조는 자연환경 조건으로 이와는 전혀 다른 특징을 보이고 있다. 장강 유역의 호수와 택지로 구성된 지역에서 발달된 하모도河姆渡유적[66] 가옥 구조는 땅에 말뚝을 박고 그 위에 목조건물을 세우는 난간식欄干式의 특이한 구조이다. 주변에는 나무 말뚝을 박아 담장을 둘러쳤다. 이러한 가옥 구조는 순전히 자연현상에 적응한 것이라고 할 수 있다.

〈그림26〉 하모도河姆渡주거유적
나무말뚝을 박아 지면의 습기를 차단
하고 방어 담장(해자)을 구축했다.

땅에 구덩이를 파고 세운 반혈거식가옥 구조가 건조한 북방의 차가운 한기를 막기 위함이라면 땅에 기둥을 박아 건물과 지면을 분리시킨 가옥 구조는 일 년 내내 우천이 계속되는 남방 특유의 습기를 차단하기 위한 유효한 대응조치라고 할 수 있다. 혈거는 사나운 눈보라를 피하는 데 효과적인 차단장치이고 목조가옥은 비바람을 막는 기능을 한다. 동북지역의 가옥 구조에서 보이는 해자와 남방지역의 목조건물 구조에 딸린 나무담장은 여타 부족이나 뜻하지 않은 야수의 공격으로부터 자신을 보호하는 역할을 한다.

결국 반혈거 가옥 구조는 한민족의 주거 특징이라기보다는 한대지방에 사는 모든 주민들이 공유하는, 북방가옥 구조의 일반적인 특징이라고 보는 해석에 훨씬 더 설득력이 실린다.

그런데 반혈거를 제외하고는, 면밀히 대조해보면 한반도의 가옥 구조와 요동지역의 가옥 구조는 극히 적은 경우를 제외[67]하고는 그 차이점이 너무나 뚜렷하다.

첫째, 앞에서도 이미 언급했듯이 한반도의 주거 구조에서는 해자壕溝를 찾아볼 수 없다.

수혈의 평면은 말각방형과 원형이다. 말각방형은 한 변이 5~6m이고 면적은 20~30평방의 규모이다. 원형은 길이 6.4m, 면적 32평방인(75-7호) 집터를 비롯하여 20평방을 넘는 것도 있긴 하나 길이 5~6m, 면적 25평방 또는 길이 4~5m, 면적 10~20평방의 소형이 많다. 깊이는 60~90cm, 더 깊은 것은 100cm가 넘는 것도 있다.

바닥에는 별다른 시설 없이 모래가 노출되어 있다. 노지는 바닥 중앙에 자갈이나 할석을 돌려 1기씩 설치했다. (암사동유적 집터)

원형바닥에 3~10cm 두께로 모래나 잔돌이 섞인 진흙을 여러 겹으로 깐 후 다졌다. 그리고 나서 그 위에 불을 놓아 더 단단하게 다졌다. 중앙에는 위석식의 장방형 화덕이 설치되었다. 4호, 8호에서는 판석板石을 네 곳에 설치하여 기둥 받침으로 이용했다. (오산리유적 집터)

이상은 한반도에서 발굴된 청동기시대의 가옥 구조이다. 설명의 어디에도 해자는 보이지 않는다.

발굴된 일단—段에 근거하여 이 '회토대灰土帶'는 거주지를 에워싸고 있는 하나의 개천(壕, 溝, 즉 해자)이라는 것이 확인되었다. 개천의 가장 넓은 곳은 2m, 깊이는 0.55~1m이다. 이 하나의 개천은 방어 작용을 하였으며 아직 입구는 발견하지 못했다.[68](홍륭와문화)

발굴된 17기 집 자리의 배치는 질서정연하며 동시에 해자가 주위를 에워싸고 있다. …… 해자는 대단히 간단해서 너비와 깊이가 모두 1m가 못 된다. …… 주거지는 해자가 에워싸고 있다.[69](백음장한유적)

취락지는 최근에 오한기의 서태西台유적에서 발견되었다. 이 취락지에는 두 줄의 개천이 있다. 이것들은 인접하여 개별적으로 해자의 형태를 취하고 있다. …… 해자는 위가 넓고 아래가 좁다. 현재의 일반적 너비는 2m 정도이고 가장 깊은 곳은 2~2.25m이다.[70](홍산문화)

해자의 유무는 하천이 많은 것과 평원지대와 관련된다. 평원지대에는 해자가 부족의 안전을 도모하는 방어시설 역할을 했을 것이다. 산악지대는 험준한 산들이 천연방어물이 되어주었을 것이다.

한반도의 집락유적에서도 간혹 방어시설이 발견되기는 하지만 소수이고 그 연대도 훨씬 뒤떨어진다.

한국에 있어 집락集落에 방어시설이 있음이 확인된 최초의 예는 1967년에 조사된 양산패총梁山貝塚의 발굴에서부터이다. 여기서는 패총의 동측에서 절개 면이 확인되어 집락에 방어시설木柵이 있음이 확인되었으나 보고서

〈그림27〉 암사동 움집

한반도 움집의 특징은 해자가 없다는 것이다

움집구조

서울 암사동 신석기 시대 움집 바닥

가 발굴되지 않아 연구자들의 주목을 받지 못하였다. 그 후에 발굴된 대구 달성유적에서도 목책이 검출되었으나 이 역시 보고서 미간未刊으로 주목을 받지 못하였다. 1990년대에 들어와서야 울산 검단리, 부여 송국리, 김해 대성동, 창원 가음정동 등이 조사되면서 환호나 목책과 같은 방어시설이 검출되어 방어시설이 구체성을 띠며 나타나기 시작했다.[71]

중국에서 방어시설이 등장한 것은 B.C. 6000년경이고 한국은 송국리유적을 기준으로 하여 볼 때 B.C. 500년 전후이다.[72]

둘째, 한반도의 가옥에는 기둥이 있고 동북지역 가옥에는 기둥이 없다는 점이다.

국내학자들이 한반도의 주거 형태와 가장 유사하다며 흥분하는, 그것을 근거로 하여 이 지역을 한민족의 활동공간이라고 주장하는 홍산문화유적에서 발굴된 집터에서는 이상하게도 기둥을 찾아볼 수가 없다.

다수의 가옥 내에서 기둥 구멍을 찾을 수 없었다. …… 기둥 구멍 내에서 나무기둥 자재와 기타 충진물은 찾지 못했다.[73](백음장한유적)

집터는 반수혈식이다. …… 전체 거주 면과 네 벽은 가공하지 않았는데 다만 오랫동안 짓밟혀서 거주 면은 상당히 딱딱하다. …… 실내에 기둥 구멍은 없다.[74](아포력북사장亞布力北沙場유적)

기둥의 유무有無가 가옥 구조의 차이로 나타날 것임은 틀림없다.

그리고 한반도에서 발굴된 가옥 구조에서 나타난 바닥을 다졌다는 표현에서 따로 다진 것이 아니라 '오랫동안 짓밟혀서' 다져진 것임을 알 수 있다. 다시 말하면 바닥이 딴딴하게 다져진 것은 집을 지을 때의 특별한 공정 처리 작업에 의한 것이 아니라는 점이다. 바닥 표면의 다져짐 현상의 유사성은 가옥 구조와 아무런 연관도 없다.

사다리를 이용한 출입은 물길인勿吉人뿐만 아니라 혈거가옥에서 생활했던, 구석기 말, 신석기 초에 생활했던 원고遠古인들도 두루 사용했던 것으로 파악된다. 가옥에 문길(출입구)이 생긴 것은 나중의 일이다. 흥륭와인, 사해인들도 사다리를 이용하여 출입했던 것으로 나타나고 있다. 땅에 구덩이를 팠기 때문에 지면으로 올라오자면 ∠식의 통로 설치나 계단을 만들지 않는 이상 사다리 말고는 오르내릴 방법이 없었을 것이다.

다시 말하자면 반혈거 가옥 구조는 한대지역 특유의 북방원시 가옥 구조이지 특정한 민족의 문화를 대변하는 현상은 아니라는 것이다. 신석기시대를 살았던 북방 여러 민족들이 공유한 가옥형식인 것이다.

그러므로 이를 근거로 한 확대해석이나 편견은 버려야 한다. 한반도와 요동의 무덤문화의 유사성을 명분으로 중국의 신석기시대문화인 홍산문화를 한민족의 고대문화유산으로, 더 나아가서는 요동을 고조선의 영토라고 억지 주장하는 역사 위조 행위는 중단되어야 할 것이다.

무덤의 형태와 장례 습속 그리고 자연과의 관계

중도유적적석총, 석천동유적적석총, 은현리유적적석총, 장군총, 천마총 등 한반도의 각지 선사무덤유적들은 그 연대가 빨라야 청동기시대이고 늦으면 철기시대인 고구려, 백제, 신라시대의 유물들이다. 지금까지 한반도에서 발굴된 신석기시대의 돌무지무덤은 옹진반도와 통영연대도 그리고 욕지도 등 몇 곳밖에 안 된다. 고대 적석총연구를 위한 심각한 텍스트 결여 현상이 아닐 수 없다.

그런데 이들 적석총과 중국 동북지방에서 발굴된 신석기시대의 적석총과는 분명한 차이가 있는데도 국내 고고학계는 두 문화의 동일계통론을 주장하고 있다.

아래에서 한반도 적석총 유적의 특성을 살펴보자.

옹진시도 적석총

생토 층에 길이 150cm, 너비 120cm, 깊이 30cm 규모의 구덩이를 파고 그 위에 할석을 쌓아올려 길이 165cm, 너비 145cm, 높이 20cm 정도의 타원형의 적석을 만들었다. 돌과 돌 사이, 구덩이 바닥과 외부에도 숯과 검은 흙이 많이 깔려있었다.

통영욕지도 적석총

2층에서 9m 또는 7m 범위에 돌들이 깔려있으며 돌 틈 사이에 각종 토기, 석기, 동물의 뼈 등이 박혀있다.

통영연대도 적석총

인골 하부에 납작한 돌을 깔아주고 토기나 자갈로 인골을 덮고 있어 무덤으로 추정된다. …… 인골은 5호의 엎어묻기를 제외하고는 모두 파묻기를 하였다. 인골 상부에는 토기 편을 덮어준 흔적이 보인다. ……

1호분은 200cm×150cm×15cm 규모의 부정형의 구덩이를 파고 그 안에 80cm~170cm의 성인 시신을 안치하였다. 시신 위에는 잔돌과 많은 부식토를 덮었고 그 위에 다시 20cm 규모의 돌을 덮었다. …… 인골 주위와 돌무지 사이에 토기 편, 돌도끼石斧, 흑요석제, 석촉 등 석기가 있다. …… 2호분은 …… 시신 주변에만 돌로 장방형의 테를 둘렀다.

2호분은 …… 매장된 인골 하부에 큼직한 갯돌, 각종 토기 편, 석기, 잔돌이 무더기로 덮여있다.

7호분은 …… 바닥에 크고 납작한 돌을 깔고 인골 위에는 고운 흙과 잔자갈을 덮고 사지 뼈에는 각종 토기 편이 붙어있다.

11호분은 …… 인골 밑에 납작한 돌, 주위에는 바다자갈과 토기 편이 집중되어 있다.

이들 적석총들의 공통된 특징은 관곽도 없이 인골 위에 잡석雜石이나 잔자갈을 덮고 있다는 점이다. 그러나 이 적석총과 같은 무덤 형식이라는, 중국 동북지역에서 발굴된 적석총은 다른 형태를 보여주고 있다.

● 우하량 유적의 1호 무덤

1호 무덤

네 벽을 가공한 석회암, 화강암으로 5~6층을 쌓았다. …… 안은 불규칙한 돌조각으로 채웠다. …… 곽실 벽은 4~6층을 가공된 돌조각, 판석 등으로 수직되게 쌓았다. 천장에는 많은 판석을 덮었다. ……

ZZM1의 동쪽, 북쪽, 서쪽 삼 면에 각각 한 줄의 돌담이 남아있다. 동쪽 벽은 길이 18m이고 잘 손질된 큰 돌로 쌓았다. 긴 돌은 보통 0.4m~0.5m, 두께 0.3m~0.4m이다. …… 돌들은 부채형으로 분산된다.

● 성자산호도구 무덤

4호 무덤

모든 무덤이 판석, 작은 돌 편으로 만들어졌다. …… 네 벽은 반듯한 판석을 세워서 만들었는데 …… 판석의 안과 바깥에 작은 돌조각을 받쳐서 지탱하였다.

● 3호 무덤

무덤의 기단부는 동심원 식의 세 줄의 돌로 쌓았다. 세 줄의 돌 울은 담홍색의 화강암 돌 편을 길게 가공하여 다능의 기능형을 만들어 흙 속에 세웠다. 돌의 규격은 바깥 울에 세운 것이 가장 크다. 일반적으로 높이 35cm~40cm이고 돌의 잘린 면의 가장 넓은 곳은 10cm~12cm이다. …… 돌은 모두 63개, 중간 울로부터 3.15m~3.4m의 거리이다.

● 소하연小河沿 무덤

다수의 무덤 바닥에서는 벚나무 껍질이 있었으며 어느 시체 위에는 나뭇가지가 있었는데 이것은 매장 풍속 상 습관적으로 벚나무 잎을 매장용으로 사용했다는 것을 설명해준다. 시체 매장 전에 장방형의 흙구덩이(토광)를 판 다음 나뭇가지와 껍질로 시체를 덮고 마지막으로 흙을 덮었다.[75]

보다시피 한반도에서 발굴된 적석총과 중국 동북지방의 적석총은 무덤에 돌을 사용했다는 것 외에는 축조 방법이나 무덤 형태가 전혀 다름을 알 수 있다. 소하연 무덤에서는 돌이나 토기 편, 조개껍질을 전혀 사용하지 않고 나뭇가지와 수피樹皮, 흙만을 사용하고 있다.

돌을 사용하는 우하량 유적과 성자산호도구 적석총의 경우에는, 한반도의 적석총은 다듬지 않은 천연잡석(막돌)을 되는대로 쌓고 덮는 거친 형식을 취하는 반면 이들 적석총은 석재부터 석회석, 화강암, 규격 있게 다듬은 판석을 이용하여 담장, 벽, 천장에 이르기까지 정교하게 축조하고 있다. 잡석은 판석을 고정하는 용도로만 쓰일 뿐이다. 욕지도 무덤과 연대도 무덤에서는 토기 편과 조개껍질이 무덤을 덮는 건재로 쓰이는데 우하량 유적이나 성자산호도구 유적에서는 보이지 않는다.

무덤의 형태는 자연환경이나 부족의 기술문화와 많은 연관이 있음을 알 수 있다. 한국의 신석기시대 적석총 유적은 대체로 바닷가의 섬지대이다. 잡석, 토기 편, 조개껍질은 주변에서 쉽게 구할 수 있는 천연 자연물이었으나 화강석이나 석회석은 구하기가 쉽지 않았을 것이다. 판석을 다듬고 규모 있고 정교하게 축조하는 데도 인력과 기술경험이 필요했을 것이다.

결국 무덤의 형태는 부족과 자연환경과의 관계에서 형성된[76] 것이라는 추론이 가능해진다. 돌이 많은 지역에서는 돌무덤을 만들었고

〈그림28〉 장례풍속
懸棺葬(왼쪽 그림)
洞葬(오른쪽 그림)

흙이 많은 곳에서는 토장土葬이나 흙을 구워 벽돌무덤을 만들었다. 바람이 거센 곳에서는 풍장風葬[77]을 지냈고 바닷가에서는 수장水葬을 택했다.

자연의 특성은 인류로 하여금 수많은 장례 풍속을 만들도록 했다. 매장埋葬, 수장水葬,[78] 풍장風葬, 화장火葬, 조장鳥葬, 수장樹葬, 유기遺棄, 동굴장洞窟葬,[79] 애장崖葬,[80] 수상장樹上葬[81] 등 고대 장례법은 수없이 많다.

전염병으로 사망한 사람을 나무 위에 매달아 볕과 비바람에 쬐어 소멸하게 하는 수상장 풍속은 40년 전까지만 해도 경상남도 창녕 등지에 남아있었다.

풍장은 오늘날까지도 제주도와 진도에 그 흔적이 남아있다.

전라남도 해변이나 진도 등지에 풍속이 남아있는 초분은 시신을 시상屍床에 얹어 산기슭이나 양지바른 곳에 놓아두는 것을 말한다. 날장이라고도 한다. 3년이 지난 뒤 탈육脫肉이 되면 소주나 술로 씻어 본장을 하여 묘를 만드는 세골장洗骨葬을 한다.

수서隋書의 거란전에는 거란족이 시신을 산 속에 있는 나무 위에 안치하여 두고 3년이 지난 뒤 그 뼈를 수습하여 화장한다고 기록되어 있다. 수상장, 풍장인 셈이다. 이러한 수장의 방식은 인근의 해족奚族(고막해庫莫奚)82이나 몽골족 계통인 실위계室韋系 부족에서 주로 발견된다. 수장을 하는 원인으로는 유렵경제반영설遊獵經濟反映說과 죽은 사람의 정령이 삼림 속에 산다는 설 등 여러 가지가 있다.83 박원길은 특정 지역의 특수 주거 형태인 소거巢居 방식이 그대로 장속葬俗에 반영된 것으로 추정하고 있다. 자연환경 조건이 원인이 된다는 뜻이다.

풍장, 수상장법은 북아시아, 고지아시아, 동남아시아, 멜라네시아, 오스트레일리아, 북아메리카 등 여러 족속들에게서 나타나고 있다. 중요한 것은 유사한 장례 풍속을 가지고 있는 이들 부족들은 혈연 상 아무런 연관도 없다는 점이다. 이러한 현상은 문화의 동질성이 반드시 혈연이나 민족의 정체성과 직결되는 건 아니라는 점을 의미한다. 따라서 민족과 조상이 같아도 사는 지역이 다름에 따라 서로 다른 무덤 형식과 장례 풍속을 가지게 된다. 같은 이유로 민족은 달라도 비슷한 자연환경에 주거하면 유사한 무덤 형식과 장례 풍속을 가지게 되는 것이다.

한반도 토착민과 고구려인은 동일한 조상을 가진 한민족이라고 하는데 이상하게도 무덤 형식은 다르다. 고구려인은 돌을 쌓아 만드는 적석총무덤 문화를 가지고 있는 반면 한반도 주민들은 고인돌무덤 문화를 가지고 있다. 동일한 무덤 형태가 혈통의 동일성을 의미한다는 고고학의 상투적인 이론대로라면 고구려인과 한반도인은 아무런 혈연관계도 없다는 말이 된다.

봉분 형식의 무덤 형태에 죽은 자를 위해 생전의 물품을 태우는 틀레시의 의식을 가지고 있는 흉노족은 민족이 다름에도 불구하고 한민족과 장례 풍속이 흡사하다.[84] 흉노 이래 거란의 고분에서 시신을 감싼 옷의 흔적이 발견되고 있다. 한국에서는 염과 습이 끝나면 시신을 관에 안치하는데 오환烏桓 역시 같은 절차를 밟고 있다.

이처럼 무덤 형태와 장례 습속은 특정한 민족의 문화를 의미한다기보다는 유사한 자연환경에서 사는 북방계통의 모든 민족들이 공통으로 가지고 있는 범세계적인 문화현상이라고 봐야 할 것이다. 북방계통의 민족은 사후 인간의 영혼이 육체를 떠나 하늘로 올라간다고 믿는 샤머니즘을 신봉하기 때문에 그 유사성이 한결 밀착된 것이다.

이것은 아주 중요한 문제이다. 선사시대 유적에 대한 종래의 해석을 전복하는 계기가 될 가능성도 없지 않기 때문이다. 무덤 형태나 장례 풍속의 유사성을 민족 정체성의 근거로 보거나 혈연관계로 확대 해석함으로써 고대사 해석에 혼란을 가져오는 위험을 줄일 수 있기 때문이다.

고고학 영역은 확실한 과학적 근거가 없기 때문에 객관적 진실을 굴절시키며 특정 민족의 이익을 대변하는 역사 조작에 악용될 우려가 많다. 학문은 양심으로 해야지 애국심으로 해서는 안 된다.

학자에게 애국심보다는 양심이 더 중요한 것도 이런 이유에서이다.

고인돌무덤과 한민족의 활동 영역

국내 학계에서 한민족 기원의 본토자생설의 근거로 삼는 고인돌무덤의 존재는 무엇을 의미하는가.

이른바 거석문화, 지석묘라고도 불리는 고인돌은 늦은 신석기시대에서 청동기시대를 경과하여 철기시대 초기 단계까지 맥을 이어온 한반도 선사문화이다. 특이한 것으로 고인돌무덤은 지구상에 7만여 기가 존재하는데 한반도에 그 절반 숫자인 4만여 기가 분포되어 있다는 사실이다. 그중에 남한에 3만여 기가 있고 전라남도 지방에 1만 9천여 기가 있다. 이런 연유 때문에 학자들은 한반도를 '동아시아 거석문화권의 중심권'이라 부르기도 한다.

고인돌무덤은 중국 요령성, 산동성, 절강성 일대에 350여 기, 일본 규슈九州에 550여 기가 있고 연해주와 중앙아시아 남단에서도 간혹 발견되고 있다.

고인돌의 기원에 대해서는 두 가지 설이 있다.

하나는 외래설로 바다를 통해 동남아시아 또는 중국 동북지역에서 전해졌다는 설과 중앙아시아 전래설이다.

다른 하나는 주변 지역과 관계없이 한반도 내에서 자체적으로 만들어졌다는 본토자생설이다.

외래설은 고인돌무덤이 주로 강변이나 해안선의 구릉지대, 계곡에 만들어진, 물과 관련 있는 문화임을 인정할 때 나온 것으로, 이에 대해 중앙아시아 전래설이나 중국 동북부지역 전래설은 설득력이 부족하다. 분포 숫자도 중국 동북부와 중앙아시아는 소량으로 간혹 발견되지만 한반도는 집중적으로 대량 발굴되고 있다.

한편 자생설은 얼핏 일리가 있는 주장처럼 들리지만 외래설보다 더 많은 학술적 문제점들을 안고 있다. 앞에서 살펴보았듯이 학계의 일

진은 빗살무늬토기 문화의 분포와 전파를 근거로 한민족의 기원을 바이칼에서 남하한 고시베리아족으로 보고 있다. 정말 한민족이 그들의 후손이라면 빗살무늬토기 문화의 이동과 더불어 고인돌무덤 문화도 동행하여 경유지나 활동 지역에 흔적을 남겨야만 당연할 것이다. 그러나 이상하게도 빗살무늬토기 문화와는 달리 고인돌무덤유적은 바이칼이나 연해주 및 만주 일대에는 간혹 보일 뿐 한반도에서만 집중적으로 발견된다. 이런 까닭에 고인돌무덤에 대한 학계의 두 개의 부동한 기원설은 아직도 정설로 공인받지 못하고 있다.

고인돌무덤 연구에서 주의할 점은 제천 황석기와 양평리, 달성 진천동 유적에서 사람 뼈와 민무늬토기無紋土器를 비롯하여 간혹 빗살무늬토기도 출토되었다는 사실이다. 안터 고인돌무덤에서도 늦은 시기의 빗살무늬토기가 발굴되었다. 양평 양수리의 방사성 탄소 연대 측정값은 3,900±200BP로 산출되었다.

빗살무늬토기의 출토! 이 사실은 무엇을 의미하는가? 당연히 한민족이 빗살무늬토기 문화를 전승한 후손이라면 빗살무늬토기의 문화 영역에서 동일하게 고인돌무덤 흔적이 나타나야 하는데도 결과는 정반대이다.

결국 유사토기문화와 무덤문화는 동일하지 않다는 것을 입증한다. 토기의 양식적인 차이에 종족성이 반영된다고 말하는 것은 진실이 아닐 수 있으니[85] 빗살무늬토기 문화 민족과 고인돌문화 민족 사이에는 아무런 혈연관계가 없다.

만일 누군가 한민족이 빗살무늬토기 문화 민족의 후손이긴 하지만 한반도에 정착한 다음 (늦은 신석기시대 또는 청동기시대) 하천이나 해안선을 따라 새롭게 탄생한, 물과 관련된 문화라고 주장한다면 그 결과는 더더욱 한심할 뿐이다. 즉 문화는 계승이 불가하며 한 걸음 더 나아가 중도에서 절개되어 다른 문화로 (환경의 변화에 따른) 변화될 수도 있다는 괴설이 나온다. 이러한 논리는 문화의 계승에 의해 민족의 형성이나 국가의 형성을 연구하던 종래의 고고학 연구 방법론을 전복하는 효과로 나타날 것이다.

본토자생설은 이처럼 고고학 연구 방법의 전통에 저항하는 제동이 될 것임에 틀림없다. 반면 외래설은 문화의 단절과 변화에 대해 설명할 수 없다.

왜 이런 현상이 생기는가?

문화현상은 환경 변화의 산물이기 때문이다. 인간과 자연환경과의 관계를 무시할 때 이런 어처구니없는 현상이 발생한다. 자연환경을 배제한 상태에서 빗살무늬토기나 고인돌무덤을 고고학 연구 대상으

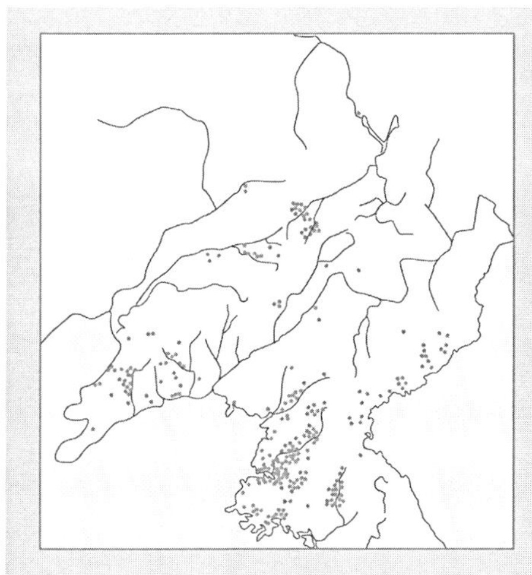

〈그림29〉 고인돌 분포 지역
빗살무늬토기 분포 지역과 일치하지 않는다.

로 삼을 때 발생하는 문제이다.

빗살무늬토기 문화를 혈연이 다른 북방 여러 부족들이 공유했던 것처럼 고인돌문화 역시 빗살무늬토기 문화와 혈연적 관계가 없다. 문화전통이라는 것은 환경의 동일성이라는 시공간 속에서만 가능하다. 같은 고인돌문화를 공유하면서도 서로 다른 민족일 수 있다는 가설이 이로부터 도출된다.

2 국가의 형성과 고조선의 실체

재야사학계에 의해 부정된 기자조선, 위만조선 이후 고조선의 존재는 베일에 가린 미스터리가 되고 말았다. 사료도 없고 유적도 없이 국호만 달랑 남은 유명무실한 환상의 존재가 되고 말았다.

그런데도 일부 학자들은 터무니없이 고조선이 기원전 2400년경 중국 요임금 때 건국되었다고 주장한다.

그러더니 이번에는 또 고조선 건국의 바탕으로 된 것이 청동기문화라고 한다. 청동기문화의 한반도 유입은 B.C. 10~12세기 무렵이다. 요동지역의 청동기 상한연대는 B.C. 2000년 이전이다.

고조선은 이 중 어느 시기에 속하는가? 또한 단군조선의 발원지설도 논란이 많다. 요동 중심설, 백두산 발원설, 묘향산 발원설, 대동강 중심설에 천산산맥 발원설까지 가세하고 있다.

『단군신화』에 따르면 당시 웅녀가 살던 태백산에는 원주민이 호랑이까지 합쳐 단 두 명뿐이었다. 환웅이 거느리고 온 이방인 무리도 3000명밖에 안 되었다. 합쳐 보았자 3002명이다. 곰이 개인이 아니라 곰 토템을 숭배하는 부족이라고 해도 환웅에게 정복당한 걸 보면 환웅의 3000명의 세력보다 많지는 않았을 것이다.

신석기시대에는 부족사회를 이루었는데 부족은 씨족을 기본 구성단위로 하며 씨족은 혈연을 바탕으로 하고 있다. 씨족은 각각 폐쇄적인 독립사회를 이루고 있었으며 점차 다른 씨족과의 족외혼을 통하여 부족을 이루었다. 신석기시대 부족의 규모를 300~1000명 정도의 대규모로 보는 경우부터 30~40명 정도로 아주 작게 보는 경우도 있다. 우리나라에서는 아직 대규모의 큰 부족사회는 없었던 듯하다.[86]

1000명이라고 해도 합계 4000명 정도뿐이다. 호랑이는 자신의 무리를 이끌고 다른 곳으로 옮겨갔다고 한다. 그러니까 인구 4000명으로 기원전 2333년[87]에 환웅이 신단수 아래에서 나라를 세우고 임금이 되었다는 말인데 어떻게 믿으란 말인가.

일반적으로 말해 우리나라의 초기 국가들은 …… 그 국가 형태를 삼국三國이 정립해 있던 시기의 고구려, 백제, 신라 혹은 그 이후의 고려나 조선과 같은 그러한 광대한 영토를 차지한 것으로는 생각할 수가 없다. 오히려 고구려, 백제, 신라의 건국 초기의 형태와 마찬가지였다고 하는 것이 타당하다고 생각된다.

고구려는 다 아는 바와 같이 처음 압록강의 한 지류인 동가강 유역의 환인

桓因지방에서 건국했다. 그 가까이에는 송양국松讓國이라는 또 다른 국가가 있었다. 이 두 나라는 좁은 지역에 공존할 수 없다고 하여 서로 다른 한 국가가 복속하기를 바라고 다투었다. 또 백제는 처음 현재의 서울시와 광주廣州의 한남산성漢南山城 일대를 지배하는 작은 나라에 지나지 않았다.[88]

삼국시대는 이미 중원에 대규모 국가가 형성된 시기이다. 고구려는 현도군 소속의 고구려현 안에서 일어난 나라이다. 옆에는 다른 나라가 또 있다. 주몽이 비류수沸流水에서 채소 잎이 흘러 내려오는 것을 보고 상류에 사람이 살고 있음을 알고 사냥을 하면서 찾아가 비류국沸流國에 이르렀다고 한다. 채소 잎이 떠내려 오는 것을 볼 수 있고 사냥터의 범위 안에 두 개의 나라가 있었다고 하니 당시의 국國이라 함은 나라라기보다는 자그마한 마을이었을 것이라고 짐작된다. 이런 이유 때문에 중국학자들은 비류국을 고구려와 별개의 나라가 아니라 비류부 (고구려의 한 마을)라고 간주한다.

단지 소국小國은 그 영역과 인구가 소규모인 것을 나타내는 의미가 쉽게 떠오르고 성읍 국가는 성읍의 존재를 전제로 하기에 정치적, 군사적, 신분적인 의미도 떠오르게 한다.[89]

사도국은 예를 들면 대체로 직경 10km 정도의 촌 6개가 통합하여 형성된 나라였다. 소국은 대체로 직경 30~40km 정도의 영역으로 이루어졌다. …… 소국의 인구는 대체로 1만 정도는 되었던 것으로 여겨진다.[90]

삼국시대의 국가인데도 나라의 영토가 겨우 직경 10km라고[91] 하니 신석기시대의 고조선의 영토는 말하지 않아도 짐작이 간다.

4000명의 주민을 가진 나라 고조선!

그것은 나라라기보다는 부족이 사는 하나의 마을에 불과하다.

청동기시대는 국가 형성의 시대이다. 부단한 전쟁을 통해 부족들을 통일하고 국가를 성립했다. 그러나 단군조선은 단 한 번의 통일전쟁도 없이 어느 날 갑자기 만주, 연해주, 한반도를 포함하는, 주민 9억을 거느린 대제국으로 부상한다. 이러한 주장은 학술적 견해가 아니라 일고의 가치도 없는, 망언일 따름이다.

고조선의 실체를 밝히기 전에 먼저 고대국가의 형성 과정을 잠시 짚고 넘어가도록 하자.

1. 국가 성립과 권력 형성의 과정

국가 성립 과정이 누락된 가짜 제국 고조선

고조선의 건국 연대가 서기전 2333년이라고 추정하는 건 강단사학계에 의해 위서로 판정된 『환단고기』와 『규원사화』의 기록에 의한 것이다. 『삼국유사』에 나오는 요임금 즉위 50년 뒤에 건국되었다는 사료를 증거로 삼고 있다. 그런데 중국 사학계에서는 요임금을 전설 속의 인물일 뿐 실존인물은 아니라고 보고 있다. 요임금의 개국 시기를 서기전 2357년으로 추정하지만 이 역시 신빙성이 결여된 한낱 추측일 뿐이다. ……

서기전 2333년이면 신석기시대이다. 고대국가가 형성된 건 청동기시대로 진입한 뒤부터이다. 신석기시대에는 지구상의 그 어느 곳에도 국가가 존재하지 않았다. 그 이유는 고대국가가 어떻게 형성되었는가 하는 과정을 살펴보면 금방 알 수 있다.

고대국가의 형성도 자연과 밀접한 관계를 가지고 있다고 간주한다.

지금까지 세계상에는 국가 형성에 관한 수많은 부동한 이론들이 공존하고 있지만 모두 상술한 전제를 홀시하고 있다는 점에서 결여를 내포하고 있다.

혈연을 국가 형성의 근본으로 파악한 루이스 헨리 모건[92]의 국가이론은 한국에서 백남운과 손진태에 의해 각광 받았지만 결혼에 의한 혈연관계 연구에 편중하다보니 자연히 국가 형성에 미치는 자연환경의 중요성을 간과해 이론의 정확성을 상실할 수밖에 없었다.

막스 베버[93]의 성읍국가(도시국가)이론 역시 같은 단점을 보여주면서 고조선 지역 유적지에서 대규모의 집락과 성읍 터가 발굴되지 않는다는 고고학적 결여까지 안고 있다. 그리하여 이 이론을 고조선 국가 형성의 분석에 도입하려 했던 이기백과 천관우의 시도는 실체가 없는 허무한 공중누각이 되고 말았다.

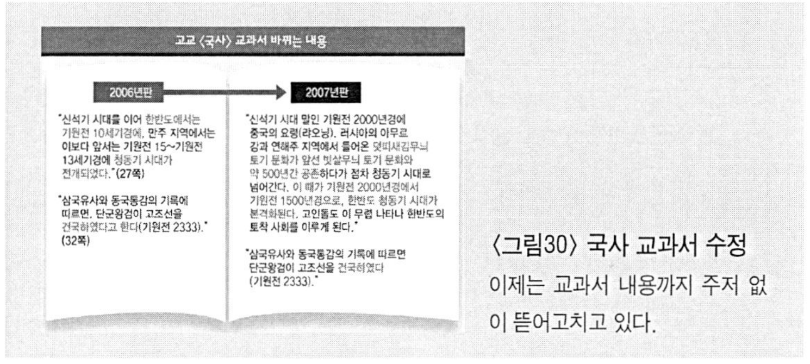

〈그림30〉 국사 교과서 수정
이제는 교과서 내용까지 주저 없이 뜯어고치고 있다.

교육계에서 보편적으로 수용하고 있는 군장국가 이론도 국가 형성에서의 자연의 중요성을 무시하고 있다. 과학적 수치가 역사에 의하여 산출되는 게 아니라 반대로 역사가 수치에 의해 재단됨으로서 진실을 왜곡하고 있는 것이다.

인류발전사는 자연과의 밀접한 관계를 떠나서는 생각조차 할 수 없다. 그런데 지금까지 제기된 인류 진화의 가설은 한결같이 이 점을 무시하고 있다. 인류의 진화에 대한 학자들의 견해를 살펴보면 이 사실을 금시 알 수 있다.

1. 서비스(E. Servic)의 진화도식

① 무리사회　② 부족사회　③ 족장사회　④ 국가사회[94]

2. 차일드(G. childe) 의 진화도식

① 채집경제사회　② 초기농경사회　③ 국가사회[95]

3. 호일(L. Hoyle) 의 진화도식

① 선토기先土器시대　② 초기토기시대　　③ 촌락형성시대

④ 지역융성시대　　⑤ 지역연합시대　　⑥ 제국시대[96]

4. 스트롱(D. Strong)의 진화도식

① 전前농경시대　② 촌락의 발전시대　③ 지역형성시대

④ 지역융성시대　⑤ 지역융합시대　　⑥ 제국시대

5. 아밀라스(P. Armillas)의 진화도식

① 초기시대   ② 지역형성시대   ③ 지역융성시대   ④ 군사 정복시대

6. 스튜어드(J. Steward)의 진화도식

① 전前농경시대   ② 초기농경시대   ③ 지역발전과 형성시대

④ 지역융성시대   ⑤ 제국의 정복시대

7. 얼(T. Earl)과 존슨(W. Sohnson)의 진화도식

① 가족수준의 집단사회   ② 지방집단사회   ③ 족장사회   ④ 국가사회

8. 모건(H. Morgan)의 진화도식

① 야만사회   ② 미개사회   ③ 문명사회

9. 모튼 프리드(M. Fried)의 진화도식

① 평등사회   ② 서열사회   ③ 계층사회   ④ 국가사회

전부가 도구道具와 농경 그리고 순수사회학의 협소한 범위를 극복하지 못하고 있다. 그래도 차일드와 프리드 그리고 모건이 도구의 변천사에 따른 고전적 문화단계 분류법에서 해탈하려는 시도를 보이고 있어 다행이다. 프리드는 서비스의 이론에 반론을 제기하면서 인류발전사를 권력의 형성 과정으로 파악하려는 진일보의 고민을 하고 있다. 그러나 앞에서도 지적했지만 모건은 혈연관계에 집착함으로서 인류발전사에서 가지는 자연의 중요성을 홀시했으며 차일드와 프리드

는 각각 농경과 권력의 형성에만 치중하며 똑같은 실수를 범했다. 아밀라스의 군사 정복시대의 분류는 고대 인류 발전사에 중요한 기여를 한, 전쟁을 부각시켰다는 점에서 독보적이다. 그러나 아쉽게도 인류 발전사에 결정적인 역할을 한 자연숭배에 대한 지적은 어디에서도 찾아볼 수 없다.

인류의 진화는 자연과 인간의 관계변천사이다. 자연과 인간의 변천사를 크게 자연의 절대 권력시대, 자연과 인간의 대치시대, 인간의 자연정복시대, 자연의 권력복귀시대로 분류할 수 있다고 본다. 자연과 인간의 대치시대로부터 자연에 대한 인간의 가공과 자연숭배가 시작되었다.

인간도 다른 생물과 같이 자연환경 속에 살며, 자연의 제약을 받으면서 생활하고 있다. 곧 인간도 다른 생물과 같이 육체를 지니고 있는 한, 하나의 생물적 존재에 지나지 않는 것이다. 따라서 인간도 자연의 제약에서 벗어날 수 없으며, 자연을 지배하는 법칙을 무시하고는 행동할 수 없다. 이처럼 인간은 자연 속에서 자연에 의존하면서 생활하고 있는 것이다.
원시시대로 거슬러 올라가면 올라갈수록 미개사회에 가까우면 가까울수록 인간생활은 더 많이 자연적 제약에 구속되어 있다. 그런데 인간은 자연환경 속에서 생활하는 동안에 여러 가지 경험을 얻고, 그 경험을 기초로 발달된 인간의 지능 및 이성에 의하여 자연이 인간을 제약하는 원인을 알아내는 동시에, 이를 역이용하여 도리어 자연을 지배하게 된다. 이 단계에 이르러 비로소 인간은 자연을 객관적으로 관찰할 수 있게 되고, 자연계의 의존에서 차츰 벗어날 수 있게 되는 것이다. …… 인간의 자연 극복의 제일보第一步는 연모의 제작, 사용 곧 기술과 더불어 시작되었다. 곧 인류생활은 석기를 만들어 자연물을 가공하여, 이를 인간생활에 유익한 것으로 변화시키면서 시작되었던 것이다. 이러한 행위는 무가치의 자연물에 가치를 낳게 하는 일이어서 새로운 가치 창조라고 할 수 있다.[97]

고대사회 문화 발전 단계를 구석기, 신석기, 청동기, 철기시대로 분류하는 것은 문제가 많다고 생각한다. 인류의 진화를 제한된 도구의 변화에서만 파악하려 하기 때문이다. 고대 문화 발전에서 농경, 고인돌무덤,[98] 토기, 토템과 자연숭배는 모두 신석기시대부터 청동기시대와 철기시대까지 면면히 이어지고 있어 상술한 분류법으로는 구분이 힘들다. 사실 고대 인류가 살아가는 데는 도구 말고도 많은 자연물과의 인연이 필수적이었다. 나무는 음식물을 굽거나 끓여먹는 불을 제공했을 것이고 집을 짓고 동물을 사냥하는 도구로도 쓰였을 것이다. 짐승의 가죽으로는 옷을 지어 입었고 풀은 약초로 사용되고 동물은 먹잇감이 되고 돌은 무덤이 되고 ……

인류의 발전 단계를 다음과 같이 분류해야 정확할 거라고 생각한다.

① 자연이용단계
② 자연가공단계(개인가공시기, 집단가공시기)
③ 자연숭배단계
④ 자연창조단계

자연이용단계는 자연물을 천연물 그대로 이용하는 초기 단계이다. 간단한 돌, 짐승의 뼈, 수목, 흙, 동물, 물 등 주위의 모든 자연물이 천연자원 그대로 인간의 의식주에 사용된 시대였다.

자연가공단계는 자연물이 인간의 수공에 의해 가공되기 시작한 시대이다. 개인 또는 가족가공시기와 마을 또는 집단가공시대로 세분되는데 개인가공시대에는 경험자에 의해 최초의 서열이 맹아 상태로 싹트기 시작한다. 집단가공시대에는 생산의 집단화로 사회조직과 서열이 형성되며 잉여생산물과 함께 자연숭배가 대두하며 신권神權이 수립된다.

사전史前인류의 집단 활동은 토기제작에서만 나타나는 것이 아니다. 맹수 사냥, 주거지 건축, 무덤 축조, 무리의 이동, 혼례와 장례, 군사행동, 토템의식 등 다양한 측면에서 표현된다. 신석기시대부터 축조되기 시작한 고인돌무덤의 덮개돌의 무게는 무려 3.5톤99이나 되는데 이 돌을 운반하자면 하루에 50명 내지 100명이 동원되어야 한다고 한다. 50명~100명 정도의 집단을 지휘하여 역사役事를 벌이려면 서열과 상하 명령계통이 전제되어야 한다.

자연숭배는 인간의 생사를 좌우하는 거대한 외력外力, 자연의 권위에 대한 경외감의 표시이다. 처음에는 인간의 생존과 밀접한 관계가 있는 홍수, 가뭄 등의 원인을 제공하는 천기현상들인 비, 구름, 바람과 같은 구체적인 자연현상을 숭배하는 데로부터 시작했을 것이다. 『단군신화』에서도 환웅이 거느리고 온 무리 속에 바람과 비 그리고 구름의 천기현상을 관장하는 풍백, 우사, 운사가 나타난다.

국가의 형성은 본질적 측면에서 착안하면 결국 권력 형성의 과정이라고 할 수 있다. 권력은 집단 활동뿐만 아니라 천연자연환경에서도 산출된다. 소금이 희소했던 고대에는 소금산지를 차지한 자가 왕이 되었다고 한다. 오늘날에도 석유를 독점한 자는 물질적 부를 누릴 수 있을 뿐만 아니라 세계 패권도 장악할 수 있다. 중동의 이라크는 석유 산유국이라는 이유 하나 때문에 강대국의 이권 쟁탈의 제물이 되지 않았던가.

그런데 인간의 권력은 별다른 곳에서 유래된 것이 아니라 바로 자연의 권력에 대한 복종과 저항 그리고 정복의 과정에서 누적된다.

이러한 권력 형성 과정을 몇 가지 유형으로 분류하여 좀 더 구체적으로 살펴보도록 하자.

ㄱ. 생계형 권력

인간은 고대에나 지금이나 자연과의 불가분의 연관 속에서 생존을 도모한다. 생계의 기본인 의식주는 죄다 자연에서 획득한다. 식품으로서의 산짐승, 산나물, 물고기 등은 자연이 제공하는 생명의 원천이다. 짐승의 가죽으로 옷을 지어 입고 나무는 생산도구와 수렵도구 및 가옥을 짓는 건재로 사용된다. 그런데 식량 획득과 옷 짓는 일, 가옥을 축조하는 일들은 모두 경험에 의해 전파된다. 이에 생업 단계에서 의식주 마련을 위한 자연물의 획득 작업을 지도하는 경험의 소유자는 고대사회의 최초의 권력자로 등장한다. 물론 생계형 권력의 반경은 아직 가족의 범위를 초월하지 못한다. 그러나 권력은 이미 경험의 다소에 따른, 지배와 복종이라는 서열적인 신분 차이로 나타난다.

이 경우 자연의 경험은 곧 권력이다.

ㄴ. 기술형 권력

인간과 자연의 일대일 직접 접촉으로부터 그 사이에 도구가 개입하면서 생계형 권력은 한 단계 진보하여 기술형 권력을 배태한다. 수렵, 어로 도구, 생활 용기, 토기 제작, 무덤 축조, 집단 수렵, 농경 등의 활동은 자연물의 대량 확보와 체계적인 가공을 가능하게 했다. 무리 내에서 도구 제작과 전문분야의 기술과 진행 과정을 장악한 장인이나 기술자는 단순 경험자인 생계형 권력을 전복하고 드디어는 권좌를 찬탈하기에 이른다.

토기 제작이 가내수공업에서 공동체의 집단 제작으로 범위가 확대되면서 인부들을 인솔하는 기술자의 권력은 더욱 강화된다. 수렵과 무덤 축조, 농경 등 집단의 활동에서는 기술자를 중심으로 한 자그마한 서열사회구조가 발달하기 시작한다.

이 권력의 특성은 천연 자연물에 2차적인 가공을 추가한다는 점이며 자연과 인간의 직접 접촉을 도구와 기술의 개입으로 분리시킨다는 점이다.

도구와 기술의 동일성은 부족의 정체성이기도 하다.

ㄷ.자연숭배 권력

자연의 절대적 권위를 인정하는 데서 산생한 부가 권력이다. 인간의 운명을 좌우하는 자연의 지배권은 곧 무소불위이며 불가항력적인 최고의 권력이다. 인간의 능력으로는 도저히 대항할 수 없는 자연은 경외와 숭배의 대상이 되고 토템이 된다. 자연숭배는 다시 숭배 의식을 주관하는 제사장(무당)을 만들고 무당은 신을 대신하는 권위적 존재로 군림한다.

자연숭배 권력은 사회 구성이나 국가 형성에서 가장 중요한 최초의 이데올로기적 권력으로 자리매김하며 제사 의식을 총괄하는 집단 행사를 통해 권위를 공고화한다. 이데올로기의 추상성은 인간이 파악하지 못한 자연현상의 신비함에서 기인한다. 이데올로기 영역은 본질상 인간 인식의 한계 너머에 존재하는 미지의 장소이다.

이 권력의 특성은 물리적 자연을 신격화하고 그것을 권력의 명분으로 삼는다는 것이다. 인간의 자연적인 삶에 정신적 삶이라는, 동물과 구별되는 새로운 사회구조가 추가되면서 국가 형성의 기초를 튼튼하게 다진다는 점이다.

ㄹ.전쟁형 권력

국가 형성 과정에서 가장 결정적인 권력 축적 단계이다.

전쟁은 공동체의 집단적 정착생활과 연관된다. 집단생활은 소비의 급증으로 공급의 결여를 양산하면서 대량생산, 전문생산을 유발하지만 급속도로 성장하는 인구증가로 인한 끝없는 소비재 수요를 만족시킬 수 없다. 공동체의 와해를 방지하기 위해서는 경작지와 수원 확보가 우선이었다. 최선의 확보 수단은 전쟁을 통한 타부족의 영역에 대한 침탈이었다.

청동기시대는 전쟁의 시대이기도 하다. 정착생활, 농경, 인구증장, 청동기 무기 제조가 전쟁의 불씨를 지피는 화약이 되었던 것이다.

국가의 근본은 영토와 주민이다. 영토는 경작지와 소비품 등 생존 공간을 제공하고 주민은 생산력과 세납, 부역, 전쟁 등 필요한 인력자원을 보장한다. 그 중에서도 전쟁은 이 두 가지를 한 번에 해결할 수 있는 유일하면서도 강력한 방법이다. 과거나 지금이나 군사력은 곧 권력이다. 전쟁을 통하여 획득되는 이득은 너무나 많다.

몇 가지 예를 들어보자.

영토를 확장하고 재부를 축적한다.

노예와 기술을 획득한다.

사회를 조직화할 수 있다. 상명하복上命下服을 통한 수직적 권력 체계와 엄격한 서열 체계(계급)를 수립할 수 있다.

전쟁에서의 공로에 따른, 부동한 분배에 의한 빈부의 차이가 형성된다.

다른 부족을 흡수, 통합하여 자신의 세력을 확대한다.

군비 조달(군납, 군량)을 위한 진정한 세금 제도가 형성된다.

대량의 무기 제조를 위한 집단 노동과 수공업이 발전한다.

전쟁의 원만한 수행을 위한 교통(도로 수축), 통신(명령 체계), 정보(적의 군사력 탐지) 체계가 정립된다.

군사 조직을 원활하게 통솔하기 위한 법률이 제정된다. 여기서 문서하달의 전제인 문자는 국가의 근본 조건이다.

역법, 천기의 관측(점술) 등 전쟁의 승리를 위한 각종 부가장치가 수반된다.

이상의 예만 보아도 전쟁이 얼마나 고대국가 형성에 결정적 역할을 하고 있는가를 알 수 있다. 이 단계에 이르러서야 비로소 진정한 의미에서의 국가가 탄생한다. 국가는 부족들 간의 전쟁에 의해서 탄생한 사회조직이라고 해도 과언이 아니다.

〈그림31〉 고대 전쟁

고대사회에서 전쟁포로는 중요한 전리품 중의 하나였다. 노예로 부리거나 기술을 장악한 장인을 얻을 수도 있었다. 당시에는 재산 품목 1위였을 거라는 신빙성이 높다.

그런데 한국역사에서 축출된 기자조선, 위만조선을 대신하여 등장한 "강대한 고조선"은 국가를 형성하는 이러한 순차적 절차를 전혀 밟지 않고 어느 날 느닷없이 "9억 인구를 거느린 대제국"으로 역사에 돌출하니 소가 웃다가 꾸러미가 터질 일이 아닐 수 없다.

고조선은 없다

국가의 수립에는 필수조건이 전제된다. 이를테면 신권神權 수립, 군사력, 행정체계, 납세 제도, 법률, 문자, 교통, 견고한 도성都城, 치수관리 등이다. 그런데 9억의 주민을 가진 대제국 고조선에는 같은 시기의 중국이 상나라시대의 도성 유적이 발굴되고 있다는 사실과는 정반대로 이상하게도 어떠한 도성 유적이나 성곽 터도 발굴되지 않고 있으며 역법, 문자사용의 흔적조차도 찾아볼 수 없다.[100]

이 절에서는 국가 수립의 필수 조건 중에서 치산치수와 입법立法에 대해서만 간단히 논해보려고 한다.

고조선의 법률에 대한 기록은 『삼국유사』의 『단군신화』와 중국사서인 『한서』 「지리지」에 보인다.

환웅은 무리 3천 명을 거느리고 태백산 꼭대기 신단수 아래로 내려오니 여기를 신시神市라 이르고 그를 환웅천왕이라 했다. 그는 풍백風伯, 우사雨師, 운사雲師에게 농사, 생명, 질병, 형벌, 선악을 맡게 하고 무릇 인간살이의 360여 가지 일을 주관하여 세상에 살면서 정치와 교화를 베풀었다.

형벌 제도가 존재했다고 하지만 구체적 조항이 없고 360여 가지 일이 무엇을 가리키는지도 밝히지 않고 있다.

『한서』「지리지」에는 기자조선의 법률에 대한 기록이 있다. 범금팔조犯禁八條라고도 하고 기자팔조범법箕子八條犯法이라고도 하는데 3개 조항만 있을 뿐 나머지 5개 조항은 찾을 수 없다.

은나라의 도가 쇠퇴하자 기자箕子가 조선으로 가서 그 백성들에게 예의와 농사, 누에치기, 길쌈을 가르치고 낙랑, 조선 백성의 범금팔조犯禁八條를 제정했다. 사람을 죽인 자는 그 자리에서 죽이고 남을 해한 자는 곡식으로 배상하며 도둑질한 자는 주인의 노예로 만든다. 자속自贖하려는 자는 50만 전을 내게 한다. 그러나 비록 노비가 변하여 평민이 되더라도 사람들은 이를 수치스럽게 여겼다. 여자는 배필이 없는 남자와 결혼했다. 이 때문에 그 백성들이 도둑질을 하지 아니하므로 문단속을 하지 않으며 부인들은 정숙하고 음란하지 않았다.[101]

기자조선은 재야사학자들에 의해 한국 고대사에서 추방된 국가이다. 이 국가의 법률을 단군조선의 법률로 둔갑시킨 의도는 무엇인가. 한마디로 단군조선에는 법이 없었기 때문이다. 기자조선의 법을 표절하고도 모자라 급기야 누락된 5조를 조작하기에까지 이른다.

1. 너희는 오직 한 분이신 하나님을 정성을 다해 섬기라.

2. 너희는 부모를 공경하라. 너희 어버이는 하늘에서부터 온 것이니 너희의 어버이를 공경하라. 이는 능히 하늘을 공경하는 것이다.

3. 너희 남녀들은 화합할 뿐 미워하지 말고 투기하지 말며 음탕하지 말라.

4. 너희는 서로 사랑하고 도와라. 서로 헐뜯거나 죽이지 말라.

5. 너희는 서로 양보하며 경작하라. 너희들끼리 서로 빼앗거나 훔치게 하지 말라.

6. 너희는 사납고 교만해져서 사물을 상하게 하거나 다른 사람을 다치게 하지 말라. 서로 항상 존중하여 너희 하늘 본보기를 따라 사실을 사랑하라.

7. 너희는 위태로움을 돕고 어려움을 구제하라. 약함을 업신여기거나 천하다고 업신여기지 말라.

8. 간사함을 품지 말고 악함을 숨기지 말며 재앙을 감추지 말라. 마음으로 능히 하늘을 공경하고 백성을 가까이 하면 너희는 이미 복록이 한없을 것이니라.

『규원사화』에 기록된 이른바 고조선의 법률이라고 한다.

이는 법조문이라기보다는 종교적 설교나 도덕적 훈계에 더 가깝다. 법이란 범죄의 경중에 따라 그에 해당하는 처벌을 규정해 놓은 것이다.

『규원사화』는 편찬자와 편찬 연대가 분명하지 않고 선민選民, 천주天主, 문화文化 등 현대 표현들이 많아 위작僞作으로 의심받고 있는 문헌 자료이다. 저술 연대가 숙종 2년인 1676년이라고 하지만 천주교가 이승훈에 의해 1783년 중국에서 한국에 들어온 걸 보아 신빙성이 없다. 『규원사화』를 천주교의 전개와 연결시키는 건 범금 8조 내용이 구약 성경의 《출애굽기》 20장 1~17절에 있는 십계명의 내용과 거의 일치하기 때문이다.

십계명의 내용은 다음과 같다.

하나님의 이름을 망령되이 일컫지 말라.

안식일을 기억하여 거룩하게 지키라.

네 부모를 존경하라.

살인을 하지 말라.

간음하지 말라.

도둑질하지 말라.

네 이웃에 대해 거짓증거하지 말라.

네 이웃을 탐내지 말라.

십계명의 내용을 거의 그대로 옮겨놓았음을 알 수 있다. 종교적 설교의 특징은 범죄 발생 이전의 예방에 주안점을 두는 데 반해 법률은 범죄 발생 이후의 처벌에 주안점을 둔다고 할 때 규원사화가 주장하는 고조선의 법률은 표절, 조작을 논하기 전에 먼저 법적 개념으로 이해할 수 없다. 이로 보아 『규원사화』의 저자라는 북애노인北崖老人은 천주교 신자인 듯싶다. 지난날 한국에서 기독교나 불교 등 종교가 거의 전부 민족주의 성향을 강하게 띠고 있었다는 점을 감안할 때 더욱 설득력이 추가된다. 민족주의는 "민족정신 고취"와 "민족의 이익"을 명분으로 역사를 부풀리는 비학문적 태도를 일관해왔다.

고조선의 8조금법이 기자조선의 법률이고 민족주의 종교인들에 의해 조작된 것이라는 사실을 인정하지 않고 역사적 사실이라고 하더라도 문제는 여전히 존재한다.

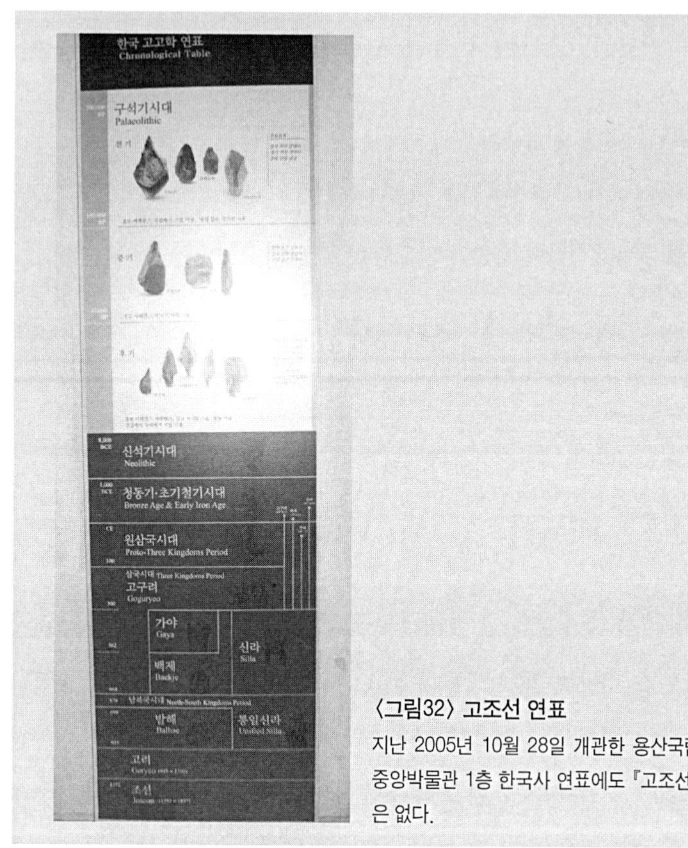

〈그림32〉 고조선 연표

지난 2005년 10월 28일 개관한 용산국립 중앙박물관 1층 한국사 연표에도 『고조선』 은 없다.

재야사학자들의 주장에 의하면 고조선은 요임금 즉위 50년 뒤에 건국되었다고 한다. 요임금이 전설 속의 인물이 아닌 역사 실존 인물이라고 가정하면 단군조선과 당요제국은 같은 시대에 존재하는 두 개의 나라였을 것이다. 그렇다면 요임금 시절의 중국 법률을 비교해보자.

1. 귀양살이로 얼굴에 먹칠을 새기는 형벌.

2. 코 베는 형벌.

3. 발을 자르는 형벌.

4. 불알 까는 형벌.

5. 사형.

상술한 다섯 가지 형벌은 요임금 치세에 수립된 형법이다. 이 다섯 가지 형벌을 순임금이 너그럽게 개정했다. 귀양살이, 회초리로 때리는 벌(관청형벌), 종아리 치는 벌(학교형벌), 금전으로 속죄하는 형벌 등 다섯 가지 방법을 형벌의 보충규정으로 삼았다. 이때 처음으로 범죄를 과실범죄, 고의범죄, 상습범죄 등으로 구분하고 이에 상응한 가중처벌 또는 경감처벌의 원칙을 규정했다.

이 모든 법은 순임금이 20년 동안 요임금을 보좌하여[102]정무를 처리할 때 입법한 것이다. 그러니까 요임금 재위기간에 집행된 법률이다. 고대의 형법치고는 너무 구체적이고 전문적인 실정법인데 반해 고조선의 법은 추상적이고 일반적이다.

결국 단군조선에는 국가 유지의 필수전제인 법률마저도 변변한 것이 없었음을 알 수 있다.

고대국가 형성에서 치산치수는 입법 못지않은 필수조건의 하나이다.

치수는 홍수나 가뭄로 인한 주민의 유실을 막고 국토에 정착하게 하여 자연재해를 극복하고 생산량을 확보하며 원활한 교통과 민심 결집을 도모하는 국가적 시책의 중요한 일환이다. 치수에 의한 자연재해의 극복은 임금의 덕행과 맞물려있을 뿐만 아니라 국가의 생존과도 직결되기 때문이다.

사록史錄에 의하면 요임금 때에 기나긴 대홍수가 있었는데 자그마치 22년간이나 지속되었다고 한다.

그 당시 중국 땅은 온통 홍수의 피해를 입어 상황이 참으로 비참했다. 대지는 물로 가득 차 백성들은 살 곳을 잃어버렸고, 살 곳을 잃은 그들은 노인네와 어린아이들을 이끌고 이리저리 떠다니는 수밖에 없었다. ……
논과 밭은 홍수의 거센 물길에 휩쓸려가 버렸고 오곡도 모조리 물에 잠겨 못 먹게 되었다. ……
인간들은 배고픔과 추위 때문에 죽어갔고, 다행이 살아남게 되어도 동물들의 횡포에 죽어가야 했다. 사람들의 숫자는 나날이 줄어들어갔다.[103]

고대에는 유달리 수재로 인한 피해가 많았다.

『성경』 기록을 비롯하여 세계 여러 나라 신화와 전설들에 모두 대홍수에 대한 이야기가 구전되고 있음을 보아도 홍수가 인간의 생명을 얼마나 위협했는지 추측할 수 있다.

그 원인은 고대에는 인간에게 홍수를 비롯한 자연재해를 다스릴 역량이 없었기 때문이다. 국가 형성 이전의 구석기, 신석기시대에는 숫자가 적은 무리사회의 이동생활이 위주였기에 공동체의 거대한 인력 결집과 강도 높은 상명하복의 권력체계를 요청하는 치수부역을 진행할 수가 없었다. 본격적인 치수역사役事는 농경에 의한 정착생활과 권력의 축적에 따른 국가의 형성과 동시에 시작되었다. 최초 국가의 첫 번째 사업은 치산치수였다.

홍수는 국가의 근본이 되는 주민들을 수재민으로 만들어 국토를 떠나 타지로 유랑하게 만든다. 치수사업이 선행되지 않으면 백성들은 국가를 이탈하게 되고 그러면 국가는 자연히 붕괴될 수밖에 없다. 치수가 안 된 부족은 건국은 둘째 치고 자그마한 집락조차 구성할 수 없다.

이러한 이유 때문에 요임금은 곤을 파견하여 9년간 홍수를 다스리도록 명한다. 그러나 진흙을 사용하여 물길을 막는 언장堰障 방법을 택한 곤은 결국 치수에 실패하고 요임금(혹은 순임금)에 의해 우산羽山에서 죽임을 당한다. 선정, 덕치로 유명한 요임금이 곤을 처형까지 한 사실만을 보아도 당시 국가의 치수사업이 얼마나 중요했는가를 알 수 있다.

그러나 고조선에는 홍수 기록도 없거니와 치수사업에 대한 어떠한 사록史錄도 남아있지 않다.

요임금을 이은 순임금은 곤의 아들 우禹에게 치수사업을 일임한다. 현명한 우는 물길을 트는 방법을 써서 치수에 성공한다.

우는 홍수를 다스리느라 구주의 땅과 천하의 온갖 나라들을 다 돌아다녔다. 동쪽으로는 부목까지 갔는데 부목은 바로 부상扶桑으로 태양이 떠오르는 곳이다. ……

남쪽으로는 교지交阯까지 갔는데 교지는 바로 지금의 베트남이다. ……

북쪽으로는 인정국人正國과 견융국犬戎國, 과부국夸父國, 적수산積水山, 적석산積石山에 갔으며 하해夏海와 형산衡山에도 갔는데 이곳은 이제 고찰해볼 수 없으나 아마 북극의 황야가 아닌가 한다. ……

<그림33> 우禹의 치수治水
치수는 물길을 다스릴 뿐만 아니라 집단노동을 통한 사회조직력과 권력 서열 체
계를 확립할 수 있는 중요한 계기가 되기도 한다.

북방의 황야에서 더욱 길을 잃어버려 더더욱 북쪽으로 가게 되었다. …
그곳은 바로 종북국終北國이었으며 북방에서도 가장 먼 곳에 있는 나라였
다.104

우의 족적은 남으로는 베트남, 북으로는 북쪽이 끝나는 나라에까지
찍혔다. 우가 천신天神, 태장太章, 수해竪亥를 시켜 측량한 대지의 면적
은 무려 2억 3만 3천 5백 리 75보라고 한다. 중국사학자들이 만일『단
군신화』의 내용을 역사로 둔갑시킨 재야사학자들 같으면 요임금이 다
스리던 중국의 영토가 남으로는 베트남에서 북으로는 북극에 이르는
대제국이었다고 주장할 만한 기록이 아닐 수 없다. 그러나 그들은 다
행이도 요임금은 전설 속의 인물이지 실존인물이 아니라고 보고 있
다.

그런데 한 가지 이상한 것은 고조선은 요임금 때의 국가라는데 아무 데도 보이지 않는다는 사실이다. 뿐만 아니라 당시 전 세계를 휩쓸었던 대홍수에 대한 기록도 일절 보이지 않는다.

이처럼 우의 족적이 찍힌 땅이 곧 요임금이 통치하던 고대 중국의 영토라고 단언할 수 없는 이유는 그것이 진실에 근거한 역사적 사실이 아니라 허구에 근거한 신화, 전설이기 때문이다. 더 이상 신화와 전설을 역사 연구의 텍스트로 대용하지 말아야 하는 이유가 여기에 있다. 신화와 전설은 치자治者나 건국시조의 업적을 부풀리기 위해 사실을 과장, 확대한 것이기 때문이다. 우가 홍수를 다스린 전설과 마찬가지로『단군신화』도 역사의 굴레를 벗겨 신화의 고향으로 돌려보내야 할 것이다.

고조선은 고대국가의 선행과업인 치수의 기록이 없을 뿐더러 한반도와 요동, 연해주를 포함하는 거대 제국으로서 반드시 있어야 할 성터 유적 하나 발굴되지 않고 있다. 도읍지 같은 건 발굴되어야 명실상부한 대제국의 존재가 입증될 것이 아닌가.

중국의 은나라는 얼마 전까지만 해도 전설 속 존재로 인지되어 현실 존재가 부정되던 고대국가였다. 그러나 최근 하남성 교외에서 4천 년 전 은왕조의 유적이 발굴되면서 실재한 국가였을 가능성이 학계에 부각되었다. 서기전 21~16세기 은왕조의 다스구문화 유적지가 서기전 21~17세기 청동기시대의 일부인 중후기 얼리터우二里頭 문명의 거대도시였다는 사실이 확인되었다. 다스구성 유적지는 51평방km에 달한다. 이 고대 도시는 주요 군사도시였거나 은왕조 속국의 도읍지였을 것으로 추정된다. 성벽 유적은 2~3개의 토양층으로 쌓였으며 이는 성벽이 여러 개 개축되었음을 의미한다. 기원전 16~11세기의 은왕조 초기의 해자도 이번에 발굴되었다.

이보다 앞서 섬서성 상주 부근에서는 3000년 전 하(은)나라 초기 유적이 발굴되기도 하였다.

주周, 상商, 하나라 말기 문화유적 발견에 이어 유적의 서쪽에서 400 평방km에 달하는 하나라 초기 고층문화유적이 발견되면서 전설 속의 베일에 가려졌던 은왕조의 존재가 그 화려한 모습을 드러내며 역사의 무대에 등장하기 시작했다.

중국 고대 국가인 은나라 수도로 2백 수십 년간 지나온 하남성 안 양현安陽縣 소툰小屯 은허 유적도 은나라의 실체를 입증한다.

그러나 고조선의 영역에서는 대제국의 존재를 입증할 만한 아무런 유적 발굴도 이루어지지 않고 있다. 기자조선, 위만조선의 존재를 거 부한다면 달랑 『단군신화』하나뿐이다. 그 어떠한 국가 형성 과정도 거치지 않고 건국의 필수조건마저 결여된, 이름뿐인 대제국-고조선, 기원전 2333년에 존재했다는 단군조선은 그의 존재를 입증할 만한 유 물이 발굴되기 전까지는 전설로만 남아있을 수밖에 없는 운명이다. 적어도 청동기 이전의 고조선의 존재는 지독한 민족주의가 만들어낸 유치한 허구일 따름이다.

2. 비파형 동검의 정체

하나의 문화현상을 특정 민족과 국가의 존재와 결부시키는 사고방 식은 고고학 연구의 한계점을 드러내는 원인이다. 문화현상은 시공간

속에서 형성되는 역사적 범주이다. 민족의 이동과 국가 개념이 엄격하지 않았던 고대의 문화현상은 더구나 민족과 국경을 초월한다. 문화와 민족 내지는 국가의 형성이 단선적이고 인과적인 연결보다는 복합적이고 우연적인 불일치의 양상을 띤다는 새로운 이론은 침체된 고고학 연구에 활기를 불어넣을 것이다.

비파형 동검과 고인돌문화의 다민족 공유 현상

고조선의 영역을 입증하는 증거물인 비파형 동검은 예맥濊貊뿐만 아니라 산융山戎과 동호東胡가 함께 공유한 청동기 문화 현상이다.

비파형 동검이 가장 집중적으로 출토된 곳은 요서지역의 하가점 문화(내몽골 적봉)인데 이곳의 주인은 나중에 융적戎狄(산융), 융호戎胡(동호)를 형성한 선조들이다. 이런 연고로 혹자는 만주지역 비파형 동검 문화를 동호문화라고 주장하기도 한다.[105]

어쨌든 이 동이주의자들 즉 중산도와 단군학회는 중국이 고구려사를 강탈하고 일본이 독도를 강탈했다고 말하며 자신들은 빼앗기기만 했다고 하는데, 사실 그들도 강탈한 게 있어요. 바로 요령지방의 문화인 신락문화, 홍륭와문화, 홍산문화, 하가점문화입니다. 이 문화는 사실 동호인들의 문화이고 동호인은 철륵인에서 파생된 민족이지 동이족의 일파가 아닙니다. ……

예맥인이 동이인이라고 우기지만 사실 예맥인들은 동호족입니다. ……

그러므로 동이족의 문화 영역은 산동지역이고 요령지역은 바로 동호족의 문화 영역입니다.[106]

(고)조선의 주도세력이 동호족이었다는 것은 후대의 역사적 사실로 뒷받 침되는데 …… 조선이 멸망한 후 조선의 법 제도를 계승한 것은 예맥 계열 이 아닌 동호 계열이다. …… 국사책에도 자주 등장하는 고조선의 8조 금 법은 예맥 계통인 부여, 고구려, 옥저, 예, 백제 등 어디에서도 등장하지 않지만 동호 계통의 거란에서는 계속 사용되고 있었다. 또한 예맥 계통의 나라들의 사서에서는 조선 계승 의식을 표방하고 있지 않으나 동호 계통 의 거란에서는 자신들이 조선의 후예임을 명백히 밝히고 있다.[107]

동호족은 요서지역에 거주하면서 오환烏桓, 선비鮮卑, 거란契丹, 실위 室韋 등 4개 계열로 뻗어나갔다. 오환과 선비는 한대말 16국 시기에 비파형 동검이 대량 출토된 조양시朝陽市를 중요 활동 거점으로 삼고 있었다. 동호족의 후예로 거란은 후에 강대한 요나라를 건설하고 요 서, 요동 땅을 호령했으며 한반도를 정벌하기도 했다.

비파형 동검은 예맥족이나 동호족 등 어느 특정 민족이 독점한 문 화가 아니라 요서지역을 중심으로 활동하던 산융, 동호족의 문화이면 서 동시에 요동, 한반도를 활동 반경으로 한 예맥족이 공유했던 청동 기문화현상이다.

고인돌은 예맥족 즉 고조선만의 특유한 문화가 아니라 요동을 주 활동무대로 삼던 예맥족의 문화이면서 동북지역에 공존하던 산융, 동 호 등 여러 민족들이 공유한 문화이다.

고조선의 국가 법률이라는 금문팔조는 동호족의 후예인 거란족이 지금도 사용하고 있다. 러시아 거주 에벤키족도 이와 유사한 금법을 사용하고 있다. 이 점은 고대 종족과 국가들의 문화 공유 현상을 잘

<그림34〉 비파형 동검과 분포도

좌로부터 비파형 동검. 세형 동검. 중국식 동검이다.

설명해준다. 신화와 전설은 물론 풍속과 언어에 이르기까지 문화 전반에 걸쳐 요서, 요동, 한반도, 연해주지역에 살던 민족들은 오늘날까지도 유사성을 보이고 있다. 고대에는 이동과 왕래가 자유자재였기 때문에 문화의 전파도 그만큼 자유로웠을 것이다. 종족들 간의 전쟁, 통혼에 의한 분리와 융합 과정도 여러 종족들의 문화 공유에 일조했을 것으로 추측된다.

고대국가의 영역

고대국가의 특성은 국경선의 엄격한 구분이 없었다는 점이다.
그 원인은 여러 가지가 있다.

① 교통이 발달하지 못한 점
② 인구가 적은 점.
③ 마을들이 성城으로 형성된 점.
④ 국경선 확정이나 경비가 허술한 점.

교통의 미발달은 국경선 관리의 허점으로 이어진다. 변방 경비의 상비군 배치와 군량의 운송 및 명령 계통 모두에서 어려움이 존재하기 때문이다. 그 대안으로 나온 것이 국경 경비보다는 방위 반경을 축소한 형태의 성읍 경비 체계, 자연 방어물에 의한 성벽 축조나 해자 설치와 같은 군사 시설물들이었다. 후자의 경우 청동기시대에는 거의 아무런 방어시설도 없이 무방비상태였을 가능성이 많다. 수많은 인부의 동원과 장기간의 역사役事 과정을 감당할 만한 여건이 고대국가에는 결여되었기 때문이다.

고대에는 땅은 넓고 인구가 적었기에 마을과 마을 사이의 거리가 굉장히 넓었을 것으로 짐작된다. 그리하여 영토 방어는 성읍 방어를 의미하는 것이기도 했다. 성읍의 백성들은 낮에는 들로 나가 농사를 짓고 저녁이 되면 성 안으로 돌아오는 생활을 반복했다.

인구가 적다는 것은 인간의 발길이 미치지 못하는 무인지대가 많았음을 의미한다. 이러한 원시림 속에는 호랑이, 늑대와 같은 산짐승들이 득실거렸을 것이니 타국의 침입자들만큼이나 짐승의 위협도 컸을 것이 틀림없다.

당시 국경의 개념은 오늘날처럼 양국 간의 합의에 의한 엄격하면서도 구체적인 경계에 의한 구분이 아니라 성읍의 분포에 의한, 또는 강이나 산줄기 등 천연 자연물에 의한 추상적이고 불분명한 개념이었다.

사람의 발길이 미치지 못하는 지역에는 주인이 없는 텅 빈 공간—권력공백지대가 형성되고 인적이 드문 곳은 산짐승들의 생존 공간이 되었다. 실제로 권력공백지대나 무인지대는 국경지대뿐만 아니라 하나의 국가 안에서도 몇 백 리, 심지어는 몇 천 리씩 국가의 통제권에서 배제되어 황량한 지대가 펼쳐졌다. 실제로 동호와 흉노의 국경 사이에는 2천 리가 넘는 무인지대가 있었다는 역사 기록이 있다.

국경을 넘어 이웃나라로 가자면 말을 타고 며칠씩 달려야 했다. 오늘 날처럼 국경 경비나 통관 검색 절차 같은 것도 없었다. 월경하고 싶으면 언제라도 가능했다.

종족들의 활동 영역은 이러한 권력공백지대와 무인지대를 코스로 부단히 이동했다. 특히 자연재해, 내란, 흉작, 전쟁 등을 피하기 위한 종족들의 이동은 그 활동 영역의 반경과 중심을 구조적으로 해체하며 다른 종족의 영역과 교차, 중첩, 공존 등 변화를 촉진하는 기폭제가 되었다.

문화는 종족들의 이동노선을 따라서도 전파되지만 그밖에 전쟁의 승패, 기술의 이동, 부족 간의 통혼 등의 과정을 거쳐서도 다른 지역으로 전파 또는 중첩, 교환, 융합된다. 어떤 역사적 순간에는 특정 민족이나 국가의 영역이었던 곳이 다른 순간에는 전혀 다른 민족의 활동 공간으로 편입되거나 공동 활동 구역으로 되기도 한다. 민족, 국가와 영역은 시간상에서만 상이할 뿐 공간상에서는 동일할 수 있다는 가설이 비로소 성립할 수 있는 것이다. 시간을 초월한 영역의 공유는 서로 다른 민족들의 동일한 문화 공유를 가능케 하는 밑거름이 되기도 한다.

고조선의 영역이 시공간적으로 상고사 전부를 관통하여 요서, 요동, 한반도, 연해주지역이었다면 흉노와 동호, 한사군의 영역은 도대체 어디에 있었다는 말인가.

요동의 일부 지역이 (요서는 제외) 위만조선의 영향 아래 편입되었던 시기는 넓게 잡아보았자 고작 B.C. 4~3세기의 중국 전국시대로서 지속시간은 대략 100여 년에 불과하다.

한국에서 건립된 국가들이 요동의 중심부를 장기적으로 점유, 지배한 적은 한 번도 없었다. 그렇다고 해서 한국과 요동이 정치적로나 종족적으로, 문화적으로 서로 무관했던 것은 물론 아니다. [108]

위만조선은 요동의 동쪽 땅에 영향력을 행사했으나 재야학계가 위만조선의 존재를 부인함으로 안타깝게도 그 영광의 역사마저 덩달아 묻혀버릴 수밖에 없게 되었다.

비파형 동검과 북방 샤머니즘

비파형 동검은 고인돌무덤, 적석총과 더불어 고조선의 유물로 불려지고 있다. 이 비파형 동검에 대해 자세히 검토해볼 필요가 있다.

요령식 동검은 그 형태가 현악기의 하나인 비파琵琶와 비슷해 '비파형 동검'이라고도 부르며 날 부분이 곧지 않고 휘어져있어 '곡인曲刃 청동단검'이라고도 부른다. 요령식 동검의 특징은 날이 있는 부분이 S형으로 휘어져있고, 칼 몸과 손잡이 그리고 손잡이 끝에 달리는 칼자루 끝장식劍把頭師이라고 하는 장식이 각기 따로 제작되어, 이들을 결합하여 사용하게끔 되어 있는 조립식 동검이라는 점이다. ……

이 동검의 전형적인 형태는 칼 몸 양날의 위쪽이 튀어나와 돌기를 형성하고 있고 그 아래쪽은 좁아들다 다시 둥글고 넓게 퍼져있는 모양이다. 또 등대라고 하는 칼 몸 중앙에 있는 등골뼈 같은 곳에는 척돌脊突이라고 하는 튀어나온 부분이 있으며, 손잡이와 결합되는 슴베는 긴 편이고 측면에 얕은 홈을 낸 것도 있다.[109]

중원 동검이 양날이 기본적으로 평평하고 곧으며, 검의 손잡이와 검신 부분이 한 몸으로 주조되었고, 몸체가 비교적 길며, 대부분 검격劍格과 검수劍首가 있는 동검으로, 몸체에는 등대(주척柱脊)와 피홈血槽이 없는 것이 특

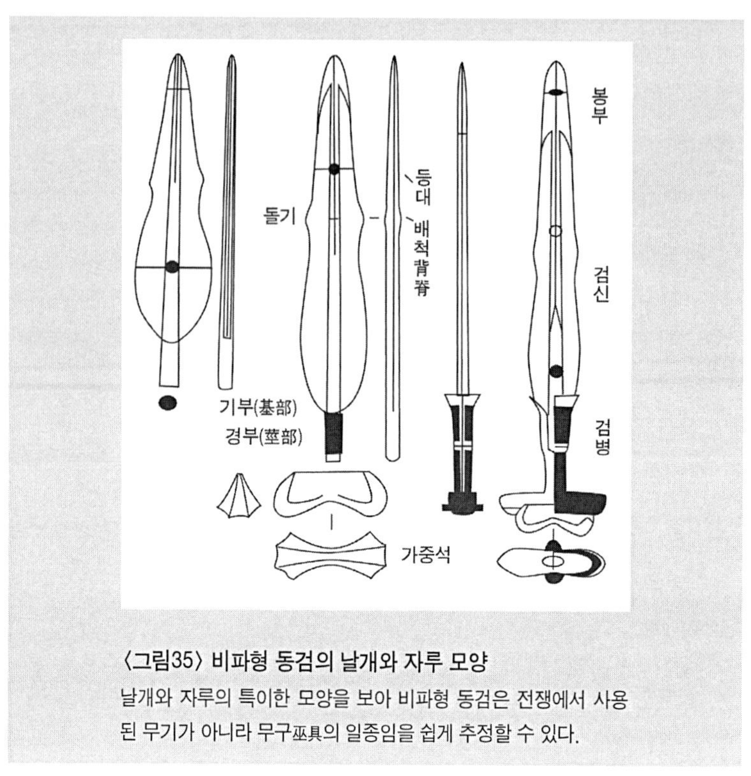

〈그림35〉 비파형 동검의 날개와 자루 모양

날개와 자루의 특이한 모양을 보아 비파형 동검은 전쟁에서 사용
된 무기가 아니라 무구巫具의 일종임을 쉽게 추정할 수 있다.

징인데 …… 반해 비파형 동검은 검격과 검수가 없으며 검신에는 등대가
있고, 날 부분인 인부는 호선으로 굽어져 있거나 거의 직선이고, 검신과
별도로 주조하여 붙이는 별주식別鑄式형 검 손잡이와 손잡이에 석질가중
기石質加重器가 있다.[110]

귀납하면 비파형 동검의 특징은 세 가지이다.

날이 S자형으로 배가 부르다.

검신 중앙부를 가로지르는 두 개의 마디가 있다.

검 자루劍把는 별도로 제작하여 ‘⊥’자 형태로 되어있는데 검 몸과 검 자루를 따로 주조하여 결합시켰다.

이러한 특징들은 무엇을 의미하는가.

칼날이 비파처럼 배가 부르게 제작되었다는 점은 이 칼이 전쟁에서 사용하는 무기로는 불편하다는 점을 암시한다. 중국식 청동검은 적을 살상하는 데 편리하게 검신이 좁고 양쪽 날개가 평면질서를 이룬다. 검 자루는 검신과 동시에 주조되어 휘두르고 찌르고 뽑는 데 편리하다.

그런데 비파형 동검은 칼날의 배가 불러 부채형을 이룬데다 검신 중앙부를 횡단하는 양각 형태의 마디(그것도 두 개씩이나)가 추가되어 전쟁터에서 적의 목을 베기도 불편하고 찌르고 뽑는 데도 불편한 형태를 취하고 있다. 게다가 자루는 검신과 별도로 주조되었는데 그 형태가 특이하게도 ‘⊥’자 모양이다. 사람이 자루를 쥐고 쳐들 수도 있고 땅에 받쳐 세워놓을 수도 있게 되었는데 전쟁터에서 장군이나 군사들이 살상무기로 사용하기에는 아무래도 불편해 보인다.

결론은 간단하다. 비파형 동검은 전쟁에서 사용되던 무기가 아니라 무당이 샤머니즘의식 때 사용하던 무구巫具의 일종이라는 것이다. 그것이 칼의 형태를 가진 건 무당의 권위를 상징하기 위함이고 그것이 부채 형태를 가진 건 무당의 신성함을 상징하기 위함이다. ‘⊥’자형의 특이한 자루는 칼을 제단에 받쳐 세워둘 수 있게 함이다.

날개 부분의 ‘{’은 눕혀보면 ‘〜’의 형태가 된다. 본서에서는 이것이 하늘을 상징하는 구름의 형상이라고 본다. 예리한 날과 날카로운

<〈그림36〉 청동검과 청동거울 그리고 청동방울
청동검과 청동거울 그리고 청동방울이 함께 출토된다는 사실
은 청동검이 무구巫具라는 점을 진일보 입증해주고 있다.

칼끝은 악령을 처단하는 작용을 했을 것이다. 지금도 무당이 굿을 할 때 사용하는 무도巫刀는 이런 역할을 한다. 중앙의 수직선은 천상과 자연을 오르내리는 신의 통로이고 중앙부의 두 개의 가로선은 하늘을 오르는 구름계단을 표시한다. 옛사람들은 하늘에 계단이 있다고 믿었다.

단검短劍 숭배 의식은 북방 유목민에게서 보이는 보편적인 현상이다. 사실 무기를 몸체로 삼는 단검 숭배 의식은 스키타이나 흉노뿐만 아니라 여타의 북방 유목민족들에게도 관찰되고 있다. 또 이 단검 숭배 유습은 현재 몽골의 일부 오보에 장식된 물품(무기류)에서도 관찰되듯이 여전히 북방 민족 사이에 끈끈한 맥을 이어가고 있다.111

한국 무속의 대감거리, 군웅거리, 타살거리에서 무기를 세운 뒤 그 위에
희생양을 바치는 행위는 형태나 의미 면에서 고대 북방 민족들의 아키나
케스 단검 숭배 의식과 연관을 가질 연관성이 높다.[112]

비파형 동검이 무구巫具라는 것은 이 동검과 함께 청동거울과 청동
방울이 동시에 발굴된다는 사실에서도 입증된다. 청동거울과 청동방
울은 지금도 샤먼 의식에서 사용되는 중요한 무구巫具이다.

신석기시대의 동검과 동경銅鏡이 함께 발굴된다.[113]

한반도에서도 화순 대곡의 석곽무덤에서 출토되었다. 이 무덤에서
출토된 청동방울, 청동거울, 팔주령 등 부장품은 무당이던 무덤 주인
이 생전에 사용하던 무구巫具들로 추정된다.

무덤에는 단검과 함께 청동거울과 방울이 묻혀 있어 청동기문화의 대표적
인 유물이 되고 있다.
거울은 무늬가 비교적 거친 소위 조문경粗文鏡으로부터 세련되고 정교한
세문경細文鏡으로 발전해 갔다. 보통 거울과 달라 거울 면이 오목하게 돼
있어 얼굴을 비쳐보는 거울이 아니란 걸 알 수 있다.
방울은 자루가 달린 것, 닻 모양의 것, 방울 수효가 두 개에서 여덟 개에
이르기까지 가지각색의 양식을 보여주고 있다. 청동기시대 후기의 유적
으로 알려져 있긴 하지만 경주 입실리入室里에서는 동검과 함께 다섯 가지
의 청동거울이 나왔고, 상주군의 낙동강洛東江가에서는 7개의 방울이 나왔

다. 청동방울은 남한뿐만 아니라 한반도 전역에서 나오고 있다.

지금의 무당들 사이에서는 이들 대표적인 청동유물 세 가지가 모두 중요한 대표적 무구로 돼 있다. 청동거울은 '명도明圖'라고 해서 신령의 얼굴로 생각되는 것이다.[114]

일부 학자들은 북방식 고인돌무덤도 무덤이라기보다는 샤머니즘의식을 거행하던 장소였을 가능성이 더 크다고 보고 있다. 비파형 동검은 전쟁에서 무기로 사용되었을 가능성을 배제할 수는 없지만 그보다는 무당이 샤머니즘의식을 거행할 때 사용하던 무구일 가능성이 더 많다.

이처럼 북방 고대문화는 북아시아를 활동무대로 하는, 여러 민족이 공유한 문화이다. 비파형 동검도 그 중의 하나이다. 고조선의 독점 문화가 아니라 산융, 동호 등 여러 민족들이 공동으로 소유한 문화이다.

고인돌문화도 예외는 아니다.

■ 주

1 『무당내력』서울대규장각소장본. 작은 책의 (가로 17cm 세로 21cm 14면) 서문. 도서번호 古1430~18.

2 『단군세기』는 고려시대 이암이 지은 것이라고 전해지고 있다.

3 『북부여기』는 이암과 비슷한 시대의 인물인 범장이 지었다고 전한다.

4 일연은 『삼국유사』에서 『단군신화』의 출처를 『위서』로 밝히고 있으나 이상하게도 『위서』에서는 『단군신화』의 내용을 찾아볼 수가 없다. 다른 출처인 『古書』는 그 실존 여부조차 확인할 길이 없는 전설 같은 문헌이다. 이외에 『환단고기』와 『규원사화』에서도 『단군신화』의 기록이 보이는데 강단사학계는 이 두 문헌을 역사서로 인정하지 않는다.

5 별례기은도감은 국가의 재앙을 덜기 위한 관청이다.

6 산천비보도감은 미신에서 나온 무당 관련 업무를 관장하는 관청이다.

7 『한국신화의 연구』서대석. 집문당. 2001. 7. 10. pp. 38~39.

8 『요동사』김한규. 문학과 지성사. 2004. 2. 13. p. 16.

9 동상서.

10 최남선의 「불함문화론」의 주장에 따르면 이른바 중앙아시아로부터 한반도와 일본 등을 포함하는 지역에 밝사상 중심의 신앙과 사회조직을 가지는 종족들이 白山을 중심으로 분포되었다고 한다. 그러나 『고려도경』에 나타난 360개 고려시대 어휘에는 단군은 물론 박달나무에 대한 단어도 없다. 자신의 문자조차 없었던 민족이 「밝사상」을 가지고 있었다니 누가 믿겠는가. 그리고 『무당내력』에서는 단군 발상지를 요동이나 요서가 아닌 「백두산」과 「묘향산」으로 밝히고 있다.

11 『새로운 한국사』윤내현, 박성수, 이현희 공저. 집문당. 2005. p. 64.

12 곰이 마늘과 쑥을 먹고 인간이 되기까지의 시간은 겨우 100일이었다.

13 『새로운 한국사』윤내현, 박성수, 이현희, 공저. 집문당. 2005. p. 62.

14 『韓國古代社會文化硏究』鄭璟喜 著. 一志社. 1990. 4. 30. p. 20. 『巫俗상으로 본 檀君神話』《史學硏究》20號. 金泰坤. pp. 169~192.

15 『중국신화전설』袁珂. 전인초, 김선자 옮김. 민음사. 2004. 4. 10. p. 363.

16 『불사의 신화 사상』정재서. 민음사. 1994. pp. 92~96.

17 『三國史記』제17권. 「고구려본기」제5. 東川王. 二十一年春二月 王以丸都城經亂 不可復都 築平壤城 移民及廟祠 平壤者 本仙人王儉宅也 或云王之都王儉.

18 『三國史記』校譯者 李丙燾. 乙酉文化社. 1977. 6. 20. p. 267.

19 『韓國의 神仙思想』韓國道敎文化學會 編. 동과서. 2000. 4. 12. p. 130.

20 北厓老人. 趙汝籍. 『규원사화』靑鶴集 아세아문화사. 1976. p. 152.

21 『단군전설에 대하여』오다 세이코(小田省吾).

22 『檀君考』이마니시 류(今西龍).

23 『三洞王朱襄』권3. 4b의「金間玉字經」

24 『장자』「大宗師」

25 『道教史』구보 노리타다 지음. 최준식 옮김. 분도출판사. 2000. p. 45.

26 초기 신선들의 직업은 떠돌이 약장사, 거지, 점쟁이, 거울 가는 사람(磨鏡人) 등이라고 한다.
   신선이 하는 일은 주로 治兵이다. 환웅이 곰에게 약 처방을 (쑥과 마늘) 내리고 불임증과 피
   부병을 치료하는 記述은 '초기 신선의 직업인 약장사'를 떠올리게 한다.

27 『몽골문화와 자연지리』박원길 저. 두솔. 1996. 4. 24. p. 87.

28 『고고학과 자연과학』-토기편. 최몽룡, 신숙정, 이동영. 서울대학교출판부. 1996. 5. 20. p.
   275.

29 후지타 료사쿠(藤田亮策). 교토제국대학 출신. 조선총독부 고적조사위원.

30 도자기는 영어로는 pottery · ceramic이고 독일어로는 keramik이다.

31 상택문화 북염두유적의 가옥 구조를 보면 가옥 내에 1개 또는 2개를 지하에 묻어둔, 배가
   깊은 土製단지가 있는데 토기 안에는 재와 숯 등이 들어있었다. 이것은 불씨를 보존하던 곳
   이다. 趙賓福 著. 崔茂藏 譯.『중국동북신석기문화』집문당. 1996. 4. 1. p. 74.

32 다른 자료에서는 700° ~800° 라고도 한다. 미사리토기들이 구워진 온도 범위는 550° 까지
   하강한다.『고고학과 자연과학』-토기편. 최몽룡, 신숙정, 이동영, 서울대학교출판부. 1996.
   5. 20. p. 277.

33 동상서. p. 279.

34 『조선통사』상. 사회과학원역사연구소. 오월. 1988. 9. 15. p. 21.

35 철, 코발트, 니켈, 망간 등을 말한다.

36 재의 주성분은 규석질 즉 실리카sio2이다. 산화성분도 충분하다.

37 땔감의 차이는 불길의 세기와 지속되는 시간뿐만 아니라 구워낸 토기의 결과에도 영향을 미
   친다.

38 고대에는 토기가 가족 단위나 마을 단위로 제작되어 匠人수가 상당히 많았을 것으로 간주된
   다.

39 『고고학 자료로 본 고대 시베리아의 예술세계』몰로린 v.l 저. 강인욱 역. 주류성. 2003. 7.
   3. p. 52.

40 『조선통사』상. 사회과학원역사연구소. 오월. 1988. 9. 15. p. 22.

41 스칸디나비아반도, 러시아 중서부, 시베리아, 연해주, 동북 한반도와 일본.

42 『중국 동북 신석기문화』趙賓福 著. 崔茂藏 譯. 집문당. 1996. 4. 1. pp. 167~170.

43 산악지대 부족의 토기는 직선기하학적 문양 위주이다. 일부 학자들은 빗살무늬토기가 주로
   하천이나 해변지역에 분포되어 있다고 간주한다. 봉산지탑리, 서울암사동, 김해수가리 등
   전국 각지 해안지대에 분포되어 있다는 것이다. 그러나 한반도는 3면이 바다로 둘러싸여 있
   어 해안가라는 개념이 포괄적이다. 하천 주변은 보통 산악지대이다. 빗살무늬토기가 남한보
   다 북한과 흑룡강 일대의 산악지대에서 많이 출토되고 있다는 사실도 이 점을 입증한다.

44 『중국동북신석기문화』趙賓福 著. 崔茂藏 譯. 집문당. 1996. 4. 1. p. 125. 한국사학계는 홍

산문화의 유래를 자생토착문화로 간주하고 있다. 지금부터 700~800년 전 황하유역의 磁山, 裵里崗문화에서 기인되었다고 한다. 이 지역에서 출토된 토기는 갈지자원통형질그릇인데 홍산유적에서 발굴된 토기 역시 압인된 갈지자 문양 위주라는 것이다. 사해유적에서도 대량의 갈지자 문양의 토기가 발견되었기에 前홍산문화 또는 홍산문화의 전신으로 보고 있다. 따라서 홍산문화의 계보를 顓頊 또는 帝嚳의 유적이라고 인정한다.

45 동상서. p. 188.

46 동상서. p. 210.

47 동상서. p. 215.

48 동상서. p. 218.

49 동상서. p. 224.

50 동상서. p. 236.

51 『韓國上古史』金廷鶴 著. 汎友社. 1992. 7. 20. p. 89.

52 『선사유물과 유적』이건무, 조현종 지음. 솔출판사. 2005. 7. 28. p. 72. 일부 자료에는 오산리유적의 탄소 측정 연대가 이보다도 앞선 B.C. 8000년이라는 기록도 있다. 최근에 경북 경주에서는 후기 구석기시대에서 초기 신석기시대의 유물이 대량으로 출토되어 학계의 관심을 모으고 있다. 토기를 포함한 800여 점의 유물들은 경주의 역사를 최소한 2만 년 이상 앞당긴다고 한다. 고아시아족의 남하 이전에도 한반도에서 고인류가 살고 있었음을 입증하는 발견이라 할 수 있다.

53 한민족의 기원설에 대해서는 제3장에서 전문적으로 다루려고 하니 참고하기 바란다.

54 한국 신석기학회. 『빗살무늬토기의 명칭에 대하여』안승모.

55 본서 p. 147의 도표를 참고하라.

56 문익점에 의한 목화의 한반도 전래는 민족의 이동이 수반되지 않은, 기술만의 전이를 보여주는 가장 좋은 예라고 할 수 있다.

57 『禪의 聖書』韓定燮 編. 佛敎通信大學. 1995. 3. 15. pp. 106~107.

58 이른바 한민족의 남방기원설. 얼토당토않은 주장이다.

59 방사성 연대 측정으로 산출된 흥륭와문화유적의 존속 기한은 B.C. 500~5000년 정도이다.

60 농경 위주인 홍산문화는 방사성 연대 측정에 의하면 지금으로부터 7000~8000년 전에 존속했던 것으로 추산되고 있다.

61 『中國東北新石器文化』趙賓福 著. 崔茂藏 譯. 集文堂. 1996. 4. 6. pp. 55~56.

62 신석기시대에 이미 제작되기 시작한 예술품들인 玉器, 骨器들을 포함하여.

63 성경에 나오는 카인과 아벨은 형제이면서도 아벨은 초원에서 양을 기르고 형 카인은 들에서 농사를 짓는다. 같은 부족이라도 분가하면 생업이 각기 다르고 족장에게 진상하는 공물도 다르다는 것을 알 수 있다.

64 『中國東北新石器文化』趙賓福 著. 崔茂藏 譯. 集文堂. 1996. 4. 1. p. 137.

65 암사동유적에서 발굴된 집터의 깊이는 60~90cm로 되어있다.

66 하모도河姆渡유적은 방사성 연대 측정에서 서기전 5000년으로 확인된 신석기유적이다. 벼

재배, 우물, 선진 조리도구의 유물로도 유명하다. 1973년부터 두 번에 걸쳐 발굴되었다.

67 亞布力北沙場문화의 가옥 구조는 한반도에서 발굴된 선사시대 가옥 구조와 흡사하다. 기둥이 있고 바닥에 흙을 평탄하게 깔고 그것을 짓밟아서 딴딴하게 굳혀놓았다. 그러나 고고학계는 이들 지역 가옥 구조의 유사성을 외면하고 있다. 한마디로 한민족 활동 영역 확장에 도움이 안 되며 홍산문화 등의 유적에 비해 문화수준이 낙후하기 때문이다.

68 『중국 동북 신석기문화』趙賓福 著崔茂藏 譯. 집문당. 1996. 4. 1. p. 55.

69 동상서. p. 57.

70 동상서. p. 98.

71 『韓國古代史論叢』제8집. 韓國古代社會硏究所 編. 駕洛國史蹟開發硏究院. 1996. 10. 1.5.《한국 원시의 방어집락의 출현과 전망》 崔鍾圭. pp. 19~69.

72 동상서. p. 33.

73 동상서. p. 57.

74 동상서. p. 213.

75 『中國東北新石器文化』趙賓福 著. 崔茂藏 譯. 집문당. 1996. 4. 1.

76 물론 무덤의 형태에는 사후세계와 관련된 북방샤머니즘적인 요소도 강하지만 그것은 나중에 추가된 것이다.

77 風葬은 주로 평원지대인 중국 장강 유역에서 유행하였다. 曝葬, 空葬이라고도 하는데 시신을 밖에 버려두어 비와 바람에 삭혀버리는 장례법이다.

78 鳥獸葬은 시체를 밖에 두어 새와 짐승이 뜯어먹게 하는 장례법이다.

79 동굴에 시체를 방치하는 장례 풍속이다.

80 절벽에 시신을 방치하는 장례 풍속이다.

81 風葬의 일종으로 나무 위에 관을 두어 시체를 자연적으로 부식시키는 장례법이다.

82 奚族은 북위 때에 庫莫奚란 이름으로 불린 부족이다. 서기 927년부터 거란의 한 구성 세력으로 흡수되어 점차 역사에서 사라져갔다.

83 『유라시아초원제국의 역사와 민속』박원길 저. 민속원. p. 343.

84 물론 사람이 죽으면 얼굴에 상처를 내고 피를 흘리며 통곡하는 흉노족의 장례 습속은 한국의 장례 풍속에서는 찾아볼 수 없는 차이이다.

85 『韓國古代史硏究』44號. 한국고대사회학회. 2006. 12.《한국 고대사에서 종족성의 인식》박순발.

86 『한국의 문화유산』정영호, 최몽룡, 전혜봉, 김동현 외. 한국문화재보호재단. 1997. 12. 20. p. 29.

87 한반도가 청동기시대에 진입한 연대는 기원전 10세기경이다. 동북에서는 이보다 앞서서 기원전 15세기에 청동기시대로 진입했다.

88 『韓國古代政治社會史硏究』李基白 著. 一潮閣. 1996. 10. 20. p. 14.

89 『한국초기국가발전론』이종욱 저. 새문사. 1999. 8. 30. p. 33.

90 동상서. p. 34.

91 문명 이전의 상고사회에서는 교통, 통신 등 열악한 자연 조건 때문에 광대한 영토의 국가를 다스릴 수 없었을 것이다.

92 Lewis henry morgan 1818~1881. 미국의 법률가, 민족학자, 인류학자.『고대사회』최달곤, 정동호 번역. 문화문고. 2000. 4. 10.

93 max weber 1864~1920. 독일의 사회학자.

94 이른바 신진화론으로 한국학계에서도 수용하고 있다. 샌더스 (W. Sanders), 프라이스(B. Price), 마리노(J. Marino)도 이 이론을 응용하고 있다.

95 차일드는 인류 문화 단계를 도구의 형태에 따라 분류하지 않고 경제 양상에 바탕을 두어 규정지었다. 화이트(L. White)의 진화도식도 그와 흡사하다.

96 문화 단계의 과거 인식이 토기의 형태에 의존하였기 때문에 단순성과 불충분함의 결여를 보였다는 이유로 새로운 가설을 제기하였다.

97 『世界文化史』曹佐鎬 著. 博英社. 1995. 8. 30. p. 1.

98 『靑銅器시대와 그 文化』金元龍外. 尹武炳. 1977. pp. 41~61.

99 이융조는 팔당호수 밑에 잠긴 경기도 양평군 양수리 고인돌 덮개돌의 무게를 3.5톤이었을 것으로 추정한다.

100 고조선의 문자라고 하는 가림토에 대해서는 다음 장에서 심도 있게 논하려고 한다.

101 『한서漢書』「지리지」권28. 지리지 8 하 1.

102 전설에 의하면 요임금은 100살까지 살았다고 한다. 요임금 말년에 연로하여 정사를 돌볼 수 없게 되자 순임금이 정식으로 요임금을 대신하여 정무를 처리했다. 동시대의 인물이라는 단군은 1,908세까지 살았다고 한다.

103 『중국신화전설』袁珂 저. 전인초, 김선자 옮김. 민음사. 2004. 4. 10. p. 343.

104 동상서. pp. 373~375.

105 모용수덕. 다음 카페.

106 모용수덕.『동이주의의 억지와 그에 합당한 비판』

107 오태준.『고구려는 고조선 계승 의식이 없었다.』

108 『요동사』김한규 지음. 문학과지성사. 2004. 2. 13. p. 69.

109 『선사유물과 유적』이건무, 조현종 지음. 솔출판사. 2005. 7. 28. pp. 133~135.

110 『東北亞歷史論叢』13號. 동북아역사재단. 2006. 11. 25.《산동에서 발견된 동북계 청동단검의 상관관계》 王靑.

111 『북방 민족의 샤머니즘과 제사습속』국립민속박물관. 1998. 12. p. 49.

112 동상서. p. 49. (주해 113)

113 『韓國文物의 고고학적 이해』심봉근 글. 동아대학교출판부. 2005. 3. 14. p. 253.

114 『韓國古代社會文化研究』鄭璟喜 著. 一志社. 1990. 4. 30. pp. 38~39.

4장

한민족 기원의 새로운 해석

한민족의 기원을 논하는 데 가장 큰 난관은 한국 고대사 연구에서 언제나 부딪치는 사료 부족 문제이다.

삼국시대도 그러하겠지만 특히 삼국 이전에 있어서는 문헌의 빈곤을 느낀다. 희소하고 단편적인 기록을 토대로 하여 글을 쓴다는 것은 거의 절망적인 것인지도 모르겠다. 그러므로 그만큼 여러 가지 해석도 나올 수 있다.[1]

이런 이유로 한국 고대사 연구는 서로 다른 해석들이 난무하며 일대 혼란을 빚고 있다. 일제시대에 대두하기 시작한 민족주의사관의 고대사 재해석은 민족정신고양을 명분으로 식민사관에 의해 왜곡된 고대사 연구를 한층 더 미로에 빠트렸다.

어떤 학자는 한민족은 동이의 후손으로서 상고시대에 양자강 이북의 중국 동부지역과 만주, 시베리아 남부 및 한국 내지에 퍼져 살았다고 주장[2]하는데 반해 어떤 학자는 요동은 역사적으로 한국이나 중국의 일부가 아니라 그 나름대로 독자적 의미를 가진 별개의 역사 공동체였다는 주장을 펴기도 한다.[3]

1 한민족의 기원

한민족의 기원에 대한 학계의 가설은 크게 세 가지로 귀납할 수 있다.

1. 혼혈론混血論
2. 주민교체론住民交替論
3. 단혈성론單血性論

또는 아래와 같이 구분하기도 한다.

1. 중원기원설-동이족과 직결.
2. 시베리아 기원설-고시베리아족과 직결
3. 본토 기원설

그러나 이 세 가지의 가설 중 혼혈론을 제외하고는 상호 모순 될 뿐만 아니라 모두 학술적 결여를 내포하고 있다.

혼혈론은 일본인 학자 령목성玲木誠과 이마무라 유타카今村豊가 1930년대에 내놓은 학설이다. 그들의 주장에 따르면 한국인은 남방 및 북방으로부터 이주한 주민들의 혼혈에서 비롯한 집단이라고 한다.

손진태는 1927년 『조선 민족의 구성과 그 문화』에서 한반도 각지에는 다양한 종족이 살고 있었으며, 장기간의 혼혈 과정을 거친 끝에 한민족으로 통합, 형성되었다고 한다.[4]

여러 가지 가설 중에 가장 설득력 있는 주장이다.

선사시대의 종족 형성과 혈통 구조는 부족들의 부단한 이동과 충돌, 전쟁으로 인해 복잡한 양상을 띠고 있다. 선사시대부터 지금에 이르기까지 하나의 순수한 혈통과 정체성의 맥을 이어온 민족은 세상 어디에도 존재하지 않는다. 서로 다른 종족들은 융합하여 하나로 통합되기도 하고 새로운 지파로 분열되기도 하는 과정을 거쳐 왔다. 광의적 의미에서 오늘날의 모든 민족의 계보는 혼혈이라고 할 수도 있다.

북방 이방인 환웅＋토착민 곰=혼혈인 단군 파생[5]

황제족＋염제족=화하족 또는 서융＋동이=화하족

백월白越＋퉁구스=동이족

동호＋예맥=부여족

또는 프리기아(돌궐)＋동호=동이족[6]

보다시피 민족의 형성은 융합과 분리에서 탄생 또는 소멸한다.

중국 문헌에는 중화민족의 조상이라는 황제족의 뿌리가 융적戎狄이
라고 되어있다. 화하족은 결국 융적의 후손이며 동이족인 소호는 융
적의 조상인 황제의 아들이다.

1. 한민족의 외래 기원설

중원기원설 비판

한족漢族의 기원에 대한 고찰은 한민족의 조상이라는 동이족의 정
체를 밝히는 데 아주 중요한 포석이 된다.

바빌로니아기원설,[7] 애굽설,[8] 인도설,[9] 중앙아시아설,[10] 신강설,[11]
감숙설,[12] 몽골설,[13] 토착설[14] 등 여러 가지 설이 있다.

중국의 일부 학자들의 주장에 따르면 동아시아 원시인은 7만 년 전
제4기 갱신빙하기 중에 전부 소멸되었다고 한다. 살아남은 일부 몽골
리안이 인도의 환하桓河 유역과 동남아를 거쳐 중국 남부로 이동해 왔
다. 장강, 황하를 건너 발해까지 이동했다. 황하 유역에 진출한 부족
은 알타이 부락을 형성하고 그중 하도河套(아도로스)와 황토 고원에서
유목생활을 하던 돌궐과 하북 평원에서 유목생활을 하던 몽골계 그리
고 발해만과 반도에서 유목생활을 하던 퉁구스계는 북아시아 인종이
되었다.

회하淮河를 건너 북진하던 일부 백월白越계는 하남성 평원에서 삼묘

三苗 부락을 형성하고 나머지 무리는 퉁구스와 융합하여 새로운 민족 동이족을 형성했다. 일부 퉁구스 부락은 백월족과 함께 지내지 못하고 흑룡강과 바이칼호로 이동하여 에벤키족과 숙신족이 되었다.[15]

보다시피 이때까지도 한족漢族은 없었다. 일부 학자들은 한대漢代 이전에는 한족漢族이 없었다고 간주한다. 한대에 화하족華夏族과 주변의 만이蠻夷와 융합하여 한족이 형성된 것으로 보고 있다. 그러나 그건 동이가 한대에 이르러 한족에게 철저하게 동화, 합류되었음을 의미할 따름이다.

선사시대 중국 대지에서 활동한 6대* 부족은 다음과 같다.

	부족명	계통	분포 지역
1	서융제족 西戎諸族	몽골리안 (황색인종) 일부 백인 혈통	섬서성, 감숙성, 중국 서부, 일부는 황하를 따라 산서성, 하남성, 하북성 일대로 진출
2	동이제족 東夷諸族	몽골리안 (황색인종)	중국 동부해안선, 산동, 강소 안휘 등지. 일부는 황하를 거슬러 하남, 하북, 산서성 일대로 진출. 동진하던 염제족과 융합.
3	남만제족 南蠻諸族	동이족의 지파支派	장강 유역, 호남성, 호북성 등지. 하남성, 안휘성, 강소성, 영남 일대로 진출.
4	북적제족 北狄諸族	황인종. 몽골리안. 백인 혈통	하북성, 산서성, 섬서성 북부. 일부는 동북지방으로 진출. 알타이계통.
5	백월제족 白越諸族	황인종 흑인 혈통	중국 동남부 연해의 절강성, 복건성, 광동성, 광서성.
6	백업제족 白業諸族	래원 확인 불가능. 남만일파와 융합 형성 황인종. 흑인 혈통	중국 서남방의 운남성, 귀주성, 사천성 등지.

서융부족 중 한 개 부락의 수령은 황제라고 한다.

염제도 서융 부락 중의 수령이라거나 동이 부락 중의 수령이라고

〈그림37〉 황제와 치우의 전쟁

이 전쟁에서 패전한 치우의 동이족은 화하华夏족에 흡수된다.

한다. 남만 부락의 수령이라는 일설도 있다. 그러나 염제는 치우와 더불어 동이 부족 중 두 개 부락의 수령이라는 게 통설이다.

화하족은 바로 융족의 황제 부락과 동이의 염제 부락이 융합되어 태어난 부족이다. 그런데 앞서 동이족은 흑인의 피가 흐르는 백월白越족과 퉁구스와 융합하여 생겨난 새로운 부족임을 살펴보았다. 황제와 염제는 탁록에서 연합하여 다른 동이족 수령인 치우를 물리치고 중원 즉 하남, 하북, 산동, 산서 주변 지역을 점거하는데 이들이 바로 초기의 화하족華夏族이다.

황제가 북방 민족 즉 융적의 조상이라는 사실은 화하족의 조상이 된다는 의미도 담고 있다. 그런데 동이족인 소호는 또 황제의 자손이다.

소호는 황제의 아들이고 제곡은 소호의 아들(혹은 손자)이다. 5세 즉 소호 전욱(황제의 손자, 소호의 아들), 제곡, 제요(요임금. 제곡의 아들)는 모두 황제의 후손일가이다.

전욱 고양씨는 소호의 형의 손자(혹은 아들)이다. 제곡 고신씨는 은왕조 (동이)의 시조가 된 설과 주왕조의 시조 후직의 조상이다. 제곡이 제후인 진봉씨의 딸을 취하여 낳은 것이 제요이고 제2부인인 간적이 낳은 것이 은왕조의 시조 설이고 제1부인 강원에게서 태어난 것이 주나라의 시조 후 직이다.[16]

우禹는 서강인西羌人임에 틀림없다. 감甘, 청靑, 조洮, 황湟 일대는 옛 융강 인戎羌人의 거주지이다. 우禹는 족명이며 곤鯀과 수사족修巳族의 혼인관계 로 생겨난 새로운 족속이다.[17]

거란족, 시위족은 염제, 축융씨의 후예이다.[18]

이처럼 고대 부족의 형성은 혈연 상에서 복잡하게 얽혀있다. 동이 족과 화하족은 모두 두 개의 서로 다른 부족의 융합과 흡수로 다른 하 나의 부족으로 재탄생한 경우이다. 더 나아가 대문구大汶口 문화 시기 에 북쪽으로 이동한 소호족 일부가 만주에서 토착민들과 통혼하며 혼 혈인을 탄생시켰을 것이고[19] 은나라가 망하자 한반도 동쪽으로 흩어 진 동이의 일부 유민이 동북이東北夷로 되어 고조선인들과 융합하여 하 나의 부족이 된 것처럼 산동에 남은 대부분의 동이는 한족漢族에 흡수 되었을 것이다.

한대漢代에 이르러 동이의 화하화華夏化는 완성되었다. 서주西周 시대부터 한족漢族에게 동화되기 시작한 동이족은 진나라에 이르자 완전히 흡수되었고 자신의 문화와 지혜를 전부 공헌한 후 혈연, 언어 상에서 완전한 한족漢族의 구성원이 되었다.[20]

동이족은 한족에 의한 흡수, 북방 토착민과의 융합에 의해 사실상 그 존재를 상실했던 것이다. 이런 이유로 국내의 역사학자들은 하나라, 은나라 이후에 중국에 건립된 나라들을 한민족이 세운 나라라고 볼 수 없다는 주장을 한다.

동이족과 고조선의 후예인 예맥족이 아무런 연계가 없다는 사실은 시베리아 기원설 말고도 또 있다. 상商나라를 세운 동이족은 검은색을 숭상한다. 그런데 예맥족인 부여, 고구려, 색리족은 모두 검은색이 아닌 흰색을 숭상한다. 검은색을 숭상하는 민족은 오히려 오환과 선비이다.

화하족의 형성에 동이족은 융족과 더불어 골간 역할을 한 셈이다.

또한 동이족의 혈관 속에는 몽골리안이 아닌 백월족白越族의 피도 흐른다.

한민족의 조상은 적어도 시베리아 퉁구스 계통의 고아시아족, 신시베리아족, 동호족, 거란족, 터키족, 몽골족에 동이족, 백월족, 융족의 피까지 섞여 흐르고 있는 혼혈인이 분명하다.

시베리아 기원설

한반도의 최초의 정착인은 바이칼호수 부근에서 남하한, 빗살무늬 토기 문화를 소유한 구석기시대의 고아시아족이라고 한다. 이들의 뒤

를 이어 두 번째로 남하한 신시베리아족[21]이 고아시아족을 정복, 동화
시켰다는 견해가 지배적이다. 김정배는 신시베리아족을 알타이 계통
의 퉁구스 부족 즉 예맥족이라고 간주한다. 결국 두 번의 시베리아족
의 남하는 시간 차이만 있을 뿐 인종적으로 같은 퉁구스 계통임을 알
수 있다.

그런데 문제는 많은 학자들이 예맥을 동이족과 연결시키고 있다는
것이다. 중국문헌에서 춘추시대까지도 동이라고 부르다가 진나라 통
일 후부터 예맥으로 부른다는 것이다. 동이족은 산동에 거주하던 종
족으로 퉁구스 계통의 부족이 아니다. 예맥이 신시베리아족이라면 동
이족과의 관계는 자연히 절단된다.

한반도에는 이보다 훨씬 앞선 시기에 사람이 살고 있었다는 고고학
발굴은 이들의 최초의 '한반도 정착인설'과 '정복, 동화 교체설'을 정
면으로 반박한다. 고인돌무덤의 존재를 설명할 방법도 없다.

북한학계는 시베리아, 바이칼 기원설을 부정하며 그 이유로 70~100
만 년 전 검은모루동굴에서 살았던 "호모에렉투스"가 30만 년 전의 화
대사람, 10만 년 전의 력포사람, 덕천사람, 4~5만 년 전의 승리산사람,
2만 년 전 만달사람으로 진화하여 한민족의 조상이 되었다고 주장한
다.

우리는 고아시아족의 남하와 한반도 정착 그리고 신시베리아족의
고아시아족에 대한 정복과 동화에 대한 학계의 주장(김정배, 김원룡)
을 두 개의 단일민족의 융합으로 단순하게 보고 있지만 실제로 고아
시아족, 신시베리아족이라 함은 광의적 의미를 내포하고 있다. 고아
시아족은 최초로 시베리아에 거주한 종족이라고 하는데 그 구성이 복

잡하다. 핀족, 퉁구스족, 터키족, 몽골족을 두루 이르는 광의적인 의미이다. 퉁구스 계통만 해도 예맥, 부여, 거란, 선비, 만주족 등 종족 구성이 복잡하게 얽혀있다. 결국 고아시아족과 신시베리아족의 두 차례에 걸친 남하는 단순한 단일민족의 이동이나 교체 또는 융합이 아니라 여러 민족 간의 복잡하게 얽힌 혼혈관계를 입증할 뿐이다. 여기에 동이족까지 얽혀든다. 이들 중 어느 하나의 민족을 찍어 한민족의 조상이라고 단언한다는 것은 불가능한 일이다.

시베리아 기원설의 유력한 고고학적 증거는 빗살무늬토기이다.

이 역시 한반도에서 출토된 빗살무늬토기가 시베리아지역의 토기보다 연대가 훨씬 앞선다는 문제를 설명하지 못한다. 중부 시베리아에서 발굴된 세로보기의 빗살무늬토기는 B.C. 3000~B.C. 2000년경으로 측정된 데 비해 1980년 한반도에서 가장 오래된 신석기 유적인 강원도 양양 우산리유적 5층에서 출토된 빗살무늬토기의 탄소 측정 연대는 B.C. 6000~B.C. 5000년으로 확인되었다.[22] 중국 동북부지역의 빗살무늬는 물론이고 일본의 즐문토기도 방사성 연대 측정에 의해 1만 2천년 전의 것으로 판정이 나왔다.

이러한 현상은 학계에서 시베리아 기원설을 뒤엎고 역으로 빗살무늬토기가 일본, 한반도에서 시베리아로 전파되었다는 역류설까지 나오게 한 원인이 되기도 했다. 그러나 이 역류설은 본토 기원설 또는 자생설의 근거가 된 고인돌무덤, 비파형 동검 문화가 시베리아까지 뻗어나가지 못했다는 사실 하나만으로도 금시 설득력을 상실하고 만다.

결국 고인돌무덤, 비파형 동검, 빗살무늬토기 문화를 소유한 토착민과 (고아시아족이 아닌 구석기시대에 한반도에서 살던) 시베리아와 바이칼 주변에서 남하한 고아시아족 그리고 신시베리아족 사이에 극심한 혼혈이 이루어졌다는 역사적 사실만 남는다. 혼혈은 북방 민족들 사이에서만 이루어진 것이 아니라 남방 민족들과도 이루어졌다. 탁록에서 전패한 치우의 동이족은 황제에 의해 착한 자는 남방에 남기고 악한 자는 북방에 추방하는데 이들도 한반도인과 융합, 흡수되었을 것이며 은나라가 망한 뒤 북방으로 피신한 동이유민도 거기에 합류했을 것이다.

이처럼 시베리아 기원설, 중원 기원설, 본토 기원설, 중앙아시아 기원설들을 충분히 설명해줄 수 있는 이론은 단 하나 여러 종족들과의 혼혈론이다.

한마디로 한민족은 한반도에 거주하던 토착민과 수많은 이방인들의 피가 섞인 혼혈인이다. 고고학 연구 방법이 완벽하지 못하고 언어의 친족 관계親族關係 연구 결과가 불확실한 이상 민족기원 연구도 모두가 공인하는 과학적 정설을 수립하기는 어려울 것이다.

중앙아시아 기원설

중앙아시아 기원설의 중심으로는 흉노, 돌궐 및 프리기아가 있다. A.D. 6세기 중엽부터 200년간 몽골고원을 중심으로 활약한 돌궐突厥은 스스로를 흉노의 후예라고 자처하고 있다. 흉노는 중앙아시아 스텝지역에서 활동한 투르크계 유목민인데 역사적으로 훈족, 험윤, 곤이, 북적, 융적, 산융, 흉노로 불리었다. 흉노의 한 지파인 돌궐은 서쪽으로 진출하여 오스만-투르크제국을 건설하여 현재의 터키에 이르렀다.

흉노족의 역사는 매우 장구하여 그 기원은 B.C. 9세기까지 거슬러 올라가며 험윤이란 이름으로 불렸다. 흉노의 활동 중심부는 중국 내몽골 자치구의 오르혼-셀렝가 강변과 고대 투르크인들이 성소聖所로 여기던 외투겐 카라꿈 사막과 오르도스河套 지역 사이이다. B.C. 4세기 때부터 역사에 그 이름이 강력하게 부각된다.

스키타이족인 흉노, 돌궐 그리고 프리기아가 한민족의 기원이 된 것은 파미르고원, 천산산맥을 원산지로 한 마늘과 알타이어의 공유, 풍속의 유사성 때문이다.

그런데 마늘은 몽골에 의해 중국에 들어와 중국에서 다시 한반도로 들어온 것으로 인정되고 있다. 스키타이족과는 연관이 없다는 말이다.

이밖에도 파지르크유적23과 신라문화의 관련성, 스키타이 신목神木 신앙설화와 신라 박혁거세의 탄생설화의 유사성, 새깃모자와 신라 금관의 유사성도 중앙아시아 기원설의 증거로 제시되고 있다.

프리기아와 킴메르인 그리고 중앙아시아에 근원을 둔 이란계인 스키타이, 사카, 사르마트인들의 공동복식 중 하나인 고깔모자가 그리스에서부터 일본 열도에 이르기까지 광범위하게 확산24……

고깔모자는 유라시아대륙의 범 아리안계 주민이 썼던 모지이다. …… 그런데 이 고깔모자를 쓴 사람들은 우리와 무관하지 않다. 고깔모자를 쓴 사람들이 변한弁韓이라는 이름으로 엄연히 우리 역사에 기록되어 있다. 지금까지 이 변한에 대해 천산산맥을 넘어온 사람들과 관련이 있을 거라는 관점에서 연구한 논저가 없었다. 다만 고대민족의 의복이 신체를 감싸며, 고깔형의 모자, 대롱 소매의 상의와 밑을 댄 바지, 가죽으로 만든 장화를 착용하는 것은 중앙아시아 의복과 공통된다고 지적하고는 있다.[25](김용문. 「한국과 중앙아시아의 복식 문화」)

고깔모자가 유라시아대륙의 범 아리안계 주민의 공통복식의 하나였다는 사실은 다민족 문화 공유 현상을 의미한다. 이 모자를 쓴 민족은 하나의 혈통이라는 판단은 그래서 근거 없는 확대해석에 불과하다는 결론이 나온다. 그러나 이러한 문화 공유 현상은 종족 집단의 일부나 지파支派가 다른 종족 집단의 일부나 지파와 통혼 또는 전쟁을 통하

〈그림38〉 흉노의 폐도廢都 (백성자白城子)
천 년 북방패권을 누리던 흉노의 성터다. 북방 여러 민족의 혈관 속에는
흉노족의 피가 섞여 흐르고 있다.

여 혼혈인으로 융합되었음을 입증하는 단서가 되기도 한다.

　이러한 판단이 가능하고 설득력을 가지는 건 고깔모자의 분포 지역과 빗살무늬토기, 고인돌무덤, 비파형 동검의 분포 지역과 상이하다는 사실에서도 알 수 있다. 몽골인과 한국인, 동이족과 한국인의 관계도 흉노와 프리기아인이 한민족과 피가 섞였음에도 서로 다른 민족인 것과 같은 경우라고 할 수 있다. 이들 중 어느 한 특정 민족을 한민족의 원류原流로 삼을 수 없는 이유가 여기에 있다.

　스키타이 이전에 흑해 북안에 거주하다가 스키타이인들에게 쫓겨난 킴메르인들이 있다. 이들은 카프카스산맥을 넘어 남하하여 현재 터키의 중서부에 있던 프리기아 수도를 급습했다. 이들의 공격에서 살아남은 프리기아인들이 동쪽으로 집단이주했고 이들이 부여계의 조상이 된 사람들이라고 보는 것이 필자의 가설이다.[26]

　프리기아인들은 중앙아시아를 지나서 동쪽으로 천산산맥과 알타이산 사이의 천산북로를 통하여 천산의 동남쪽으로 넘어 들어왔다. 이는 부여계와 뿌리가 깊은 돌궐의 조상에 관한 전설에서 알 수 있다.[27]

　부여인들의 조상인 프리기아인들이 중국 동북지역에 들어온 이후 중국 측 문헌에서는 그들을 동호東胡(물론 동호가 지칭하는 족속 중에는 다양한 족속이 있을 수 있지만 필자는 그 동호의 중심에 프리기아인이 있다고 본다.)라고 칭했다.

　부리야트인은 몽골인과 프리기아인이 혼합된 사람들로 보아야 한다.[28]

『한서』「지리지」에는 현도군의 안사고주에 응소의 말을 응용 "옛날에 진번眞番과 조선은 호국胡國이었다"고 적혀있다.[29]

프리기아인은 중국 동북에 진출한 후 한민족과만 혼합한 것이 아니다. 고아시아족과 신시베리아인, 부여인과 동호인 그리고 몽골인과 혼합하여 혼혈인을 만들었을 것이다. 여기에는 흉노와 돌궐, 동이족의 피까지 섞여 혈통이 갈수록 복잡해진 것이다. 그리하여 혼선 속에서 자신의 근본을 잃어버린 한국인은 고아시아족, 몽골족, 흉노족, 동이족, 프리기아인…… 닥치는 대로 조상을 찾아 갈팡질팡하고 있는 것이다. 이미 조상을 찾기에는 너무나 많은 잡혈雜血이 혼입했다는 사실을 망각한 것이다. 혈통의 이러한 혼란은 단군과 고조선이 한민족의 고대사가 아니라 자신들의 역사라는 동호족의 주장에 명분을 배당하기도 한다.

고대사회에서의 이러한 혈연 복합교차 현상은 언어 연구를 통해서도 입증이 된다.

가야는 드라비다계 어를, 후기 신라는 터키계 어를, 고구려는 몽골계 어를 각각 사용했고 백제는 지배층과 피지배층의 말이 서로 달랐다. 허나 지배층은 몽골계 어인 고구려어를, 말기의 지배층은 드라비다어와 동계同系인 가야 지배층어를 썼음이 분명하다.[30]

신라 석씨昔氏계와 김씨金氏계의 지배자들은 터키어를 썼다고 주장한다. …… 이는 단순한 차용관계가 아닌, 민족의 이동으로 말미암아 쓰인 것임

을 말해준다. …… 후기 신라 지배층만은 터키족이었다고 봐야 할 것이다.[31]

108개 고구려 지명 중 68개가 몽골계 어와 대응하고 만주어와는 31개, 터키어, 일본어와는 30개, 길약어, 가야어와는 13개가 대응한다.[32]

혼혈은 비단 종족과 종족 사이에서만 이루어졌을 뿐만 아니라 하나의 종족 내부에서도 서로 다른 여러 갈래의 혼혈이 이루어졌음을 의미한다. 지배층과 피지배층의 혼혈 라인이 서로 다른 현상은 고려시대에도 보인다.

이처럼 다민족, 다방위적 혼혈 이론은 고대사 연구에서 풀리지 않는 많은 문제들에 답을 줄 수 있는 유일한 열쇠라고 할 수 있다. 중앙아시아 기원설이 빗살무늬토기와 고인돌무덤, 비파형 동검의 문화를 설명할 수 없듯이 시베리아 기원설은 구석기시대부터 한반도에서 살았던 토착민과 동이족의 존재를 설명할 수 없다. 마찬가지로 중원 기원설은 북방 특유의 한민족 샤머니즘문화와 알타이문화를 설명할 수 없다.

그러나 다민족, 다방위적 혼혈 이론은 이 모든 난제들을 쉽게 풀 수 있는 방법론이다.

문화의 공유와 종족 간의 혼혈은 고대사회의 특징이다. 특정 문화를 특정 민족과 연계시킬 수 없듯이 특정 민족의 순수혈통이란 존재하지 않는다. 여러 종족이 동일한 문화를 공유하듯이 하나의 민족 안에서도 여러 문화가 존재한다. 하나의 종족이 다른 종족과 구별되긴

해도 다른 종족은 피가 섞인 형제인 것이다.

이것이 고대사이다.

더 이상 단일민족의 순수혈통을 찾으려는 어리석은 짓은 삼가라.

그것은 민족 근본주의의 오만일 뿐이다.

2. 한민족의 본토 기원설

한민족 기원의 본토 기원설은 한반도의 토기와 시베리아토기의 무늬 형태와 제작방법의 차이 그리고 고인돌무덤 말고도 한반도의 석기시대 인류의 발견과 고고학적 인골 자료에 의한 형질인류학적 분석을 통해 뒷받침되고 있다.

북한 역사학계는 70~80만 년 전의 검은모루동굴에서 살았던 「호모 에렉투스」인이 30만 년 전의 화대사람, 10만 년 전의 력포사람, 덕천사람을 거쳐 4~5만 년 전의 승리산사람으로 이어지고 다시 2만 년 전의 만달사람으로 진화하여 한민족의 조상이 되었다는 가설을 주장한다.

한반도에서는 1962년 함경북도 웅기군 굴포리 구석기인의 인골 출토에 이어 덕천 승리산 동굴에서도 구석기 전기-후기에 살았을 것으로 추정되는 턱뼈와 어른의 인골이 출토되어 구석기시대부터 한국인이 한반도에서 살았다는 가설에 설득력을 추가하고 있다.

이러한 구석기시대인들은 공주 석장리,[33] 제천 점말 동굴, 용곡동 동굴에서도 발견되는데 공주 석장리 인골은 단면 타원형 몽골인종으로 확인되었다.

북한에서는 구석기 인골이 출토된 유적 10여 곳을 근거로 구석기시대 전기의 원인猿人, 중기의 고인古人, 구석기 후기의 신인新人, 신석기 및 청동기 단계의 "조선 옛 유형사람"으로 진화하였다고 주장한다. 단군릉에서 발견된 단군의 뼈와 단군 부인의 뼈가 "조선 옛 유형사람"이라는 것이다.

그러나 단군릉에서 발견된 단군의 뼈와 단군 부인의 뼈가 사실인지는 아무도 알 수 없다. 단군은 신화로만 전해질 뿐 역사에 실재했던 인물인지에 대한 고고학적 고증이 되지 않고 있는 현시점에서 이러한 판단은 섣부른 것이라 할 수밖에 없다.

한국인의 두개골 잔고지수상은 단두短頭이며 고두高頭 특징을 보이고 있다. 두개골의 단두형 구조는 알프스산맥과 중앙아시아, 바이칼 호수와 한반도에서 거주하는 민족들의 공통된 특징이기도 하다. 한국인과 가장 유사한 단두, 고두형 두개골을 가진 민족은 일본인과 몽골인이고 그 다음은 중국인이라고 한다.

그런데 만달 동굴에서 출토된 만달인은 단두형이 아닌 장두형長頭形이라고 한다. 한민족과 뿌리가 같다는 고아시아족과 퉁구스족과도 두개골의 구조가 다르다. 두개골의 형태에 의한 인종의 분류는 신중한 접근이 필요하다는 것을 의미한다.

본토 기원설의 가장 큰 문제점은 빗살무늬토기의 시베리아 분포와 알타이어계의 제 민족간의 관계, 샤머니즘의 유사성 등 문화현상을 설명할 수 없다는 사실이다.

뿐만 아니라 본토 기원설은 고대 한국의 영토를 한반도 내로 축소시킴으로써 요동, 요서, 연해주 나아가서는 중원까지 넘보는 민족주의

사학자들의 대제국영토론을 부정해야만 한다. 그럼에도 불구하고 본토 기원설을 주장하는 이유가 있을 것이다. 얼핏 보기에는 단일민족과 혈연의 정체성을 확보하기 위해서인 것처럼 보일 수도 있다. 그러나 그 내면에는 남북 대결의 연장선상에 놓인 정치, 이데올로기적인 목적이 은폐되어 있다. 한마디로 분단이라는 특수상황이 만들어낸 정치적 산물이다. 남과 북은 서로 고대사를 통해 자신의 정권의 정통성을 주장하기 위해 안간힘을 쏟아왔다. 남쪽은 신라 역사를 중심으로 삼한의 후예임을 자처해왔고 북쪽은 고구려 역사를 화려하게 부각시키며 정통성을 과시해왔다. 최근에는 단군릉 발굴을 계기로 고조선의 중심이 평양 부근임을 역설하며 북한이 고조선의 적통을 이어받은 정권임을 강조하고 있다. 이데올로기나 민족주의정신에 의해 역사의 진실이 왜곡되고 있음을 단적으로 보여주는 일례이다.

> 민족주의사관이 극복되어야 할 제1차적 이유는 특정한 이데올로기가 역사 연구를 지배해 역사학을 정치와 현실에 복무하게 하는 것 자체가 정확한 역사 인식을 방해하기 때문이다.[34]

민족 근본주의 이론으로서의 한민족 본토 기원설은 선사시대 주민들의 문화 공유 현상과 혈연의 복합관계를 무시한 억지논리에 불과할 따름이다. 구석기시대부터 한반도에서 이주해온 토착민의 존재를 긍정하는 동시에 이방인들과의 융합, 혼혈, 분화, 흡수의 복잡한 종족 형성 과정을 인정해야만 고대사의 진실에 한 걸음 더 바싹 접근할 수 있다.

〈그림39〉 단군릉(1947년)
러시아 정부 소장.
고조선의 중심이 평양 부근
즉 대동강 유역임을 입증하
는 유물이다.

한민족의 뿌리를 특정한 외래 민족에게서만 찾으려는 노력이 학문적 탐구가 아닌 어리석은 짓인 것처럼 토착민의 순수 혈연설과 단일 민족 발전에서만 찾으려는 연구 또한 학문적 시도가 아닌 억지주장일 수밖에 없다. 페루 아타카마 사막의 나스카 그림처럼[35] 서로 상이한, 무수한 가설들이 존재할 수 있지만 정치적 목적이나 민족의 이익에서 출발한, 의도된 연구는 견제되어야 마땅하다.

우리의 몸속에는 수많은 고대 종족들의 피가 흐르고 있다. 그 피가 누구의 피라고 꼭 집어서 말할 수도 없다. 이렇듯 종족들 간의 융합과 혼혈 과정에서 새롭게 주조鑄造된 민족이 바로 오늘날의 한민족이다. 이런 이유로 한민족은 다른 여러 민족들과 유사한 문화를 공유하면서도 그들과는 상이하다. 문화소의 유사성이 반드시 관련 종족들의 혈연의 공통성을 의미하는 것은 아니기 때문이다.

문화는 종족을 초월하기에 문화의 분포가 곧 특정 종족의 고대활동 영역이 될 수는 없다.

이 문제에 대해 다음 장에서 더 상세하게 담론해보려 한다.

2 혼혈의 용광로에서 사라진 동이와 예맥

재야사학자들은 동이가 한민족의 조상이라는 억측 논리를 명분으로 전설 속의 인물들인 복희, 소호, 치우는 물론이고 실존인물인 공자와 진시황도 한민족이라고 주장한다. 동이가 세운 하나라, 은나라, 주나라의 땅은 한민족의 고대국가였다는 게 그들의 황당한 논리이다.

그러나 미리 말하건대 동이는 다른 종족들과의 융합과 동화, 혼혈 과정을 거쳐 새로운 민족을 형성하는 데 자신의 존재를 이바지하고 역사에서 사라진 민족이다.

중국학자들은 역사적으로 동북지역에 거주했던 종족[36]들을 죄다 동이족의 후예로 본다. 풍속 습관상의 열두 가지 이유를 들어 이를 증명하려 한다.[37]

그런데 북방 제족諸族은 북방 특유의 샤머니즘문화를 가지고 있어 동이족과는 구별된다. 이는 숙신 계통, 예맥 계통, 동호 계통으로 분류되는 동북지역의 민족들이 비단 동이족과 융합되었을 뿐만 아니라 시베리아 계통과도 혼혈 과정을 거쳤음을 의미한다. 물론 한반도에서 석기시대부터 거주해온 토착민의 피도 섞였을 것이 분명하다.

> 진한의 중국 통일로 인해 중국의 공간적 범주가 산동의 동이 지역으로까지 확대되어 산동 동이의 개념이 역사상 소멸되었고 이로 인해 새로 확장된 신新중국의 동방에 거주하는 사람들을 가리켜 동이라고 부르게 된 것이다. ……
> 산동 동이로부터 요동 동이로의 전이는 인구의 이동이 낳은 결과가 아니라 중국 개념의 확장이 낳은 동이 명칭의 이동이었을 뿐이다.[38]

동이는 민족의 이동이 아니라 명칭의 변동이다. 그러나 인구의 이동이 전혀 없었던 것은 아니다. 요동으로 북상한 은나라의 기자도 동이족이고 난세에 흩어졌던 진나라의 유민遺民도 동이족이다. 다만 이들은 북상한 후 본토의 주민과 장기간에 걸친 혼혈 과정을 거쳐 흡수되었을 뿐이다. 북방 동이는 동북지역의 여러 종족들과 동화, 흡수되어 동북이東北夷가 되었다.

중원지역에서도 동이의 소실은 다른 부족과의 혼혈을 통해 끊임없이 전개되었다. 산동에 거주하던 동이는 황제 부족과 융합하여 화하족으로 동화, 변화되었다. 양자강 유역의 남방의 동이는 토착민과 융합하여 삼묘족三苗族으로 흡수되었다.

동이족 부락의 영수 소호는 전설에 의하면 서방에서 태어났다고 한다. 그의 어머니 황아皇娥는 본래 천상의 선녀인데 하늘나라 궁전에서 옷감 짜는 일을 하였다. 그녀는 일하다가 피곤하면 뗏목을 타고 은하수에 가서 놀다가 물길을 거슬러 올라가, 서쪽 바닷가에 있는 궁상窮桑나무 아래까지 가곤 했다. 궁상이라는 것은 높이가 만 길이나 되는 큰 뽕나무인데 1만 년만에 한 번씩 열매가 열린다. 황아와 백제의 아들 금성의 사이에서 태어난 자식이 바로 소호, 즉 궁상씨였다.

신의 아들인 소호는 자란 뒤에 동쪽 바다밖에 나라를 세웠는데, 그곳을 소호지국이라 불렀다. 그가 세운 이 나라가 다른 나라와 다른 점은 그의 신하와 각료들이 모두 가지각색의 새라는 점이다.[39]

곧 새 토템을 숭상하는 동이의 나라이다.

소호는 오랜 세월이 흐른 뒤 서방의 고향으로 돌아가 서방천제가 된다. 이 사실은 동이족이 원래 중국의 서북부에서 살다가 동쪽으로 이동했음을 의미한다. 한 갈래는 산동반도로 들어가 정착하고 한 갈래는 발해만을 따라 요동, 한반도로 진출했다. 중국학자들은 이들이 시베리아를 지나 멀리 아메리카까지 진출했다고 주장한다.

동이족이라는 염제 역시 황제와 동모이부同母異父 형제이며 탁록에서 서로 싸웠다고 한다. 이 전쟁에서 패한 염제는 남방으로 쫓겨 가 남방천제가 된다. 이때 대부분 염제의 무리는 황제 부족에 동화되어 화하족을 형성하는 근간이 된다. 치우는 이 남방천제의 자손이라고 한다.

후에 황제와 치우는 또 탁록에서 크게 접전했는데 이 전쟁에서 치우의 군사와 동맹군이었던 삼묘족이 모두 패하게 된다. 황제는 치우

의 목을 쳐 죽인다.[40]

> 황제는 치우의 목을 잘랐다. …… 황제는 이기고 나서 흉악하기 이를 데 없는 그의 목을 베었지만 그래도 분이 풀리지 않았다. 그래서 치우를 따라 난을 일으켰던 묘족들을 모조리 죽여 마음속의 울분을 삭여보려 하였다.[41]

> 황제가 치우를 죽인 뒤 선량한 사람들은 추도지방으로 옮겨 살게 했고 악한 사람들은 모조리 북방의 춥고 황량한 곳으로 보내었다고 한다.[42]

여기서 동이족이 처음으로 북상한 기록이 나타나고 있다. 일부는 남방으로 이동하고 일부는 북방으로 추방되는데 그 자리에 남아 황제족에 동화, 흡수된 무리도 있었을 것이다. 그러나 이 모든 기록은 역사적 진실이 아닌 허구에 기초한 전설에 불과하다. 막연한 연대 추측으로도 서기전 2700년경으로, 서기전 2333년 단군조선 건국 시기보다 더 앞선 4700년 전의 일이다. 중국에서도 치우를 역사가 아닌 그냥 전설로 받아들이고 있다.

분명 중국인들은 3황을 자신들의 민족시조로서 상징적 인식을 하는 것이지 실재했다고 믿는 사람은 적어도 학자들 사이에는 없다. 그런데 우리가 중국의 시조신화에 나오는 한 천신天神을 실재했다고 믿고, 심지어 한국인이라고 주장하는 것은 어떻게 해석해야 하는가? 이는 신화와 전설을 실재한 역사라고 믿고 싶은 아들의 환상이요, 집착일 뿐이다. …… 치우 부족은 황제에게 패한 후 점차 중국의 화하華夏집단에 동화됐다. 그리고 진한 왕조 이후 중국 남방지역도 중국의 한 부분이 됐기 때문에, 그들의 선조인 치우 역시 중국인이 제사지내는 천신天神으로 승격된 것이다.[43]

실제로 동이족이 북상한 역사 기록은 은나라가 패망한 뒤 발해만을 따라 북상한 동이 유민들이다. 물론 동이족 전체가 아닌 일부의 이동이었다. 산동에 남은 동이족은 한족漢族과 융합하고 동화되다가 한대漢代에 이르러서는 완전히 화하족의 구성원으로 흡수되고 역사에서 자취를 감춘다. 서북쪽에서도 흉노의 일부는 한족漢族에게 동화되어 이른바 신한족新漢族으로 흡수된다.

동북으로 북상한 은나라의 동이족 유민은 여러 토착 종족들과의 끊임없는 혼혈 중에 녹아들어버린다. 은이 멸망한 시기에는 이미 한반도와 요동지역에 한민족이 세운 고조선 국가가 존재하고 있었다. 단군조선의 건국 연대가 재야학자들이 주장하는 것처럼 서기전 2333년은 아니지만 청동기시대인 B.C. 10세기 좌우에는 건국되었을 것이기 때문이다.

부여와 고구려를 세운 예맥[44] 역시 들끓는 혼혈의 도가니 속에 녹아 역사 무대에서 자취를 감췄다.

맥貊이 산융에 속하든 북적에 속하든 북방제족諸族의 범칭이든 예와 맥은 부여와 고구려가 멸망하고 요나라와 금나라 시기에 이르러서는 더 이상 사서史書에 기록이 보이지 않는다.[45]

이는 예맥족이 고구려 멸망 후에 동북의 다른 민족들과 혼재하며 동화와 흡수 과정을 거쳐 역사 무대에서 사라졌음을 의미한다. 일부

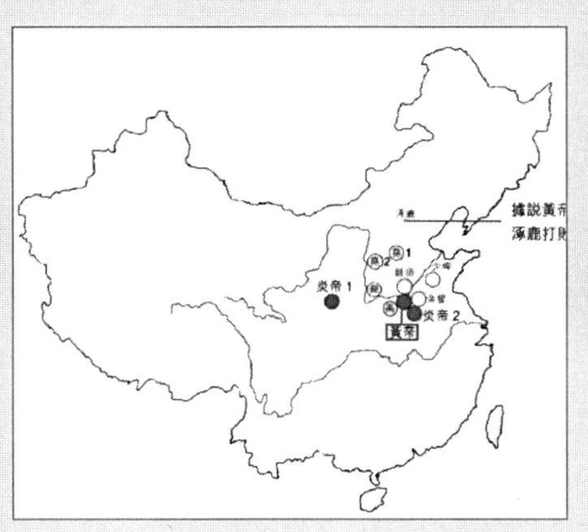

〈그림40〉 고대 중원의 화하华夏 민족 분포도

황제는 몇 번의 전쟁을 통해 염제와 치우를 차례로 정복하고 동이족을 체내에 흡수한다.

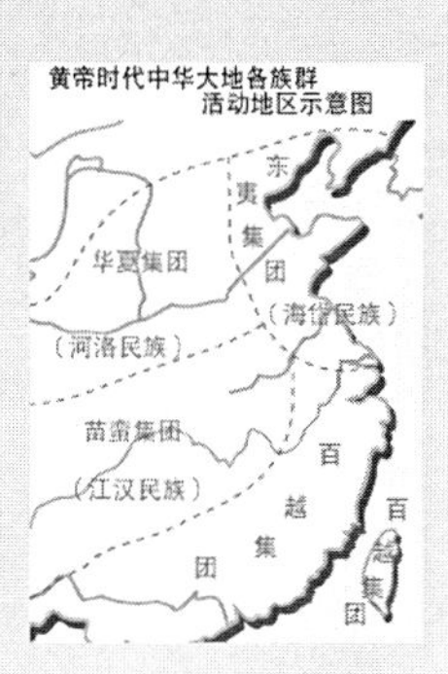

〈그림41〉 황제시대 각 민족 분포도

황제 집단에 의해 정복당한 동이 집단은 한대汉代에 이르러서
는 남과 북으로 흩어진 일부를 제외한 대부분 성원들이 화하
족華夏族에 동화되어 한족漢族을 형성하는 근간이 된다.

학자들은 발해가 고구려 유민이 건립한 나라라고 하지만, 발해국은
다민족국가로서 말갈靺鞨인이 주민의 다수를 차지하고 있었다. 발해가
망한 뒤 그 유민이 고려로 남하했을 수도 있지만 고려는 아예 요동 땅
을 지배해 본 적이 없다. 고려는 고구려를 계승한 국가라기보다는 한
반도의 삼한에 그 뿌리를 가지고 있다고 보는 것이 타당한 이해일 것

이다.

이처럼 동이와 예맥은 북방에 살던 주변 민족들과의 장기간에 걸친 혼혈 속에서 점차 독립적 정체성을 상실하며 역사 속에서 완전히 사라지고 만 것이다. 물론 그들은 한반도를 비롯하여 동북의 여러 민족들과 융합하여 새로운 종족을 만드는 데 자신의 전부를 기여했을 것이다.

굳이 동이족의 후예를 따진다면 그들의 피는 한족漢族의 피 속에서도, 한민족의 혈관 속에서도, 동호족과 흉노족의 혈액 속에서도 …… 흐르고 있을 것이 틀림없다.

결론적으로 동이족은 특정 민족의 조상이 아니다.

■ 주

1　『韓國文化史大系』Ⅳ. 풍속. 예술사. 고려대학교민족문화연구소. 1970. 2. 28. p. 424.

2　『한국민족사개론』 손진태. 1948.

3　『요동사』 김한규 저. 문학과지성사. 2004. 2. 13. p. 18.

4　『한국고대민족사의 탐구』 신천식 저. 서경문화사. 2003. 8. 25. p. 28.

5　동호족과 곰 토템 부족이 융합하여 단군이 탄생했다고 주장하는 사람들도 있다.

6　『신라인의 실크로드』 신형식 외. 백산자료원. 2002. p. 175.

7　프랑스 사람 다 꼬빼리(Tevrin de Lacoupeerice)가 주장한 가설이다. 漢族의 기원이 바빌로
니아에서 곤륜을 지나왔다고 한다. 중국의 황제 헌원은 바빌로니아 '박겨레'의 추장인데 그
가 무리의 일부를 거느리고 곤륜산의 동쪽인 중국에 이르렀다는 것이다. 이 학설을 지지하는
학자들로는 시리가와白河次剴와 중국의 種德, 劉思培, 丁謙 등이 있다. 반대하는 학자들로는
프랑스의 솨반(E. chayannes), 잉글랜드의 볼(C. J. Ball), 독일의 히르트(Hirth), 중국의 繆風
林 등이 있다.

8　독일의 키르핸(A Kirchen), 프랑스의 유에(Huet), 기니(De Guigs) 등의 학자들은 漢族의 기원
이 이집트라고 주장한다.

9　프랑스의 건네비(A. De Gobinesaus)는 漢族의 조상이 인도에서 기원했다고 한다.

10　잉글랜드의 볼(C. J. Ball), 펌펠리(R. Pumpelly), 미국의 윌리엄스(F. F. Willams), 안나(Anau)
등은 漢族의 선조가 중앙아시아에서 왔다고 간주한다.

11　독일의 리흐트호펜(Richthofen)의 주장이다.

12　일본의 도라이鳥居龍臓의 주장이다.

13　아메리카 사람 앤드류(R. C. Andrew)와 오스번(H. F. Osborn)의 주장이다.

14　프랑스의 로쏘미(Leon ro Ssomy)와 잉글랜드의 로쓰(G. Ross)의 주장이다. 이 토착설의 근
거로는 구석기시대에 이미 중국의 북부에 인류가 존재했다는 고고학적 증거를 들고 있다.
북경인의 유골이 그 증거이다.

15　제4기 갱신빙하기가 몇 번 도래하는 중에 발해와 황해의 水面이 몇 차례나 바닥이 드러나
육교를 만들면서 중국 內地의 古人類가 연해지역을 따라 한반도로 이동할 수 있는 이상적인
통로를 열었다. 따라서 일찍이 구석기 중기부터 고인류의 足跡은 이미 조선반도에 나타나기
시작했다. 구석기 말기에 이르러서는 이러한 이주가 더욱 왕성해져 한반도와 동북 사이의
밀접한 고대문화관계를 건립했다. … 2만~1만 년 전 해수면은 지금보다 132m 좌우가 낮았
다. … 따라서 평균 수심 44m의 황해와 18m밖에 안되는 발해 및 동해의 바닥이 해수면 위
에 평탄한 평원으로 드러나면서 육교가 되었다.
　『中國東北史』主編 佟冬. 吉林文史出版社. 1998. 8. pp. 43. 47.
　필자는 해수면 하강 현상은 신석기시대에도 발생하지 않았을까 추측한다.

16　『十八史略』.

17　『龍鳳文化原流』王大有 著. 林東錫 譯. 北京工藝出版社. 1988. 1. 동문선. p. 209.

18 동상서. p. 283.

19 이 시기에도 소호의 대부분은 산동의 운대산 窮桑 부근에 남아 화하집단에 동화, 흡수되었
다.

20 『東北民族史略』傳朗雲. 楊易.《竹書년紀》

21 신시베리아족(New-Siberians)이라는 말은 핀란드의 학자 카스트렌(M. A. Castren)에 의하
여 만들어진 우랄, 알타이족(우랄산맥과 알타이산맥 사이에 살고 있는 거주민)이란 말 대신
에 나온 용어로 차플리치카(M. A. Czaplicka)가 제의한 것이다. 신시베리아족이란 용어에는
시베리아 밖에 사는 우랄, 알타이족은 제외하였다. 그 이유는 시베리아 내에 사는 몽골족,
터키족, 사모예드족 및 퉁구스족 등이 시베리아 밖에 사는 우랄, 알타이족과 같은 중앙아시
아에서 기원한 것이라 해도 시베리아에서 오랫동안 살며 서로 혼혈이 되었으므로 시베리아
밖에 사는 같은 종족들과는 대단히 달라진 까닭이라는 것이다. …… 그러나 혼혈로 말하면
시베리아 밖에 사는 우랄, 알타이족도 그들 각 지역의 민족과 행해졌다.
『韓國文化史大系』民族, 國家史. 고려대학민족문화연구소출판부. 1970. 1. pp. 385~359.

22 최근에 경북 경주에서 발굴된 후기 구석기시대-초기 신석기시대의 유물은 한반도에 인류
가 산 역사를 무려 2만 년 이상으로 앞당긴다고 한다. 세계일보 2007년 4월 11일. 전주식
기자.

23 파지르크고분에서 발굴된 적석목곽묘는 신라왕의 적석목곽묘와 기본적으로 같은 구조라고
한다.

24 『고깔모자를 쓴 단군』 정형진 지음. 백산자료원. 2003. 12. p. 25.

25 동상서. p. 50.

26 동상서. p. 55.

27 동상서. p. 66.

28 동상서. p. 73.

29 동상서. p. 226.

30 『고대사의 비교언어학적 연구』 강길운 저. 새문사. 1990. p. 8.

31 동상서. p. 153.

32 동상서. p. 162.

33 석장리유적의 연대는 방사성 탄소 연대 측정에 의해 약 2만 5천~3만 년 전의 것으로 알려졌
다.

34 『요동사』 김한규 지음. 문학과지성사. 2004. 2. 13. p. 16.

35 페루의 아타카마사막에 있는 니스카그림에 대한 가설은 여러 가지이다. 별자리를 표현하였
다는 가설, 태양의 출몰 방향과 관계가 있는 天文曆이라는 가설, 농경과 관련이 있다는 가
설, 달리기 경주를 위한 코스라는 가설, 지하수로 표시라는 가설, 제사 의식을 지내는 곳이
라는 가설…… 이 중에 그 어느 가설도 그림의 의미를 완벽하게 설명하지는 못하여 문자 그
대로 현재까지도 가설일 뿐이다. 어쩌면 니스카그림의 진실은 인류역사에서 영원히 베일에
가려진 미스터리로 남게 될지도 모른다. 한국 고대사의 진실도 이와 유사한 경우라 할 것이

다. 시간이 흐름에 따라 고고학 발굴과 문헌연구에 의해 진일보 진실에 접근하겠지만 인간
의 능력으로는 완벽한 설명이 불가능할 것이다.

36 중국학자들은 동북지역의 고대 종족들을 漢族계통, 숙신계통, 예맥계통, 동호계통으로 분류
한다. 이들은 각각 漢族은 동북의 남부, 숙신은 동부, 예맥은 중부 및 한반도, 동호는 북부에
거주했다고 한다.

37 『中國東北古民族發展史』李德山, 欒凡 著. 中國社會科學出版社. 2003. 8. pp. 5~14. 1. 兩
地之人都流行頭骨人工變形習俗, 也就是民間習稱的 "睡偏頭". 2. 東夷族系蹲踞爲禮, 東北各
民族同樣流行蹲踞或箕踞習俗. 3. 東夷系是中國音樂, 歌舞的發明者, 東北各民族也都是能歌
善舞的民族. 4. 兩地之人的占卜習俗相同. 5. 東夷族系是中國冷兵器, 諸如箭矢, 刀矛等的發
明者, 東北各民族同樣以此問名于天下. 6. 兩地都流行石棚墓葬的習俗. 7. 兩地都使用猪, 狗,
羊等家畜以殉葬. 8. 兩地共同流行始祖卵生神話. 9. 兩地共同崇拜鳥, 犬, 龜, 龍等動物. 10.
兩地共同具有左王的服飾特點. 11. 都以披(被)發爲主. 12. 都有發達的造船和善水技術等等.

38 『요동사』김한규 저. 문학과지성사. 2004. 2. 13. p. 89.

39 『중국신화와 전설 1』위앤커 저. 전인초, 김선자 옮김. 민음사. 2004. 4. 10. pp. 76~77.

40 동상서. 묘족은 본래 황제의 후손이었지만 황제의 사랑을 받지 못하고 있었다. p. 170.

41 동상서. pp. 190~191.

42 동상서. p. 245.

43 『단군, 만들어진 신화』송호정 지음. 산처럼. pp.296~197.

44 일부 중국학자들은 "인종상 中國民과 다수 混化되었으므로 貊族이 漢族의 일분자를 구성하
는 데 관련됨은 매우 타당하다"고 간주한다. 童書業. 『中國疆域沿革略』1957. p. 128.
貊族에 대해서는 논란이 분분하다. "山戎卽貊"『蒙文通』, "貊原說通古斯語"『滿鮮原始古墳
研究』, "貊是東夷族系的一介副族"『濊貊遷都考』, "貊爲中國北方各族之泛稱"『濊人及民族
屬性』, "貊爲北方濊種"『說文』.

45 自夫餘和高句麗王國滅亡后, 濊貊系中的조 遺民族已逐漸式微, 遼金時期已不見有關此族的
記載了.『中國東北古民族發展史』李德山, 欒凡 著. 中國社會科學出版社. 2003. 8. p. 15.

고조선 문자의 새로운 해석

언어의 친족 관계親族關係는 장기간에 걸친 여러 종족들 간의 공존과 혼혈(통혼), 부족의 이동, 전쟁 등 역사적 과정의 결과물이다.

이들 민족은[1] 서로 인접해 있을 뿐만 아니라 부단한 전쟁과 이주에 의하여 서로 혼합되었으며 언어의 치환置換이 자주 행해졌다는 사실 등이 강조된다.[2]

한국어에 대한 연구가 유럽식 연구 모델을 그대로 적용한 것이라는 점에서 단점은 면할 수 없게 된다. 유럽 언어학자들의 연구 자료가 중세 한국어가 아닌 현대어라는 점도 이 가설의 신빙성에 의혹을 던지기에 충분한 이유가 된다. 게다가 "고대 삼국은 옛 언어 자료를 남기고 있지 않고 있기 때문에"[3] 연구에 어려움을 한층 더한다.

알타이어족에 관한 비교언어학적 연구 방법은 언어들 간의 문법 체계, 음운 체계, 어휘의 유사성을 근거로 수립된 학설이다. 그러나 이 방법에도 역시 문제는 존재한다.

둘 또는 그 이상의 언어에서 구조상의 유사성 내지 일치가 확인될 때 그것은 친족 관계의 증거일 수도 있다. 공통조어共通祖語에서 분화된 이래 그 구조를 변치 않고 보존해온 결과일 수 있기 때문이다. 그러나 소수의 구조상의 특징이, 기원이 전혀 다른 언어들 간에 공통으로 발견될 수 있는 반면, 기원이 같은 언어들에서는 오히려 그 일치를 발견할 수 없는 예가 허다하다.[4]

어족語族의 중추를 이루는 근간은 문법 체계인데 이 부분은 타 민족과의 융합이나 혼혈로도 불변한다고 생각한다. 그러나 둘 이상의 민족의 결합과 융합은 어떤 형식으로든 해당 언어에 흔적을 남기게 마련이다. 이런 언어적 흔적은 상대적으로 구조 변화가 심한 어휘의 음운 체계에서 주로 나타난다. 한국어가 남방의 중국어가 아닌 북방의 알타이어족으로 분류되었다고 하지만 인접한 동이족, 한족과의 부단한 전쟁과 이동 그리고 혼재로 인한 중국어의 흔적도 반드시 남아있을 것이다. 물론 그 흔적이 한국어의 문법에 영향을 주지는 못했을 것은 분명하다. 그러나 한국어 어휘의 어말 음운 변화를 통해 그 흔적을 찾을 수 있다고 생각한다.

한국어가 어근의 어말 음운이 자음 ‘ㄹ’(r, l)과 ‘ㅁ’이 발달한 반면, 중국어는 자음 ‘ㄴ’(n=天, 神 등), ‘ㅇ’(ŋ=皇, 陽 등)’ 그리고 모음

‘l’(i=地, 鬼 등)가 상대적으로 발달했다. 중국어의 어미에서는 ㄹ, ㅁ 발음이 없다.

터키어에서는 알타이어의 특징인, 어미에서의 발음인 ‘ㄹ’(r, l)음이 가장 많이 나타나고 있다.[5] 그럼에도 중국어 어미 발음인 ‘ㄴ’(n)[6]과 ‘l’(i)[7]가 간혹 보인다. 몽골어와 만주어에서도 ‘ㄴ’(n)[8]과 ‘l’(i)의 어말 발음 현상이 있다. 만주어에서는 어말 ‘l’(i)[9] 발음이 특히 발달했다. 한국어에서는 볼 수 없는, 중국어에서만 나타나는 ‘f’음[10]도 보인다.

이러한 현상은 동화된 이異민족이 자기 언어의 습관 발음법으로 타민족의 언어를 발음한 데서 남겨진 흔적이었을 것이다. 한국은 고조선시대부터 조선 왕조 중기까지 줄곧 한자漢字를 사용해왔으므로 현대어는 물론이고 고대언어에도 반드시 중국어의 흔적이 남아있을 것이 틀림없다. 한국어 어말 음운에서도 분명히 ‘ㄴ’(n)이나 ‘ㅇ’(ŋ) 발음이 나타나고 있기 때문이다.[11]

일반 어휘에서 국어의 하이투스間[12]의 자음 발달은 전 항前項에서 말한 바와 같이 〔ʃ〕, 〔ŋ〕이다. 〔ʃ〕는 다른 언어에서 흔히 보는 바이나 〔ŋ〕음音 발달은 국어의 특이한 예이다. 외래의 수입에 있어서……[13]

본 장에서는 구두어口頭語보다는 문어文語 사용에 초점을 맞춰 담론을 펼치려 한다.

말미에는 문법 체계나 음운 체계는 물론이고 어휘 하나 없이 자모 몇 개만 있는 가림토를 고조선의 문자라고 대서특필하는 재야사학계의 억지 주장에 대해서도 비판하려 한다.

1 문자의 역사적 의미

1. 문자와 사회

문자의 사회 조직적 기능

고대 문자는 모두 큰 하천을 낀 충적평원 지대에서 창출되었다. 황하 유역의 갑골문과 유프라테스-티그리스강 유역의 수메르 설형 문자가 그러하고 나일강 유역의 이집트 상형 문자도 같은 경우라고 하겠다.

여기에는 반드시 그럴 만한 이유가 있을 것이다.

충적평원은 하천의 범람으로 인해 생겨난 퇴적층으로 형성된다.

그렇다면 강물의 범람과 문자에는 어떤 관계가 있을까?

유프라테스강과 티그리스강이 흐르는 이라크의 양강兩江 유역에서는 해마다 두 차례의 정기적인 홍수가 발생한다. 첫 번째 홍수는 북부

산악지대에서 내리는 비 때문에 불어난 물이 범람하는 것인데 그 시기는 11월에서 3월 사이이다. 두 번째 홍수는 겨울에 내린 적설이 녹으면서 물이 불어나는 현상인데 4월과 5월 사이에 발생한다.

강물의 범람은 하류지역인 사마부터 충적평야를 이루는데 경작하기에 알맞은 질 좋은 토양을 형성한다.

이집트의 나일강도 6월부터 10월 사이에 해마다 주기적으로 범람한다. 홍수는 하류 연변의 지역을 1m~2m 깊이로 침수시키며 무려 3~4개월 동안이나 지속된다. 3월~5월의 건조기가 되어 물이 빠지면 강물에 밀려온 퇴적층이 비옥한 경작지로 드러난다. 해마다 부엽토腐葉土를 더한다. 그들은 충적평야 지대를 케미(kemi-검은 흙)라고 부르며 주변 사막지대는 데시레트(붉은 흙)라고 부른다.

홍수와 관련된 당시의 이러한 사정은 고대 이집트의 상형문자를 통해서도 알 수 있다.

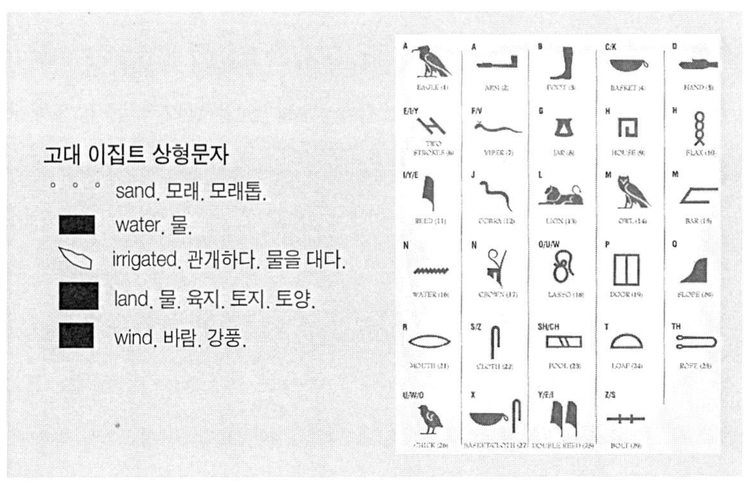

고대 이집트 상형문자
sand. 모래. 모래톱.
water. 물.
irrigated. 관개하다. 물을 대다.
land. 물. 육지. 토지. 토양.
wind. 바람. 강풍.

홍수와 강물의 범람을 막기 위해 메소포타미아 사람들은 방대한 인력과 기술력을 요하는 거대 도시 건설과 병행하여 수로 건설 공사를 진행하였다.

이집트의 왕조는 홍수기의 굶주림을 해결하기 위해 대량의 피라미드를 건설했는데 인부들에게 보수로 곡물을 지불했다.

이런 대규모 건축 공사는 국가의 근본인 구성원들의 협동력과 조직력 더 나아가서는 강대한 권력체계로 발전하게 되는 것이다.

그런데 협동력, 조직력, 권력체계의 수립은 천기현상에 대한 경험의 체계화와 기상학, 천문학, 역법曆法, 기하학, 측량학의 발달이 필수 조건이 되고 이는 또 문자와 숫자의 발명이 전제되어야만 비로소 가능하다는 점을 명심하여야 한다.

실제로 이집트에서는 경험의 누적을 통해 나일강이 범람하는 주기를 파악하고 1년 365일의 달력을 창제해냈다. 홍수 후 퇴적층에 묻혀 달라진 지형과 사막의 바람에 묻혀 땅을 찾기 힘들었기에 그에 대응한 토지 측량 기술이 발달할 수밖에 없었다. 천기 관측에서 시작된 천문학, 강물의 범람에서 유래된 역법, 토지 측량에서 발생한 숫자와 10진법 등 국가적 행사들은 전부 문자의 창제와 숫자(기하학)의 도움으로 가능해질 수 있었다.

메소포타미아의 과학은 그 분야가 점성술, 천문학, 태음력, 십진법, 24시간, 360° 등 이미 상당한 수준에 도달해 있었다. 수도水道 건설 공사와 도시 건설은 기하학과 수학, 역법 등 문자적인 도움이 없이는 도저히 불가능하다. 이집트의 피라미드 건축은 고도의 기하학적, 수학적 지식을 요하는 토목 공사이다. 제사나 점술도 문자 없이는 상상조

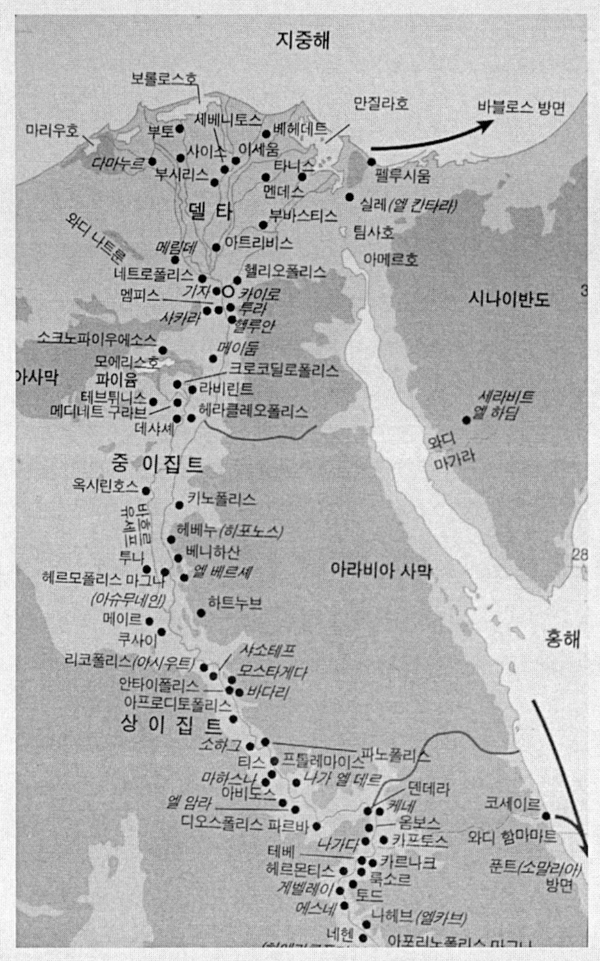

〈그림42〉 고대 이집트 나일강 유역

나일강의 주기적인 범람에 대처하기 위해 문자를 비롯한
천문학, 기하학 등 나일강 문명이 발달했다.

차 할 수 없다.

문자는 자연을 정복하기 위한 인간의 수요에서 창제된 것이다.

인간의 자연 정복은 문자의 바탕 위에서 사회와 국가의 협동력, 조
직력, 권력체계를 형성하는 결정적 계기가 되었으며 고대국가를 점차
중앙집권제로 전이시키는 견인차 역할을 충실히 감당해냈다.

문자 문화와 무문자 문화의 차이

갑골문 역시 황하 유역에서 탄생한 고대 상형문자이다. 갑골문이
출토된 은나라의 수도는 하남성 안양시 소둔小屯인데 북쪽으로는 하북
성, 동쪽으로는 산동성과 이웃하고 있는, 화북 평원에 속하는 지역이
다. 중국의 황토黃土는 황하 유역인 이 화북지역에 집중적으로 분포되
어 있다. 화북 평원은 황토대가 광범위하게 펼쳐져있다. 기후도 비교
적 건조하다.

황토는 거칠고 두꺼우며 비옥도가 비교적 높다. 봄에는 가물고 황사가 몰
아치며 여름에는 집중호우가 쏟아져 강물이 범람한다.[14]

화북지역의 봄 가뭄은 봄비가 적고 지면온도가 빨리 올라가는 인자 외에
또한 겨울가뭄의 연속적인 영향도 받는다. 겨울철에 강수가 적어 봄이 되
면 빨리 기온이 높아지고 풍력風力이 커지며 증발이 강화되어 가뭄이 더욱
심화된다. 4월에 높아짐에 따라 화북지역에 흔히 강력한 저기압골이 형성
되어 저기압골 앞의 기압 경도가 커지며 흔히 2m/sec 이상의 6급 태풍이
분다. 큰 바람이 부는 곳은 황토먼지를 떠올려 온 하늘을 가리는 모래보라

날씨를 형성한다. 매년 5~15일의 모래보라 날씨가 있는데 대부분 봄철에 집중된다. 태풍은 지표면을 침식할 뿐만 아니라 증발을 강화시켜 공기 건조도가 커지므로 봄 가뭄이 더욱 심하다.

……계절적 분포가 고르지 못하고 폭우가 많은 것이다.

……일강수량이 50mm 이상인 기록은 도처에서 볼 수 있다.

……화북지역에 폭우가 많은 원인은 주로 아열대고기압마루의 위치 이동에 있다.

……폭우의 강수 세기가 클수록 지표면에 대한 침수 영향이 크다. 산지에서는 폭우에 의해 산 홍수가 생기며 산사 면이 침식되고 이석류가 생겨 하천을 막으며 도로와 촌락을 파괴한다. 평지에서는 폭우에 의하여 제방이 터지고 하천이 범람하여 넓은 토지가 침수피해를 받는다.[15]

인간에게 주는 하천의 피해가 얼마나 큰 가를 알게 하는 설명이다. 하천에 의한 이러한 피해는 갑골문을 통해서도 확인할 수 있다.

黃. 누를 황. 아직 갑골문 전문가들도 모르는, 판독되지 않은 갑골문1500자 중의 하나이다. 단지 화살 표시만은 인정되고 있다. 전田자는 경작지의 형태 즉 황하의 범람으로 형성된 충적평야-황토를 의미한다고 본다. 황토는 사질沙質 성분이 섞여 수토 유실이 심할 뿐만 아니라 건조한 봄날의 거센 태풍에 모래보라로 날려가기도 하여 기온의 가속상승으로 인한 토양속의 수분 증발도 높아진다. 갑골문에서의 화살표는 바로 하늘을 향해 급속히 상승하는 황토 수분의 증발과 모

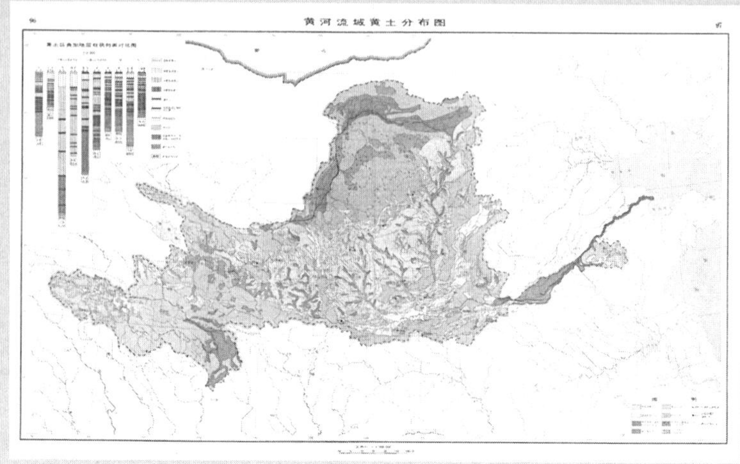

〈그림43〉 황하 유역의 황토 분포 지역

치수의 선제 조건은 문자와 수학이다. 고조선에는 치수기록이 전무하다.

〈그림44〉 고대 바빌로니아 점토판

이런 점토판에 천문현상과 수학공식을 기록했다.

래보라를 상징하는 상형표시이다.

􀀀 災. 재난 재. 집에 불이 난 모습과 물난리가 난 모습이다.

황하 주변에 거주한 은나라 주민들에게 가장 큰 재난은 물난리 즉 홍수이고 가옥 화재의 위험을 불러오는 봄철의 극심한 고온현상과 건조기후였음을 암시한다.

(􀀀)옛날의 무서운 홍수 기억 표현. 태양이 물에 잠겼다.

􀀀 州. 모래톱 주. 흐르는 냇가의 중앙에 모래섬이 있다.

충적평야는 곧 강물에 실려와 쌓인 퇴적물인, 커다란 모래톱 섬이다. 삼각주라고도 한다. 비옥한 토양이어서 경작에 유리하기에 반복되는 수해의 위험을 감수하면서도 이곳을 떠나지 않고 삶의 터전으로 삼는다.

􀀀 春夏秋冬.

춘. 태양과 싹 그리고 농부의 논갈이하는 모습이다.

하. 사람이 더워서 사지를 활짝 벌리고 있는 모습이라고 한다.「說文通訓定聲」에서는 "象人當暑燕居 手足表露之形"이라고 해석하고 있다. 황하 유역은 습도가 낮아 혹서가 더욱 극심했다.

추. 가을을 알리는 귀뚜라미의 모습이다.

동. 겨울에 생기는 고드름의 모습이다.

사계절은 천기의 주기적 반복이니 일상생활에서 누적된 경험을 부호화한 것이다. 역법의 제정에도 많은 도움이 되었을 것이다.

􀀀 水.물 수, 􀀀 川.내 천, 􀀀 雨.비 우, 􀀀 申.번개 신, 􀀀 云.구름 운, 􀀀

風.바람 풍, 炎.불 염 그리고 東西南北동서남북, 日月,
天과 一부터 十까지의 숫자는 모두 천기의 변화와 강물의 범람, 역
법의 제작과 관련된 문자 및 숫자들이다. 일천 천은 사람의 머리
에 금 하나를 그으면 1000이고 두 줄 그으면 2000, 세 줄 그으면 3000
을 표시하는데 이는 은나라 사람들이 이미 일 년의 365일과 그 이상의
숫자를 사용하고 있었음을 증명한다.

문자는 이처럼 강물의 범람을 좌우하는 천기현상에 관한 경험을 기
록하고 그에 대처하기 위한 방법으로서 역법(음력)과 계절에 따른 경
작 요령, 재해를 이겨내고 풍작을 기원하는 종교의식인 제사 순서와
점복체계를 문자화함으로써 독특한 기능을 발휘한다.

需 요구 수. 비 아래에 서있는 무당의 모습이다.

赤 붉을 적. 무당을 묶어놓고 불에 태워 죽이는 모습이다. 가뭄에 무당
을 태워죽이면 그의 비명소리를 듣고 하늘이 비를 내린다고 한다.

登 오를 등. 신위神位 제단을 향해 제물을 담은 그릇豆을 들고 오르는 모
습이다.

舞 춤출 무. 소꼬리를 잡고 춤을 추는 모습이다. 소는 큰 제사 때에 쓰이
는 제물이다.

賓 손님 빈. 무녀巫女가 귀신의 강림을 맞이하기 위해 제물具을 가지고
제사지내는 모습이다.16

갑골문시대의 제사와 점복은 이와 같이 자연재해에17 대비한 대응
방법이었음을 알 수 있다. 제사와 점복은 점차 문자화되면서 공동체

와 사회 더 나아가서는 국가의 중추가 되는 의식형태-이데올로기로 확실하게 자리매김한다.

이와는 대조적으로 사막, 스텝, 삼림지대에 살던 북방 민족들은 대체로 문자가 없거나 중원보다는 훨씬 늦은 시기에 문자를 만들고 있다.

B.C. 3세기 말에서 A.D. 1세기 말까지 장장 400년 동안이나 중국 북방의 패권을 누리며 중원까지 위협하던 흉노족에게도 문자가 없다.

만주에서 강력한 세력으로 군림하던 선비족과 동호족, 오환족도 문자가 없다.

거란은 요나라를 건립한 A.D. 907년에야 겨우 위구르문자를 모방한 여진문자를 사용했지만 망국과 함께 문자도 사라져버렸다. 지금은 사용한 흔적조차 없다.

여진족은 금나라 태조의 명에 따라 1119년에 완안 희윤이 거란문자와 한자漢字를 모방하여 여진문자를 창제했지만 역시 금나라의 멸망과 함께 역사에서 흔적이 지워지고 말았다.

서하인들은 1036년에 거란문자의 제자制字법을 배워 자신의 문자를 제정했지만 이 역시 서하국 멸망과 함께 사라졌다.

청나라를 세운 만주족은 1616년에 몽골의 파스파문자를 기본 원형으로 삼아 만주문자를 창제했지만 청나라가 패망한 뒤로 오늘날에는 거의 잊혀져가고 있다. 문자가 사라짐에 따라 만주족의 존재도 덩달아 역사 무대에서 퇴장하는 추세이다.

몽골은 8세기 무렵에 위구르문자를 모체母體로 자신들의 문자를 개발했고 일본은 285년 백제의 왕인王仁이 천자문과 「논어」 10권을 가지고 건너가 전파한 뒤 한자漢字를 모태母胎로 일본 문자를 창제하여 오늘에 이르고 있다.

역사 속에서 문명의 발달은 곧바로 문자의 발달과 직결된다고 해도 과언이 아니다. 고대 문명국에는 모두 문자가 있었다.

그럼 일부 재야사학자들이 주장하는 것처럼 고조선시대에도 문자가 있었을까?

한국에 한자漢字가 전래된 시기는 위만조선(재야사학자들은 위만조선의 존재를 부인한다) 시기인 B.C. 2세기경으로 중국의 한나라가 한반도에 한사군을 설치하면서 들어온 것으로 전해지고 있다. 그때부터 고구려, 신라, 백제의 삼국과 고려를 거쳐 조선조 세종 대에 이르기까지 자신의 문자 없이 남의 문자를 사용해왔다.

문자가 없다는 것은 그 공동체나 사회와 국가의 협동, 조직 체계, 권력 구조가 잡히지 않았음을 의미한다. 베트남이나 일본, 한국처럼 남의 나라 문자를 사용한 국가들은 설사 사회와 국가의 협동, 조직 체계, 권력 구조가 수립되었다고 하더라도 어쩔 수 없이 문자로 집약되는 이데올로기나 문화양식 내지 사회조직 체계가 의존적일 수밖에 없다. 문자에 의한 천기, 역법, 영농법, 제사의 규범화는 사회와 국가의 구성 요소인 상부구조 즉 이데올로기구조의 일체화를 이끌어내고 하부구조인 생산 활동 체계의 조직화를 이룩함으로써 중앙집권적 권력을 형성한다.

문자의 기능은 첫째로 과거를 현재화한다는 것이다. 문화는 과거와 현재 속에 분산되어 있다. 신석기시대의 토템 문화는 현재와 격리되어 있지만 문자를 빌리면 현재화가 가능해진다. 둘째로는 시공간을 현장화 한다. 설날 세배 문화는 일년 중 1월 1일 하루에만 유효하다. 그러나 문자를 통하면 봄, 여름, 가을에도 현장화시킬 수 있다. 또한 동양의 세배 문화를 서양이나 아프리카의 오지에서도 문자를 통해 아무 때나 접할 수 있다.

그러나 무無문자 문화는 그릇 없는 음식물과 같다. 과거와 미래가 배제된 채 오로지 현장 속에서만 존재한다. 결국 궁여지책으로 타민족 문자라는 그릇을 빌려 보관할 수밖에 없게 되는 것이다. 그런데 바로 이 차용 보관 과정에 유문자 문화의 그릇 형태가 무문자 문화의 원본 형태를 수의로 변화시키는 기이한 역학力學 현상이 나타나게 된다. 유문자 문화의 그릇 안에는 이미 그 민족문화의 내용물이 담겨져 있다. 무문자 문화는 이 기존의 내용물과 혼합되어 격렬한 화학반응을 일으키다가 결국은 수세의 역부족으로 저항을 포기하며 동화, 흡수되고 마는 것이다. 중원과의 역사 전쟁에서 무문자 문화권인 북방 민족이 패한 원인이 여기에 있는지도 모른다. 흉노, 거란, 몽골, 만주족들이 연이어 중원을 침탈하고 공격했지만 결국은 뜻을 이루지 못하고 패배한 원인 중의 하나가 무문자 문화의 단점이었을 수도 있다. 몽골족과 만주족은 정치적으로는 중원을 점령하고 통치했지만 역으로 문화면에서는 도리어 한자漢字 문화에 동화되고 흡수되어 종국에는 굴복하고 말았다.

문자가 없는 고조선은 제대로 된 국가의 형태를 갖출 수 없었을 것이 분명하다. 문자가 없이는 광대한 영토의 수천, 수만의 백성을 하나로 조직하고 결집하는 강력한 중앙집권체제를 수립할 수 없기 때문이다. 한 사회와 국가는 일원화된 이데올로기와 체계화된 조직체계를

전제로 하는데 그것의 실현은 문자의 도움에 의해서만 가능하다.[18]

북방 민족이 강대한 세력에도 불구하고 중원을 차지하지 못한 이유는 문자가 없기에 공동체의 결집과 문화적 일체성의 확립이 어려웠기 때문이기도 하다. 자연과 북방 제족諸族의 관계는 중원에서처럼 그렇게 절박한 것이 아니었기에 문자 창제가 크게 중요하지 않았다. 인간의 생명을 위협하는 엄청난 수해를 줄 만한 큰 하천도 별로 없었고 혹 홍수가 난다 해도 지면 주거지를 안전한 곳으로 옮기면 그만이었다. 경작지가 침수되면 산으로 들어가 수렵이나 어로로 생계를 유지할 수 있었다. 북방 민족들은 철기시대까지도 반농반렵半農半獵의 생활방식을 견지하고 있었다.

수렵 생활은 장기 정착을 요하는 농경민들보다 이동이 잦으므로 대규모의 국가적인 도시 건설이나 수리 공사 같은 토목 공사도 없었으며,[19] 결과적으로 사회의 협동력과 조직력을 도모할 수 있는 기회와 이러한 사업을 통해 발달하는 수학이나 건축학, 측량학, 기하학, 천문학, 기상학과 같은 문자와 숫자 계통의 과학 발전의 기회도 적어질 수밖에 없었다.

문자 문화는 과거와 현재의 차이를 넘나들고 시공간을 초월하기에 전파가 용이하고 속도가 빠른 반면 무문자 문화는 시공간의 제한을 받기에 전파 속도도 느리고 전파 반경에서도 한계가 존재한다.

엄격한 의미에서 고조선은 국가의 자격을 갖추지 못한 공동체 사회였다.[20] 물론 위만조선의 존재를 인정하고 고조선의 건국 연대를 신석기시대가 아닌 청동기시대인 B.C. 10세기로 낮추고 국가적 차원의 한자漢字 도입을 사실로 받아들인다면 문제는 다르다. 그때는 고조선의 존재가 한자 문화권의 그늘 밑에서 문화적 예속은 물론이고 더 나아가서는 정치적으로도 부속 국가 형태라는 역사적 굴욕을 승인해야 하기 때문이다.

알타이어와 한민족

한국어가 알타이어족에 속한다는 가설을 처음으로 주장한 학자는 핀란드의 언어학자 람스테트[21]이다. 그는 한국어와 알타이어가 같은 어순의 교착어라는 언어 특성을 가설의 근거로 제시하고 있다.

그러나 이러한 근거만 갖고 언어의 친족 관계를 수립한다면 알타이어 말고도 한국어와 유사한 언어들이 많다.

한국어와 유사한 언어의 비교	
고대 수메르어	ABAB(father, prince) 아버지
길약어	A-LA(Human Spirit) 얼, 정신
드라비다어	AN(god of Heaven) 한, 하나님
라후어	GIR(way) 길
다리어	GUL(picture, sculptured) 글, 그림
아카어	GAM(s sort of swornm) 검
리수어	GE(The ear) 귀
일본어	GUR(Cove) 굴(동굴)

최근에는 한국어의 알타이어족설에 반론을 제기하는 학자들이 늘고 있다. 서울대의 김방한 교수와 충남대의 강길운 교수를 그 대표 학자로 들고 있다. 그들은 알타이어가 어법상 우리말과 유사성이 가장 적은 언어중의 하나이며 공통한 근원을 가지고 있다고 할 수 없을 정

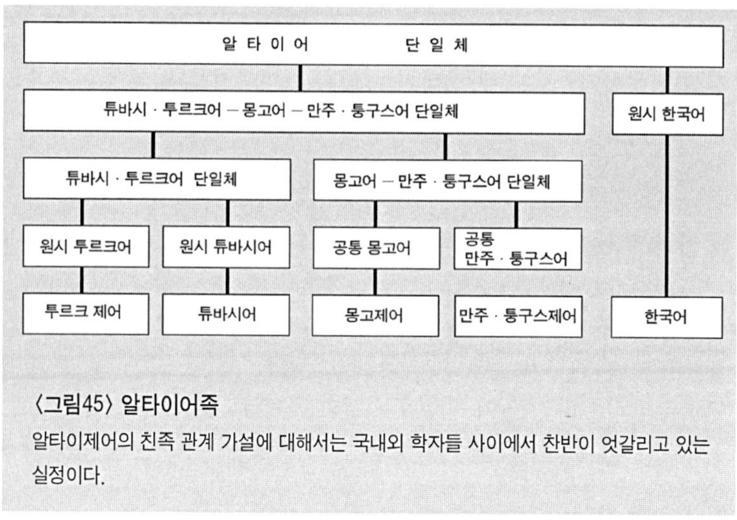

〈그림45〉 알타이어족
알타이제어의 친족 관계 가설에 대해서는 국내외 학자들 사이에서 찬반이 엇갈리고 있는 실정이다.

도로 이질적이라며 알타이어족설을 부정하고 있다. 이런 유사성만으로 우리말이 알타이어에서 분화되었다는 것은 지구상의 어느 언어와의 비교에서도 해당되는 일반적 논리라는 것이다.

한국어와 다리어의 접속사에서의 유사성은 거의 일치하다.

한국어 …와 …나 …도
다리어 …와(코와르방언) …나(부리쉬키방언) …다(부리쉬키방언)

목적격 조사에서도 알타이어보다는 다른 언어와 유사성을 보이고 있다.

한국어 …을 …를

다리어 …라

드라비다어 …름

길약어 …흘

주요 조사 가운데 알타이어와 한국어가 유사한 것은 겨우 5개뿐인
데 그마저 1~2개 정도는 불확실하다고 한다. 도리어 드라비다어와 다
리어는 10개 정도, 길약어, 라후어는 20개 이상이나 유사하다는 것이
다.

여격 조사에서의 유사성

한국어 …에게 …게 …께

다리어 …게 …케

드라비다어 …그

미얀마어 …구

라후어 …게

터키어 …에

언어학계에서는 알타이어 자체가 허구라는 주장을 펴는 사람도 적
지 않다. 북한학계에서는 알타이어족설이 일고의 가치도 없다며 전면
부정하고 있는 실정이다. 해, 달, 뫼, 물 등 고대로부터 현대에 이르기
까지 변하지 않는, 자연 관련 어휘 270개가 있다고 하지만 한국어의
실태를 볼 때 이 역시 불확실하다. '뫼'만 해도 중세어에서는 '달'이라
고 했고 현재는 '산'이라고 한다.[22] 고조선시대(고조선이 존재했다면)

에는 뭐라고 했을지 상상조차 할 수 없다.

언어의 유사성은 유사언어를 사용하는 부족들의 복잡한 융합과 동화, 흡수와 혼혈 과정에서 산생한 필연적인 결과이다.

고립어인 한자漢字가 교착어인 한국어와 결합하여 사용된 것은 거의 기적이라고 할 수 있다. 한자는 단음절 체계이고 표음문자이기에 교착어문법 특유의 조사와 접속어의 보조 작용에 의거해 사용될 수밖에 없었다. 이 과정에서 많은 혼란이 산출되었다.

주지하는 바와 같이, 한자는 의미를 전달하는 데는 우수한 문자이지만 발음을 표기하는 데는 심히 부적당한 표음음절문자表音音節文字이다. 더욱이 한자음은 시기에 따라 변화하였고 지역에 따라 달랐다. …… 삼국시대 선조들이 한자를 빌어 표기할 때에도 역시 개별 한자의 의미와 독음을 혼용하였다. 예를 들면 향가鄕歌에 등장하는 '심음心音'은 현대국어의 "마음(중세국어 'ㅁ丶/ㅿ丶ㅁ/')에 해당하는 신라어의 표기로서 첫 글자는 의미, 둘째 글자는 독음讀音을 취한 것이다.

이와 같이 한자의 의미를 취하여 표기한 것을 譯讀(훈독訓讀) 표기라 하고 독음을 이용한 것을 음독 표기라 부른다. 석독과 음독에 의하여 국어를 표기한 방식을 전통적으로 이두吏讀라고 불렀고, 그 중 국어 문장의 일부가 아닌 전체를 표기한 향가의 표기 방식을 향찰鄕札이라 구별하기도 하였다. 근대에 한자를 빌어 국어를 표기한 방법을 포괄적으로 차자借字표기로 지칭하기도 한다.[23]

결국 한자음가와 국어음가의 음차音差 때문에 후세 사람들의 고문古

文 판독에 많은 혼란이 조성된 것이다.

언어는 두 개의 층위로 나뉘는데 기층 언어는 해당 민족의 전통을, 상층 언어는 차용된 타민족 언어의 흔적을 가리킨다. 언어의 상층부는 지배 종족이나 전쟁을 통해 침입한 종족의 언어가 피지배 종족의 언어에 남긴 흔적을 말한다. 이때 기층 언어 즉 열세한 피지배 종족 언어의 고유성은 지배 종족의 언어에 밀려 사장되는 경우도 있다. 물론 역으로 기층 언어 역시 어법, 음운, 어휘 등에서 지배층 종족의 언어에 영향을 미치기도 한다.

중국어가 한국어와 아무런 연관이 없다고 하지만 그것은 문법, 어순, 성조 상에서만 그럴 뿐이지 하나의 단어에 모음의 중재를 경과하지 않고는 두 개의 자음이 동시에 나오는 일이 없는 현상 등은 유사성을 가지고 있다. 동이족이 한어漢語를 사용했다고 추정할 때 추측 가능하다.

한국어와 알타이어 친족 관계를 사실로 받아들일 때 발생하는 문제점이 또 있다. 한민족 중원 기원설이 부정될 수밖에 없다는 것이다.

인류의 문화 중에서 가장 오랜 전통과 명맥을 이어가는 것이 언어이다. 그런데 이상하게도 한국어는 고유 자생어보다는 대부분 주변 알타이어에 그 어원을 두고 있다고 한다.

몽蒙은 선사자善射者(활을 잘 쏘는 사람)를 뜻하는 (몽골어)Mergen의 음역 音譯으로 보인다. 주朱는 '백발백중百發百中' 운운云云으로 미루어보아 '정확한, 좋은'이란 뜻을 지닌 (몽골어)Jöbé 의 음역으로 보인다. 즉 주몽朱蒙은 Jöbé-Mergen의 음역音譯이라 볼 수 있다. Mergen이란 칭호는 소집단小集

團의 군장 명君長名에 많이 나타난다.

東明······ 방부장方夫長을 뜻하는 Tümen의 음역音譯으로 보인다. tümen은 유목 군장遊牧君長들의 이름에서도 자주 등장하고 있다. 예컨대 흉노匈奴(Hun-na) 제1대 선우의 이름도 tümen이다.

柳花······ 류화柳花는 이 지역 일대에 자생하는 Uda-Checheg(버드나무꽃)의 음역音譯으로 보인다.

高는 높거나 크다는 뜻을 지닌 Ündoür, Khan, Yeke의 음역音譯이 아닐까 한다. 구려句麗는 Khon의 음역音譯으로 보인다. Ündür(Khon, Yeke)는 '높은, 뛰어난, 큰 khon'라는 뜻이다.

夫餘······ 풍부한, 부유한이라는 뜻을 지닌 Bayan의 음역音譯일 가능성이 높다.

흘승골성紇升骨城······ 흘승골紇升骨은 Khalkha(=Halha)-yin gol 즉 할힌골의 음역音譯으로 보인다. 성은 ······장막을 뜻하는 küny(en)과 동계어로 보인다.

홀본서忽本西, 졸본천卒本川······ 홀본本 , 졸본卒本(=환인桓因)은 모두 Khalkha(=halha)-yin의 음역으로 보인다. 홀본서忽本西의 서西는 usu의 음역音譯으로 보인다.[24]

한국 중세어라고 하는데 모두 몽골어의 음역音譯이다. 한국 고유어는 도대체 어디에 있는가? 중세 한국인은 문자만 한자를 사용한 것이 아니라 구두어까지 남의 말(몽골어)을 사용한 것은 아닌가. 한국어와 알타이어와의 비교언어학적 연구도 중요하겠지만 이제부터는 한국 고유어를 찾아내는 연구도 병행해야 할 것이다.

중국에서는 은나라 때부터 한자를 창제하여 사용하였다. 일부 민족주의 학자들은 동이족이 한민족의 조상이라는 이유를 들어 갑골문도 우리글이라고 주장한다. 그런데 이상한 것은 한국어의 알타이어족설을 주장하는 학자들의 견해에 의하면 중국어와 한국어 사이에는 아무런 연관성도 없다고 한다. 이러한 연구 결과는 동이족과 한민족 사이에 존재한다는 혈연 동일설을 반박하는 유력한 증거가 된다. 동이가 만일 한민족의 뿌리라면 현재 산동에 거주하는 중국인들의 언어 속에 한국어와 유사한 흔적이 있어야 할 것이고 마찬가지로 한국어 속에도 중국어와 유사한 문법적 특성의 흔적이 남아있어야만 당연한데도 그 결과는 정반대이다.

그러나 한국어에는 중국어의 특성인 단음절, 어형 변화 결여, 성조 체계 등의 현상이 전혀 나타나지 않고 있다. 뿐만 아니라 중국어는 한장어漢藏語 계통으로 북아시아언어 계통과는 무관하다.

중국어는 아마도 문자를 사용했던 고대 한국의 상류 지배층에 영향을 주었을 것이고 한자漢字를 사용하지 않은 서민층은 북아시아 계통의 언어에 영향을 받은 것으로 추측된다. 상류층은 한족漢族과, 서민층은 알타이 계통과 주로 통혼했을 가능성도 배제할 수 없다.

고대 한국사회는 두 개의 문화계통 즉 상류 지배층의 문자 문화계

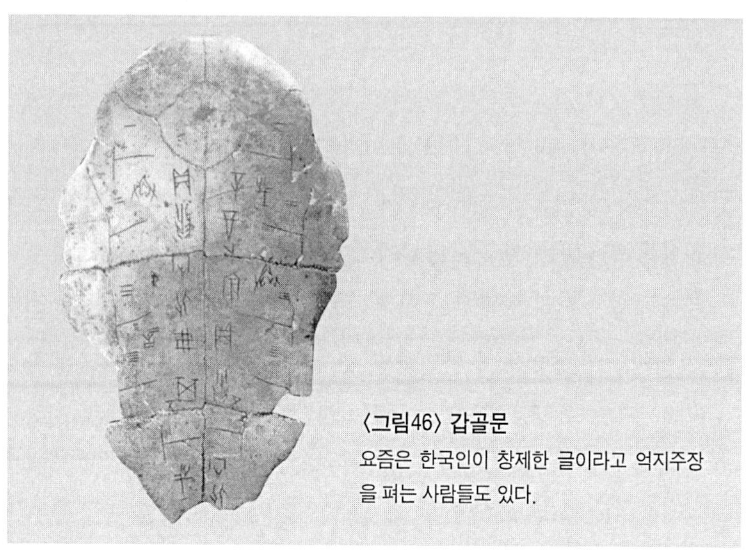

<〈그림46〉 갑골문
요즘은 한국인이 창제한 글이라고 억지주장
을 펴는 사람들도 있다.

통과 서민 계층의 무문자 언어계통으로 분명하게 구분되어 있었을 것임에 틀림없다.

이런 원인 때문에 한국어의 근원을 언술(발화) 측면에서만 연구하는 건 진실에 접근하는 장애가 될 수도 있다. 문자사용의 연구가 병행될 때에만이 한국어의 진실한 모습을 밝혀낼 수 있다.

 가림토加臨土문자는 없다

재야사학자들은 『환단고기』의 기록을 근거로, 38자로 구성된 가림토문자가 4185년 전에 창제되었다고 주장하고 있다.

고조선 3세 단군인 가륵임금 시대이다. 단군이 신하인 삼랑(국관직명)을 보륵에게 명하여 가림토加臨土문자를 만들었다고 한다. 『환단고기』

그런데 문제의 이 『환단고기』가 앞에서도 언급했듯이 강단사학계에 의해 「위서僞書」로 판정된 자료라는 점이다. 그 대표 학자들로는 송찬식,[25] 이도학,[26] 조인성,[27] 이순근[28] 등을 들 수 있다.

이들은 『환단고기』와 『규원사화』가 「위서僞書」인 원인을 용어 사용의 부적절함, 인용 서적의 불분명함, 저술 연대와 저자 문제 등 세 가지로 정리하고 있다.

『환단고기』의 저자 계연수는 대종교와 관련이 있는 독립운동가라
고 전해진다. 박광용은 이들 대종교 관련자들의 저술에 위작이 많음
을 꼬집고 있다.[29]

단군연구단체 성원들은 "단군정신 강조"를 구실로 강한 국수주의
의 경향을 보이고 있었다.

이 달에 임금이 친히 언문 28자를 지었는데 그 글자가 옛 전자篆字를 모방
하고 초성初聲, 중성中聲, 종성終聲으로 나누어 합한 연후에야 글자를 이루
었다.[30]

집현전 부수찬副修撰 신숙주申叔舟와 성균관주부注簿 성삼문成三問과 행사용
行司勇 손수산孫壽山을 요동에 보내어 운서韻書를 질문하여 오게 하였다.[31]

가림토 고조선 문자론자들은 훈민정음이 가림토문자에서 기원했다
고 역설한다. 그러나 실록은 훈민정음이 가림토문이 아닌 중국 요동
의 전자篆字를 "모방한" 것이라고 그 출처를 분명하게 밝히고 있다.

실제로 중국 동북에 거주한 여러 민족들은 한자漢字를 모태로 하여
자신의 문자를 창제했다는 기록이 존재한다. 거란문자, 서하문자, 베
트남문자, 일본문자는 모두 한자를 모방하여 만들어진 글자이다. 그
런데 고대로부터 한자를 사용해온 한민족이 문자 창제에서 한자漢字를
모태로 하지 않았다는 주장은 누가 봐도 설득력이 없다고 할 것이다.

전자는 가장 오래된 한자漢字 서체의 한 종류인데 대전大篆과 소전小
篆 두 가지로 분류된다. 대전은 주周나라 때 사용된 것이고 소전은 진秦

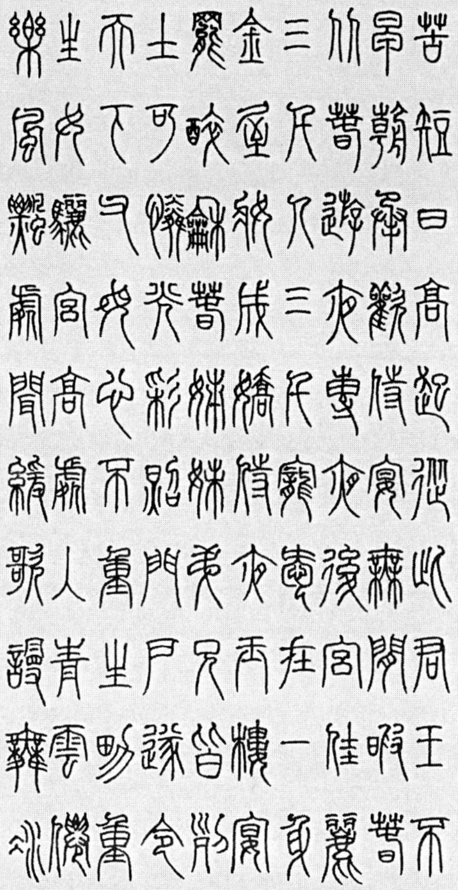

<그림47〉 소전小篆

전자체는 대전과 소전으로 구분하는데 보통 전자라고 하면 소전을 가리킨다.
한글의 자모는 바로 이 소전에서 따온 것이다.

나라 때 이사李斯가 사용하기 편리하도록 대전을 간략화한 것이다. 전서篆書라 하면 흔히 소전을 이른다.

이 소전체에는 이미 직각형, 원형, 대각선, 삐침, 벌림 등 한글 자모의 모든 획이 포함되어 있다.

입 구口 한 자에만도 ㄱ, ㄴ, ㄷ, ㅁ, ㄴ(가림토 자모) 등 다섯 개나 되는 자음을 얻을 수 있고 하늘 천天 자에서는 ㅅ, ㅈ, ㅊ 세 개의 자음 모태가 존재한다.

가림토문자가 사용된 흔적이 없고 기록도 없다는 강단사학자들의 반론에 재야사학자들은 평양 법수교비문과 중국 동북지역의 선춘령 바위에 새겨진 문양 그리고 남해 낭하리암각 등을 증거로 제시하며 이들 비문과 암각화가 가림토문자라고 고집한다.

평양 법수교비문은 선조 16년(1583년)에 발견되었지만 얼마 안 돼 곧 분실되어 지금은 전해지지 않는 유명무실한 비문이다. 심지어는 탁본마저도 없는 상태이다. 그 비문에 대해 당시 사람은 "雕刻文字 非梵非諺 人莫能曉(새겨진 문자는 범자도 아니고 한글도 아니어서 아무도 해독할 수가 없다.)"라고 쓰고 있다.

남해 낭하리 암각화는 옛날 동남동녀 천 명을 대동하고 불로초를 구하러 다니던 진시황의 신하 서불徐市이 잠시 머무르며 남긴 흔적이라는 해석이 있다. 바위 면에 소전체로 "徐市過處(서불이 이곳을 지나가다)"라는 네 글자가 새겨져 있다. 이 네 글자가 가림토문이라는 것이다.

그러나 이 글자는 소전 같지도 않고 가림토문과도 흡사하지 않다. 문자라기보다는 바위에 그려진 한 폭의 그림에 더 가깝다.

문자는 가로나 세로로 기하학적 행을 이루며 글자마다 다른 글자와 구분되는 독립적 구조를 가지고 있다. 그런데 낭하리 암각화는 자행字行법도 무시되고 글자들의 독립성도 찾아볼 수가 없다. 어떤 학자들은 보기에 따라서는 네 사람과 두 짐승이 어울려 있는, 각자刻字가 아닌 각화刻畵라고 판독한다. 문자라기보다는 고대인들의 수렵 장면이나 약초 채집 장면을 형상화한 그림이라는 느낌이 든다.

일본에도 가림토와 유사한 신대문자神代文字가[32] 있는데 천조대신이 이 세상을 다스리던 아득한 옛날 찬미의 신이 대신을 찬양하기 위해 사슴의 어깨뼈를 구운 뒤 뼛속에 생긴 금의 모양을 보고 만든 고대문 자라고 한다. 자음 9개와 모음 5개를 이리저리 연결하여 모두 47개 문자를 만들었다. 이 글자들은 서기 369년 백제의 왕인王仁이 한자漢字를 일본에 전할 때까지 일본에서 쓰였다고 한다. 그러나 학계는 이 문자가 새겨진 비석들은 연대가 길어야 200년이며 비석이 보관된 신사들은 오래되어야 400년을 넘지 못하는 데다 일본서기, 고사기, 고엽집, 신찬성씨록 등 고문서 어디에도 사용된 흔적이 없다는 이유로 신대문자는 근세 이후에 국수주의자들에 의해 조작된 위작, 위설偽說이라는 입장을 밝히고 있다.

그렇다면 가림토문자는 과연 어떻게 하여 생겨난 것일까?

아래에 존재하지도 않는, 이른바 가림토문자가 생겨나게 된 원인에 대한 필자의 견해를 피력하려 하니 독자들은 참고하기 바란다.

1. 세종대왕의 명에 의해 요동으로 건너간 신숙주, 성삼문 등의 학자 들은 중국 고대문자인 전자에서 필요한 획들을 채집하여 한글 자모

의 모태로 삼았다.

2. 채집 당시에는 현재 사용하는 28자의 자모보다 훨씬 더 많은 수량
   의 획수를 확보하여 왔을 것이고 그 중에서 28자를 선별하였다.

3. 가림토문자는 요동을 다녀온 여러 학자들이 각자 채집, 제안한 많
   은 시안 중에서 채택되지 않은 견본 중의 하나이다.

4. 훈민정음 창제 이전에는 말만 있고 글은 없었다.

5. '가림토加臨土'는 '우리말'의 한자식 표기이다.

6. '가림加臨'은 동사 '가리다', '가려내다'의 명사형이다. '갈래'의 뜻
   으로 파악해도 결론은 마찬가지이다.

'토土'는 부수 즉 '자모'이다.

가림토는 가림부수, 가림자모이다.

'토'는 '토씨'의 준말이다.

토씨는 문법학적 범주로서 조사라고 한다. 체언이나 부사, 어미語尾
따위에 붙어 문법적 기능을 수행한다.

뿐만 아니라 이전에는 한문을 읽을 때 조사의 도움 없이도 문장 성
립이 가능한 고립어인 중국어의 어간에 붙어서 한국어의 교착어로
전환시키는, 문법적 관계를 나타내는 기능을 하기도 했다.

한자 이용 발달의 제1단계는 고유명사의 표기 단계로서 지명, 인명, 관명
등 한자의 음을 빌어 국어를 표기하려는 극히 초보적인 문자 이용 단계이
다. …… 제1단계의 고유명사 표기의식의 발전은 상당히 일찍부터 창안되
어 사용된 것으로 생각된다. …… 3국의 고대국가 형성시기에 비추어, 서
기 4세기를 전후하여 발달한 것으로 보인다.[33]

이두吏讀란 명칭은 삼국유사와 거의 동시대인 이승휴李承休가 지은 제왕운기帝王韻紀(약1295년)에 처음으로 보인다.[34]

　　고유어 표기[35]의 차원에서 한자와 국어의 병용의 역사가 아주 오래되었음을 의미한다. 그런데 이런 경우는 국어를 한자를 빌려 표기하는 것이지만 한문 원문을 읽을 때는 국어가 접미사 따위의 보조수단으로 사용되었을 것이다. 한글 창제 이전에도 우리말은 존재했으므로 한문을 음독音讀할 때 소리 말은 훈민정음 반포 이전에도 토씨(한문을 교착어로 전환시키는 문법적 기능)로 사용되었다. 주문主文인 한문과는 달리 교착어적 역할을 하는 조사인 토씨는 순수 우리말 부분에 해당한다. 그러니까 정확히 말해 한자가 국어를 표기하기 위해 사용된 건 공간상으로는 문자 영역에만 국한되었고 시간상으로는 서기 4세기부터였지만 우리말이 한자를 음독하는 데 사용된 역사는 공간상으로나 시간상으로나 그보다 훨씬 폭이 넓고(문자와 말의 영역을 두루 포괄하는) 오래되었다고 봐야 할 것이다.

김완진金完鎭은 중국어의 상고음上古音이나 태고음太古音을 기준으로 고찰하여 이것을 한중韓中 두 언어가 일찍부터 접촉한 결과라고 해석했다. 즉 이것은 문어文語가 아닌 구두어口頭語로서 사용되었을 가능성을 추정한 것이라고 판단된다.[36]

이기문李基文은 한자어 사용어 이외에 문자를 매개로 하지 않은 중국어의 사용은 고대로부터 근세에 이르기까지 끊임없이 이루어졌다고 보고 있다.

이것은 한자를 매개로 한 문어文語 중심의 차용借用과 더불어, 이와는 별도로 구두어 중심의 차용도 아주 이른 시기부터 줄기차게 진행되었다고 보는 것이다.[37]

최영애崔玲愛 역시 한국어의 어원을 중국 상고음으로 해명하고자 했다.[38]

김방한金芳漢은 한국어를 고아시아어를 기층으로 하고 알타이어가 얹힌, 계통상 이중적 구조를 가진 언어라고 보았다.[39]

환언하면 과거의 토 또는 토씨라는 말은 현대 한국어에서의 조사나 문법적 기능보다는 '우리말', '고유어'를 의미하는 것이라고 단언할 수 있다. 한자의 부수 역시 한글의 자모처럼 글자를 구성하는 문법적 기능을 수행한다.

이러한 원리에 의해 '가림토'를 '가림한글'이나 '한글 부수' 또는

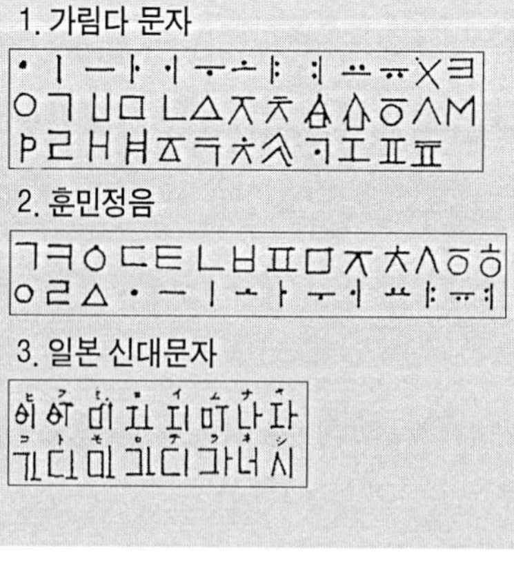

1. 가림다 문자

2. 훈민정음

3. 일본 신대문자

〈그림48〉 훈민정음과 이른바 고조선문자라는 가림토 문자

두 문자가 너무 비슷하다. 그러나 가림토문자는 훈민정음에 비해 세련되지 못하고 덜 정제되어 문자로 사용되기에는 아직 부족함이 많다. 바로 이런 원인 때문에 가림토는 채택되지 못하고 탈락되었음을 알 수 있다.

‘한글 자모’로 이해할 수 있을 것이다.

7. 요동을 다녀온 여러 학자들이 각자 제출한, 부동한 초안 중에서 하나만 선택되고 나머지는 탈락되었다. 채택되지 못한 가림토는 학자 개인 소장으로 문중에 보관되었다가 세월이 많이 흐른 뒤 가문의 먼 후손에 의해 발견되었다.

8. 현재 화제가 되고 있는 가림토는 당시 신숙주가 제출한 한글 자모 시안 중 세종대왕에게 채택되지 않아 집에 보관한 것이다. 나중에 후손에 의하여 그 자료가 발견된 것이다. 그 이유는 신숙주의 18대 손인 신경준(1712~1781)의 증언에서 유추할 수 있다. 신경준은 「훈민정음운해」에서 “훈민정음 이전에 민간에서 사용하던 글자가 있었는데 그 수가 다 갖추어지지 못하고 그 모양에 온정한 규범이 없어 한 국가의 말을 적어내기에는 모자랐다”고 적고 있다. 신경준이 지적한 가림토의 결함은 어쩌면 당시 신숙주가 제출한 한글 자모 시안이 채택되지 못한 이유였는지도 모를 일이다.

9. 가림토문은 나중에 계연수의 수중에 들어가 독립운동을 위한 ‘민족정신고양’의 목적에 따라 일련의 의도적인 과대포장과 교묘한 조작을 거쳐 단군조선의 문자로 새롭게 둔갑한 것이다.

상술한 주장 역시 검증되지 않은 가설-추측에 지나지 않는다.

그러나 기록 한 줄, 사용 흔적 한 점 없는 가림토문이 단군조선의 문자이고 고구려 때까지 사용된 고대 한글이라는 억지주장보다는 훨씬 설득력이 있다고 확신한다.

■ 주

1 터키, 몽골, 퉁구스족을 말한다. 이들 3개 語群은 알타이어족을 형성한다.

2 『韓國文化史大系』言語 . 文學史. 고려대학민족문화연구소출판부. 1970. 1. p. 39.

3 『우리말 발달사』 김형주 지음. 세종출판사. 1996. 12. 5. p. 48.

4 『韓國文化史大系』言語 . 文學史. 고려대학민족문화연구소출판부. 1971. 6. 15. p. 30.

5 käl(오다), yir(땅), ölür(죽이다), köl(가람, 호수), ur(때리다), bil-(알다), är(남자), bir(하나, 一), qizil(붉다), yol(길), til(혀), iki(二), yil(년)등등. (突厥碑文)

6 qan(피), kün(낮), bin(나, 我), uzun(길다), tün(밤), kûn(태양), qalin(두껍다). (突厥碑文)

7 yi-(먹다), kiči(작다), qari(늙다), kiši(사람), taluy(바다), tägri(하늘), udí(자다), iki(二), qaní(어디). (突厥碑文)

8 sibawun(새, 鳥), cisun(피), koiten(춥다), cikin(귀), nidun(눈, 目), bi(나), noqai(개), nabci(잎), šini(새롭다), soni(밤). (元朝秘史)

9 heferi(배, 腹), senggi(피), giranggi(뼈), jui(아이), tugi(구름), bi(나), yali(고기, 肉), eme(엄마), hanci(가깝다), dobori(밤), mederi(바다), ufi(누비다), nimanggi(눈, 雪), muke(水), atanggi(언제), emgi(와, 與). (滿洲老檔)

10 ofi(고로, because), heferi(배), fete(掘, to dig), afa-(싸우다), jafa-(持, to hold), meifen(목, 頸), oforo(코), efi-(놀다), fulgiyan(붉다), fulehe(뿌리), futa(줄), ufi-(누비다), foholon(짜르다, 短). (滿洲老檔)

11 '산'이나 '강'에서 나타나는 'ㄴ(n)', 'ㅇ(ŋ)' 발음은 山(shan), 江(jiang)의 한자어 발음 그대로이지만 '눈'이나 '땅' 등은 고유어에서 나타나는 중국어 'ㄴ' 또는 'ㅇ' 발음이다. 한국 고유어에서는 'ㄴ' 또는 'ㅇ' 발음이 발달하지 않았다. 만주어에서처럼 'f' 발음이 보이지 않고 있음은 한국인이 언어 상에서 만주족보다는 덜 漢族華되었음을 의미한다.

12 하이투스(Hiatus) : 모음의 충돌을 이른다. 모음의 충돌에서 발생하는 철자상의 어형 변화도 하이투스라고 한다.

13 『李崇寧國語學選集』「音韻篇 1」李崇寧 著. 民音社. 1988. 6. 5. p. 145.

14 『중국의 국토 환경』 김추윤, 장상환 공저. p. 402.

15 동상서. p. 403.

16 김경식의 한자배우기.

17 황하지역에서는 주로 가뭄과 홍수에 대비.

18 다른 민족의 문자를 빌려 국가 운영에 사용할 경우 차용국가는 필연적으로 문화와 이데올로기, 체제와 구조 등 모든 면에서 문자 종주국의 형태를 모방할 수밖에 없다.

19 북방제족은 남방과는 달리 한 곳에 오랫동안 정착하는 것이 아니라 비옥한 토양을 찾아다니며 이동식농경을 했을 것으로 생각한다. 이들 민족들의 계절에 따른 수렵과 어로작업 때문에도 그러했을 가능성이 많다.

20 漢字를 사용한 기자조선과 위만조선의 존재를 인정한다고 할 때는 문제가 다르다. 필자는 주로 재야사학자들이 주장하는, 서기 전 2333년에 건국되었다는 단군조선에 대해 비판을 전개하고 있다. 이들의 주장에 의하면 단군조선은 漢字가 아닌 자신의 문자-가림토를 창제, 사용했다고 한다.

21 Gustaf John Ramstedt. 1873~1950. 핀란드의 언어학자. 한국어의 음운사, 어휘, 형태변화 등을 다른 알타이어들과 비교 연구하여 한국어의 친족 관계에 대한 가설을 수립, 국어학의 발전에도 기여하였다. (백과사전)

22 중세어에 대한 분석은 제각각이어서 정설이 없다. 어떤 이는 중세어 〔達〕을 '들, 벌'이라고 하는가 하면 어떤 이는 〔達〕이 원시 알타이유목민의 말인 '탈라tala'에 기원을 두고 있다고 간주한다. 그 뜻은 "드넓은 초원"이라고 한다. 이는 한국의 중세어가 言述로만 쓰였을 뿐 문자기록이 없었기에 생긴 혼란이다. 여기에 언술로서의 한국어와 문자로서의 漢字의 차이에서 생긴 혼란까지 겹쳐 연구에 어려움을 가중시키고 있다. 이러한 현상은 문자를 가지지 못했거나 늦은 시기에 문자를 가졌던 북방제족에게서 공통으로 발견되고 있다.

23 『한국사』8.《삼국의 문화》 국사편찬위원회. 1998. 12. 15. p. 136.

24 『몽골의 문화와 자연지리』박원길 저. 두솔. 1996. 4. 24. pp. 320.~ 322.

25 송찬식.『僞書辨』「월간중앙」 1977년 9월호.

26 이도학.『在野史書解題』「한단고기」《민족지성》 1986년 11월.

27 조인성.『규원사화論添補』「慶大史論」1987년. 경남대학교.

28 이순근.「고조선 위치에 대한 제설의 검토」성심여자대학교. 1987. 5. 15.

29 박광용「대종교 관련 문선에 위작 많다」《역사비평》 1990년 가을호.

30 조선왕조실록. 세종실록. 102권 25년 12월 30일(경술).

31 조선왕조실록. 세종실록. 107권 27년 1월 7일(신사).

32 아히루(阿比留)문자라고도 한다.

33 『韓國文化史大系』言語, 文學史. 1971. 6. 15. pp. 426. 432.

34 동상서. p. 433.

35 언어학자들은 자료가 빈곤한 고대어의 연구에 있어서 좋건 싫건 고유명사의 어원론을 시도하게 되는데, (우리에게 전해진 3국의 언어자료는 당시 국어의 실상을 소상히 파악할 수 있을 정도로 충분하지 못하다. 온전한 문장의 형태까지 보여주는 자료는 《삼국유사》에 수록된 향가 14수뿐이고 그 외는 주로 인명, 지명, 관직명 등 고유명사들에 국한되었다.「한국사」8. 국사편찬위원회. 1998. 12. 15. p. 135.) 이것은 대개의 경우 하나의 모험이 되는 것이다. 왜냐하면 고유명사는 흔히 그에게 音相만 보여주고 의미는 알려주지 않기 때문이다. …… 따라서 우리가 指定하는 대응은 진실일 수도 있고 그렇지 않을 수도 있다는 것이다.
『韓國文化史大系』言語, 文學史. 고려대학민족문화연구소출판부. 1971. 6. 15. pp. 67. 68.

36 『韓國語와 中國語의 比較』金智衡 지음. 박이정. 2001. 4. 20. p. 49.

37 동상서. p. 51.

38 동상서. p. 51.

39 동상서, p. 57.

6장

『朝鮮』과
『阿斯達』에 대한
새로운 해석

　요즘 고조선의 국호 「조선朝鮮」과 도읍지인 「아사달阿斯達」에 대한 학문 연구로 인해 온갖 추측들이 학계에 무성하다. 이러한 현상은 관련 문헌자료 부족에서 비롯된 것이다. 연구 자료는 내외사적內外史籍에 나오는 관련 자료들인데 그 중에서도 『삼국사기』「지리지」의 고유명사에 제한된 기록에 의존해야 한다는 한계가 불확실함의 위험 수위를 초래한 것이다.[1] 한자와 국어의 차이와 불안정한 중세 문어文語와 현대어의 차이도 혼란의 요소가 되고 있다.

　「조선朝鮮」과 「아사달阿斯達」에 대한 학계의 부동한 주장들을 귀납해보면 대체로 유사한 내용임을 알 수 있다.

　먼저 이병도李丙燾는 조선은 단군이 도읍한 아사달의 아역雅譯이라고 주장한다. 도읍명 「아사달」「아사」와 국호인 조선의 「朝」를 결부시키고 있다. 더 나아가 「아사달」의 어원을 '조산朝山', '조광지산朝光之山'

으로 보고 있다.[2]

양주동梁柱東은 「아사달」의 「아사」를 「아촌/아들(侄, 甥, 孫), 아촌설除夕, 아즈비叔, 아즈미叔母」의 「아즈/아촌」과 같은 어원으로 간주하고 「달達」을 「산山」이라 추측하여 「아사달」을 '자산子山, 소악小岳'의 의미로 파악하고 있다.[3]

조선왕조 성종成宗(1470~1495) 때 편찬된 『동국여지승람東國輿地勝覽』에 조선 국호의 기원에 대한 기록을 보면 「조선」이라는 국호는 동쪽의 해 뜨는 땅에 위치하고 있기 때문에 지어진 것이라고 한다.[4]

아사달의 「아사阿斯」는 '왕王' 이나 '대大' 또는 '모母'의 뜻을 가지는 asa의 표기이고 「달」은 '읍邑'을 뜻하는 tara, tɔrɔ의 표기로 「아사달」은 '대읍大邑 왕읍王邑'의 뜻을 가지는 것으로 생각한다. …… 부모 또는 모母의 「어스」는 「어른」, 「어르다」의 「어르-」의 「s」이 s음화音化한 것이라고 생각한다.

「朝」의 이조어李朝語는 「아/춤」 또는 「아젹」이다. 「아/춤」과 「아젹」의 비교에서 「아/춤-ㅁ」, 「아져-ㄱ」과 같이 분석되는 「-ㅁ」, 「-ㄱ」은 접미사이다. …… 「아/춤」은 일본어의 asa(朝)와 비교된다. …… 따라서 asa는 '대大' 또는 '왕王'의 뜻을 가진 아사달의 「아사」와 동음이의어로 아사달의 asa 「아사」를 조선의 조「asa」로 아역雅譯했던 것이다.[5]

'높은 곳'(高~山) 또는 '높은 지역에 위치한'(城)을 뜻하는 고대 지명어 「달」 혹은 「다ㄹ」는, 고구려에서는 「달達」로 표기된다. …… 「달」 혹은 「다ㄹ」(tar)는 높은 지역 즉 고원을 뜻하는 고구려어의 대표적인 지명어로

〈그림49〉 아사달의 신선 단군

재야사학자들은 아사달이 평양이 아닌 하얼빈
이라며 말도 안 되는 주장을 펴고 있다. 그리고
단군은 국조가 아니라 도교의 신선이다.

삼국사기 지리지에서만 14개 처의 용례를 보인다. …… 「달」은 고원지대
의 취락지를 뜻하는 지명어이나 그 본래의 의미는 '높은 곳'을 지칭하는
어사로 보인다. 「달」은 '높은 곳' 에 성城을 쌓고 사람들이 모여 사는 취락
지를 일컫는 어사였던 것이다.[6]

'높은 곳' 즉 중세어 「뫼山」의 한자 표기는 「每」로, 따로 존재한다.
고구려 옛터인 평안도 방언에서 「뫼」[7]는 「산」이며 한국어와 유사하
다는 일본어에서도 「さんsa+n」, 「サソsa+n」이라고 발음한다. 아사달
은 평양성과 같은 지명인데 평양은 '높은 곳-山'이 아니라 평야 지대
에 자리 잡고 있다. 따라서 「달」은 「산」이 아니라 「땅, 터, 곳」의 의미
임을 알 수 있다.

대체로 학자들은 「아사」는 아침(아/춤/ 아적)과 「달」은 「산」과 관
계가 있는 것으로 파악하고 있다. 「아침」은 또 '해 뜨는 동쪽'의 의미

를 저변에 깐 상징적 개념이다.

그런데 중세 국어에서「아침」의 한자 차자借字는「아사阿斯」가 아니다.『원각경인해』를 제외한 다른 문헌들에서는「아참阿慘」,「아즘阿怎」등으로 나타나고 있다.

朝日阿慘아/춤(계림유사)
早阿怎아/춤(조선광역어)
早飯阿怎把아/춤밥
朝아/춤, 아적(원각경인해)

상술한 예에서의「阿」는 중세어 일반명사에 사용된 경우이지만 실제로「阿」훈訓은 지명, 인명과 같은 고유명사에 더 많이 사용되는 것으로 나타나고 있다.

이숭녕(1955~1978)은「阿」자가 지명, 인명에서 국어「아」음音 표기에 유일무이한 용자用字라고 지적하고 있다. 이와 같은 사실은「阿」와「斯」가 모두 땅이나 터(공간의 범위)와 연관이 있는 차자借字임을 암시한다.

조선朝鮮이라는「朝」와「아사달阿斯達」의「아사阿斯」를「아/춤」또는「해가 뜨는 동쪽」이라고 파악할 경우 이는 한민족 스스로가 중원을 중심으로 인정하고 자신을 중원의 동쪽이라고 인식했음이 확인된다. 중원이 중심이 아니면 조선이 구태여 동쪽임을 방위로 규명할 필요가 없다. 방위 개념은 특정 지역을 중심으로 정할 때 발생한다. 어디를 중심으로 하느냐, 나를 중심으로 하느냐 아니면 상대를 중심으로 하느냐에 따라 방위는 변한다. 그렇다고 할 때 동쪽은 상대적인 개념일 수밖에 없다. 상대 방위에 따라 동쪽은 중심일 수도 있고 북쪽일 수도 있는 것처럼 정반대의 서쪽일 수도 있다. 시베리아를 중심으로 할 때 조선은 남쪽이고 일본을 상대 방위로 할 때 조선은 북쪽이다. 조선이 동쪽 방위가 되는 것은 반드시 중원을 중심으로 할 때에만 가능하다. 자신을 세계의 중심으로 보았다면 스스로 동쪽이라고 느낄 필요가 없었을 것이다.

조선이라는 국호를 한민족 스스로 지은 것이라면 중원을 중심으로 인정했다는 사실을 입증하는 꼴이 될 것이고 중국에서 자신을 중심으로 인식하고 지어준 이름이라면 이는 국호라기보다는 지명일 가능성이 더 높다.[8] 주무왕이 기자를 조선에 봉했다는 사서 기록에서 우리는 기자 이전에 이미 조선이 존재했음을 알 수 있다.

중원은 고대로부터 자신들을 세계의 중심으로 인식했기에 주변 지역들과 민족들을 방위 개념으로 구분했다. 북적北狄, 서역西域, 동이東夷, 남만南蠻, 동호東胡 등의 명칭이 그러하다. 모두 국명이 아니라 방위 개념으로 분류한 지명 또는 족명族名이다.

「조선」은 '동쪽 해 뜨는 곳'이라는 뜻의 지명일 가능성이 높다. 강대한 로마제국은 자기들의 제국을 세계의 중심으로 여기고 세계 판도를 동방, 서방으로 구분했는데 이 동방, 서방 개념이 국명이 아니라 지명인 것과 같은 경우라고 할 것이다. 만일 한국이 언젠가 강대국으로 부상한다면 똑같이 자신을 중심으로 세계를 동서남북 방위로 구분할 것이다.

이런 이유로 「조朝」와 「아사 또는 아스」를 「아/춤」이 아닌 「넓은,

평탄한, 평지」로 푸는 것이 더 타당할 것이라고 추정한다. 「아사阿斯」
는 중국어 음독으로 「아스」이다. 이병선李炳銑도 「阿斯」를 「아사」가
아닌 「어스」[9]로 훈독하고 있듯이[10] 훈독은 한자어 음독이므로 원래의
한자어 발음대로 독음하는 것이 얼마든지 가능하다.

「아사」는 때로 「어사」, 「아(어)시」로도 표기된다. …… 「아사/어사」는 지
명 표기에서 「阿斯」 이외에도 於斯/烏斯/烏次/烏生/阿次/也次/牙述 등으
로 차음되었다.[11]

「阿次/也次/牙述」의 경우 「아사」의 「아ᄉᆞ라ᄒᆞ(넓다)」와 뜻도 동일하고[12]
음독도 유사하다. 「아스」는 중세어에서 「아ᄉᆞ」로 나타나는데 그 뜻은 「넓
다, 아득하다」이다.

범 말린 막대ᄂᆞᆫ 소리 虛空에 아ᄉᆞ라ᄒᆞ니
범 말린 막대는 허공에 아득하니
☞ 아ᄉᆞ라ᄒᆞ-(아득하다)+-다[13]

늘구멧 ᄆᆞᅀᆞ미 아ᄉᆞ라ᄒᆞ도다(茫茫痛心)[14]
☞ 아ᄉᆞ라ᄒᆞ니(縹緲)[15]

「달」은 중국어 독음으로 「da」라고 한다. 「땅」[16]은 중세어에서 「싸」
로 발음된다. 「싸ᄒᆞ」은 '곧' 또는 '곳'이라는 뜻을 가지고 있다. 「흙」,
「한ᄃᆡ(바깥)」라는 의미도 있다.

아들들히 便安히 火宅애 나 저품 업슨 싸해 다드랫거늘 보고(月十二
42a)[17]

이 보믄 하늘 보며 싸 보며 뫼 보며 믈 보는 보미오.
☞ 이 봄은 하늘을 보며 땅을 보며 산을 보며 물을 보는 봄이고

훈 소느로 싸ᄆᆞᆯ 치샤
☞ 한 손으로 땅을 가리키시어[18]

땅을 뜻하는 중세어들로는 달達, 벌伐, 원原, 시市, 양壤, 홀忽, 성城 등
이 있다. 땅地은 「싸디」라 읽고 양壤은 「싸/샹」[19]이라고 읽는다. 문헌
기록에는 고조선이 도읍을 「아사달」에 정했다고도 하고 「평양성」에
정했다고도 하는데 이 두 곳이 같은 지역, 같은 뜻의 지명이라고 추정
한다. 달達도 터의 의미가 있고 양壤도 터의 의미가 있다.

  평양의 「平」은 「들, 벌, 평지, 넓고 평탄한 곳」이라는 뜻이고 「아사
—아스」도 앞에서 보았듯이 「아득히, 넓고 평탄한」의 뜻이 있다. 양壤
은 땅, 흙의 뜻이고 '터'라는 의미이기도 하다. 「평양平壤」이 「넓은 터」
로 의미 해석되듯이 「아사달阿斯達—asda」도 「넓은 터」로 훈독이 가능
하다. 「싸」에는 '곳'이라는 의미도 있다. 이 달達은 중국어 발음으로
「da」인데 「싸」의 발음과 완전히 일치하는 음가를 가지고 있다.

땅地 즉 「싸」는 「다, 달, 당/라, 랄, 랑」의 전변轉變으로 보아, "다"의 경음
화硬音化이다.[20]

「달」은 '땅'을 의미한다.[21]

「아사달阿斯達」은 여계시대女系時代에 신사神事를 주관主管하는 족장적族長的 지위地位에 있는 분을 아지어머니(관모官母의 뜻으로)로 하고, 그 존호적尊號的 명호名號로서 아씨(성모聖母)를 뫼시어, 그 땋(달-地域-땅)을 아씨닿(아시달/아씨달)이라 한다.[22]

고조선은 지금의 평양 부근에 있는 「넓은 터」 또는 「평탄한 곳」에 도읍을 정하고 나라를 세운 것이다. 조선이라는 국호에 「아츰」이라는 뜻이 있고 "동쪽 해 뜨는 나라"라는 의미가 있다 함은 중원을 세계의 중심으로 인식했던 사대事大의 아픈 역사 흔적이 남아있음을 인정하는 것이나 다름없다.

「朝」와 「阿斯」가 「아츰」의 뜻이고 「達」이 「每-뫼-산」이라는 보편적인 풀이법을 정설로 받아들인다면 "아사달에 도읍을 정하고"는 "「아침산」에 도읍을 정하고"로 원문 번역이 될 것이다. 「아침산」은 산의 시간적 의미 존재를 나타낼 뿐 공간적, 지형적 개념은 아니다. "해 뜨는 동쪽 산"이라고 해독解讀해보아도 중심이 정해지지 않는 한 서쪽 방향에서 관찰할 때 모든 산은 "해 뜨는 동쪽 산"이 될 수 있다.[23]

그러나 「朝」와 「阿斯」를 "아스라하게 넓은, 평탄한, 확 트인 공간이나 터"의 뜻으로 풀고 「達」을 「땅, 터, 곳」의 뜻으로 풀이하면 "벌판에 도읍을 정하고", "넓은 곳에 도읍을 정하고"로 아역雅譯된다.

「아사+달」의 해제공식을 「아+사달/스달」로 바꿔 풀어도 가능성은 충분하다.

「아-阿」는 「아ㅇ」(아우),24 「아ㅎ」(아이), 「아ᄅ」(아래), 「아희」(아이), 「아ᄃ」(아들)25에서 보이듯이 그 의미를 「두 번째, 버금의, 작은」으로 해석할 수 있다. 「아춤/아적」도 하루가 열리는 첫 시작을 의미한다. 하루를 전체로 보았을 때 아침은 시간상으로 얼마 안 되는 「일부 또는 적은」의 뜻을 포함하고 있다.

「사달/시달/스달」은 「싀골」26 「스ᄀ볼/스ᄀ을/스골」과 의미의 맥이 통한다. 「싀골/스골」이라 할 때 「싀/스」는 「외진, 인적이 드문」의 뜻을 가지면서 산과 산 사이의 분지나 골짜기를 가리킨다. 「싀골/스골」과 「사달/스달」은 동일한 어형이다.

「곳-處」의 의미를 가진 「달-達」은 한자음 「da」가 아닌 고유어에서도 어원을 찾을 수 있다. 「곳」에 「을」첨가하면 「곳을」이 되는데 발음할 때는 「고둘」이 된다.

새아대 논을 아홉 마지기 고둘……
새아대(지명)에 있는 논을 아홉 마지기 (되는) 곳을27……

「ㅅ」음은 「ㄷ」음화 되면서 받침을 상실한 「고」와 연대탈락하고 모음 「ㅡ」가 「ㅏ」로 변형되며 「달」만 남는다. 이 「ㄷ」음화는 특히 고구려 땅인 평안도지역에서 발달했다는 점에 주의를 돌릴 필요가 있다.

이 공식대로 풀면 「아+사달」은 「작은 시골 땅」또는 「자그마한 곳」으로 해석된다. 그런데 평양성이 위치한 평양지역은 결코 작은 평야가 아니다. 처음에는 넓은 평야의 자그마한 공지에 도읍의 터를 잡았

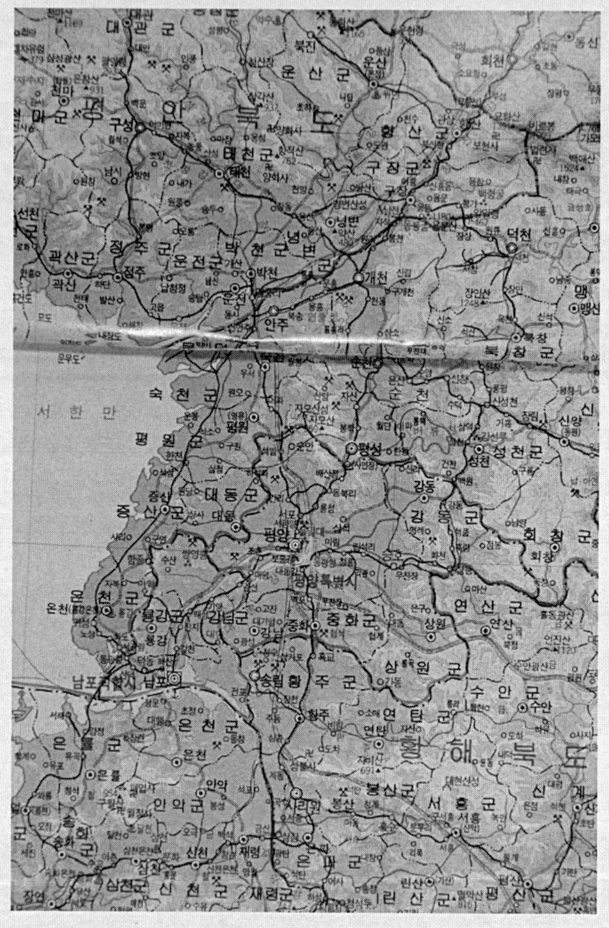

〈그림50〉 북한 지형도

평양 부근 지역이 산으로 둘러싸인 평야지대임을 알 수 있다. 고대의 도읍지가 지금보다 크지 않았음을 감안할 때 충분히 넓은 땅이었을 것이다.

을 것이 틀림없다.

　본서에서는 「朝鮮」은 자신을 세계의 중심으로 생각한 중원의 방위에 따라 지은 지명인데 나중에 국호로 대용된 것으로 간주한다. 「기자를 조선왕으로 봉하다」의 문구에 나오는 「朝鮮」은 지명이고 「기자조선」, 「위만조선」은 지명이 국호로 대용된 사례이다 . 「아사달阿斯達」은 원래 고조선의 도읍을 정한 곳의 지형을 설명한 말인데 성읍이 생긴 뒤에 평양平壤이라는 지명으로 바뀌었다고 추정한다. 결국 「아사달」과 「평양」은 같은 곳이라는 결론이 나온다.

　확대해석을 통한 민족정신의 고양은 역사의 진실을 굴절시키는 결과를 초래할 뿐이니 근거 없는 억측은 중단해야 한다.

■ 주

1 『韓國文化史大系』言語, 文學史. 고려대학민족문화연구소출판부. 1971. 6. 15. pp. 67~68.

2 『阿斯達과 朝鮮』李丙燾. 서울대학교논문집.《인문사회과학》2. 1955. pp. 1~8.

3 『古歌研究』梁柱東. 서울 博文書館. 1948. pp. 103~104.

4 朝鮮居東表日出之地 鼓名朝鮮.「與覽51.平壤」

5 『韓國古代國名地名研究』李炳銑 著. 亞細亞文化史. 1997. 7. 10. pp. 36, 39, 45.

6 『古代國語의 語彙研究』千素英 著. 고려대학교민족문화연구소출판부. 1995. 10. 25. pp.
  26~27.
  『한국사』8에서는「古斯」를 玉 즉 '구슬'로 추정하고 있다. 이처럼 借字 분석은 모두 제각각
  이어서 공인된 정설수립이 거의 불가능한 상태이다.《삼국의 문화》국사편찬위원회. 1998.
  12. 15. p. 140.

7 「山曰每」계림유사.

8 조선은 "管屬된 土境"의 意義이니「朝鮮」은「所屬」이란 말이다. 鄭寅普.『朝鮮史研究』
  1936. 朝鮮은 후세의 나라라는 뜻으로 "管領"의 뜻이다. 安在鴻『朝鮮上古史鑑』이들은 모
  두 朝鮮을 어딘가에 所屬된 지역으로 보고 있다.

9 "아사달은 '初地', 또는 '新地'를 뜻하는 고대어인 '아시다'를 한자 유사음으로 표기한 것이
  다. '아시다'의 '아시'는 '아시빨래', '아시동생'의 '아시'로 그 흔적을 남기고 있다. 김영황.
  『조선민족어발전역사연구』1978.

10 『韓國古代國名地名研究』李炳銑 著. 亞細亞文化史. 1997. 7. 10. p. 45.

11 『古代國語의 語彙研究』千素英 著. 고려대학교민족문화연구소출판부. 1990. 10. 25. p.
   29.

12 「也次/於斯」는 大, 廣, 母의 의미이다. 동상서. p. 29.

13 『남명집언해』상. 세종대왕기념사업회. 김동소. 2002. 9. 20. pp. 118~119.

14 杜詩諺解. 7. 19.

15 杜詩諺解. 1. 62.

16 地싸디. 訓. 上.

17 『國語語彙基盤과 歷史』沈在箕 著. 태학사. 1998. 6. 5. p. 489.

18 『남명집언해』하. 이유기 저. 세종대왕기념사업회. 2002. 9. 20. pp. 7. 118.

19 訓. 上. 12.

20 『天地日月觀-語源記』許永鎬. 서울신문사. 新天地. 5권. 5호. 1950. 5. 1.

21 『조선민족어발전역사연구』김영황. 1978.

22 『朝鮮上古史鑑』上卷. 1947. pp. 69. 71.

23 李炳銑은「asa」를 '大' 또는 '王'의 뜻으로 해석하는데 도읍이 들어서기도 전이기에 왕성이
   라 할 수도 없고 大邑이라 칭할 수도 없다.

24 「아ᅌ」는 「아ᅀ」의 형태로도 쓰인다. "두 아ᅌ   동싱을 거느리며" 『조선후기한글간찰(언간)의 역주 연구』 3. 이광호, 김복한 지음. 태학사. 2005. 6. 28. p. 233.

25 『고어사전』 박재연 저. 이회문화사. 2001. 6. 15. pp. 687. 692. 680.

26 동상서. p. 680.

27 『조선후기한글간찰(언간)의 역주 연구』 이광호, 김복한 지음. 태학사. 2005. 6. 28. p. 191.

【7장】

"대제국 고구려"의

평범한 역사

　최근 중국 정부의 이른바 『동북공정』 추진으로 고구려사는 한중 사학계의 쟁점 이슈로 부각되고 있다. 중국 사학계에서는 고구려를 중국의 소수민족 정권이라 공언하는 반면 한국 사학계에서는 이에 정면으로 맞서 고구려가 한민족이 건국한 독립국가라고 반론을 펴고 있는, 치열한 접전 상황이다. 이대로 가다가는 자칫 두 나라 다 민족감정을 다치지나 않을까 우려될 정도로 그 논쟁이 뜨겁게 달아오르고 있다.

　중국학자들이 주장하는 『소수민족 정권』설은 고구려가 B.C. 108~107년 한무제가 위만조선을 멸하고 그 땅에 설치한, 한사군 중의 하나인 현도군 소속이었던 고구려현에 그 학술적 근거를 두고 있다. 고구려의 건국 연대가 서기전 37년으로 되어 있는 만큼 최소한 70여 년 동안이나 한나라의 지방행정구역인 현도군의 소속으로 지낸 셈이다. 한

나라 조정에서 파견한 한인漢人지방관인 고구려후가 현을 다스렸다고
하니 명실상부한 지방정권이라 할 수 있을 것이다. 실제로 한국 측 자
료에도 서기 118년까지 고구려를 국가가 아닌 《고구려군》으로 표기
하고 있다.[1]

고구려가 중국의 '소수민족 정권'인가, 아니면 독립 자주국가인가
하는 소모적 논쟁은 잠시 뒤로 미루고 일단 고구려가 어떤 국가이며
이 고대국가가 정말 초강대국인지부터 살펴보자.

고구려가 성읍국가라는 사실은 아무도 부정하지 않을 것이다.[2] 그
것은 고구려가 압록강 주변의 산악지대에서 발흥한 국가라는 사실과
도 무관하지 않다. 산성山城을 쌓지 않고는 외적의 침입으로부터 자신
을 보호할 수 없었기 때문이다. 황하 유역 평원지대의 축성 방법인, 황
토를 층층이 다져 성곽을 축조하는 중원지방의 토성土城과는 반대로
돌을 이용하여 쌓아올리는 고구려의 석성石城은 석재가 풍부한 산악지
대와 연관이 깊다. 고구려인들은 평소에는 평지성에서 살다가 위급할
때는 산 정상에 축조한 별도의 산성으로 이동했다고 하니 외적의 침
입을 유난히 많이 받았던 것을 짐작할 수 있다. 그런 연유로 고구려에
는 성이 특별히 많다.

『구당서』의 기록에 보면 고구려에는 모두 176개 석성이 있었음을
알 수 있다.[3] 지금까지 학자들에 의해 지명이 밝혀진 성은 178개라고
한다. 이 중 한반도 내의 70개, 간도지역의 16개, 압록강 유역의 20개
를 전부 합치면 108개의 성이 한반도 주변 지역에 분포되어 있는 것으
로 요동에는 불과 70개의 성이 있을 뿐이다. 이는 고구려인들의 생존
반경 중심이 한반도 주변 지역이었음을 입증해준다.

『삼국사기』의 기록에 따르면 멸망 당시 고구려의 인구는 64만 7천 호, 300여만 명이었다고 한다. 물론 이 숫자가 순수 고구려인들만 가리키는 것은 아닐 것이다. 고구려는 부여, 말갈, 동호, 흉노 등 여러 민족이 섞여있는 다민족 국가였다. 순수 고구려 혈통이 얼마나 되는지는 확인할 길이 없다.

다만 여기서 지면을 할애하며 고구려의 산성 숫자와 인구를 새삼스럽게 강조하는 것은 178개의 성을 통치하고 300여만의 인구를 확보한, 이처럼 강대한 고대국가의 막강한 국력이 B.C. 37년에 건국되어서부터 서기 688년 멸망될 때까지 끊임없이 이어져온 것처럼 착각해서는 안 된다는 사실을 상기시키기 위해서이다. 고구려가 국가의 체제를 갖추고 광대한 영토를 정벌하여 일약 강국으로 부상한 시기는 넓게 잡아보았자 100여 년에 불과하다.

주지하다시피 고구려는 한나라의 지방행정기구인 현도군의 소속 현[4]으로부터 발원했다. 고구려의 시조로 알려진 주몽이 부여로부터 내려왔다고 하지만 부여 역시 신비하거나 아득하게 먼 곳이 아닌, 현도군 관하에 소속되어 있던 인근 지방이었다.[5]

기원 1세기경의, 이른바 "고구려의 부흥"은 국가 자체의 강성함이라기보다는 당시 만주, 요동 전역에서 급속도로 진행된, 세력 균형의 변화로 형성된 권력 공백 상태의 외적요인으로 차례진 행운의 어부지리였다고 표현하는 게 한층 정확한 판단일 줄로 믿는다.

서기 91년 요동, 요서를 막론하고 이 지역에서 상당히 오랫동안 최대 패권자로 군림하던 북흉노는 한나라의 치명적 공격에 격파되어 키르키즈 방면으로 패퇴하였고 이어 94년에는 또다시 20만 명의 흉노가 한나라에 항복하고 서쪽으로 이동하여 뒷날 유럽에 들어가 훈족의 맹아가 된다. 이렇듯 요동과 요서는 물론이고 중원까지 넘나들며 막강한 패권을 휘두르던 북흉노가 떠나가고 비워둔 땅에서 선비족이 서서히 발흥하기 시작했지만 아직 그 세력이 미미하여 당시의 요동지역은 그야말로 권력 공백 지대로 남게 되었던 것이다. 누구든지 먼저 점령하고 성을 쌓는 자가 주인이 될 수 있었다. 세력 확장의 가능성이 활짝 열린 이러한 역사적 기회를 틈타 선비는 질풍같이 자신의 영역을 확장하고 영토를 최대한 넓혀나갔다. 요동을 호령하며 전연, 후연, 남연, 남량, 북위, 동위, 서위, 북제, 북주 등 수많은 왕조들을 연이어 건립한다.

그러나 고구려는 어떠했는가. 서기전 37년부터 서기 313년에 이르는 동안 겨우 위만조선의 고토인 옥저, 북옥저, 대방, 현도 등지를 가까스로 수복하는데 그치고 만다. 그것도 거의 300년이라는 장구한 시간을 허비하면서 말이다. 그나마 343년에는 전연에 의해 환도성을 함락당한 채 국내성으로 패주하고 만다.

한국 사학계가 그토록 입에 침이 마르도록 칭송하는 요동정벌의 100년 역사도 흉노나 선비, 오환처럼 한 번도 중원을 기웃거려보지도 못하고 "대제국의 원대한 꿈"을 접어버리고 말았다. 광개토대왕 사망 이후(413년)부터는 요동정벌의 엄두조차 못 내고 688년 나라가 망할 때까지 외침으로부터 나라를 방위하기에만 급급해 할 따름이다. 그러니까 "고구려의 부흥기"와 광개토대왕의 요동정벌은 중원 세력의 위축과 요동, 요서의 권력 공백 내지는 패권 부재의 여건 속에서만 가능했던 것이다.

광개토대왕 시절 요동의 세력 분포도

민족	국가	존속기간
갈	후조後趙	319~351
	전연前燕	337~370
	후연後燕	384~409
강	후진後秦	384~417
선비	서진西秦	385~431
	남량南涼	397~414
	남연南燕	398~410
	성한成漢	304~347
저	전진前秦	351~394
	후량後涼	386~403
한족漢族	전량前涼	301~376
	서량西涼	400~421
	북연北燕	409~436
흉노	한(漢, 전조前趙)	304~329
	북량北涼	397~439
	하夏	407~431

광개토대왕이 바로 이 대륙 각 민족 분파들의 혼란시기를 이용하여 요동정벌이라는 영토 확장의 욕망을 실현할 수 있었음을 알 수 있다. 16국의 난립 국면으로 한족漢族의 세력권이 남방으로 위축되면서 요동을 견제하던 기존의 영향력이 약해진 틈을 노린 것이다. 게다가 속내를 따지고 보면 광개토대왕이 대적한 적은 중원의 한족漢族이 아니라 갈족과의 영토쟁탈에 지나지 않는다.

이와는 반대로 장성을 넘나들던 흉노의 강대국 시기는 서기전 215년부터 89년에 이르는 (진나라 때로부터 서한에 이르기까지) 그야말로 장장 309년 동안이나 지속되었고 선비족의 강성기도 서기 93년부터 319년에 이르는, 무려 229년에 달한다. 이렇다고 할 때 고구려의 깜짝 부흥은 여타 민족에 비해 크게 대단하다고 말할 거리가 못된다.

그런데 16국은 모두 중국 역사에 편입되었는데 대제국이라는 고구려는 제외되었다는 사실이 이상하지 않은가. 갈, 강, 선비 등 저들도 모두 고구려처럼 소수민족인데 말이다.

이쯤에서 우리는 숨을 고르고 조금은 차분한 마음으로, 고구려가 처음에는 중국의 한 지방정부였다는 사실을 인정해야 할 때가 된 것 같다.

한무제가 조선을 쳤을 때 고구려를 현으로 삼아 현도에 소속시켰고 북과 부는 것과 악공을 주었다.[6]

그들은 현도군에 나아가 조복과 머리에 쓰는 책을 받아갔고……[7]

한사군이 설치된 시기가 서기전 108~107년이라고 하고 고구려 건국 시기가 서기전 37년이라 하니 이 기간만 계산해도 현도군 소속 현으로 지 낸 시간이 70여 년이나 된다. 현도군이 설치된 지 오랜 시간이 흐른 뒤에야 고구려인들은 (예맥) 한족의 통치에 반항하여 반란을 일으킨다.

B.C. 75년경 그 관하의 본 주민(예맥)들이 한족漢族의 지배에 반항을 일으켜…… 나머지 현도군의 땅은 본 주민에게 돌아가 이 지역은 여러 부락으로 나뉘어 얼마동안 자치를 계속하다가 여기에서 고구려가 일어나 여러

위에 인용한 자료가 사실이라면 고구려현의 중국 지방정부 시기를 이미 앞에서 언급한 70년에서 38년 더 추가해야 될 것 같다. 기원전 37년에 고구려가 성립되었다고 하지만 위의 자료에서 볼 수 있듯이 서기전 78년까지도 현도군 소속 현으로, 한족의 지배를 받아왔음을 알 수 있기 때문이다. 결국 고구려의 성립은 B.C. 37년으로 명문화되어 있지만 적어도 B.C. 75년까지는 진정한 국가는 아니었다. 뿐만 아니라 반란이 일어나고 현도군이 내지로 천이遷移한 후에도 '얼마동안 자치'를 했다고 한다. 이 '얼마동안'이라는 말이 구체적으로 얼마만큼의 시간을 의미하는지는 아무도 모른다.

아무튼 이제는 증거가 확실해진만큼 이 기간은 (무려 100여 년 동안) 한나라의 지방정부였음을 인정하지 않을 수 없게 되었다. 결국 고구려는 한나라의 지방정권이던 데에서부터 반란과 할거割據 수법을 통해 일어난 국가라고 정의할 수 있겠다.

그런데 또 다른 문제는 고구려가 국가로 승격된 뒤에도 중원의 한족漢族 국가들과 주종관계를 유지했다는 점이다. 많은 학자들이 중국에 대한 고구려의 조공과 왕위 책봉은 주종관계를 뜻하기보다는 고대 사회에서의 외교 관례나 국가간 무역 또는 상업 거래로 보고 있지만 본서는 부정적이다. 고대에는 국가와 국가 간의 주종관계가 주로 책봉과 조공으로 표현되었다.

고구려 조공, 책봉 조견표 高句麗朝貢受封簡表 (중국 집안박물관)

서기	왕호	중원왕조	조공정황
12	유리왕	왕망 新	고구려왕을 下句麗후로 부름
32	대무신왕	동한	조공. 광무제 고구려왕호 복원.
111	태조대왕	동한	한에 사신을 파견, 현토 소속 청원.
233	동천왕	위	사신 파견, 위명제 연호 변경 축하.
355	고국원왕	전연	인질과 공물 조공. 정릉대장군 영주자사 낙랑공 고구려왕에 책봉.
415	장수왕	동진	사지절도독 연주제군사 정릉장군고구려왕 낙랑공에 책봉.
420	장수왕	남조 송	정릉대장군에 책봉.
492	문자왕	북위	사지절도독 요해제군사 정릉장군영 동중랑장 요동군개국공 고구려왕에 책봉.
494	문자왕	남조 제	사지정산기상시 도독영평이주제군사 정릉장군고구려왕 낙랑공에 책봉.
520	안장왕	남조 량	영동장군 도독영평이주제군사 고구려왕에 책봉.
550	양원왕	북제	사지절시중 표기대장군 영호동이교위 요동군개국공 고구려왕에 책봉.
562	평원왕	남조 진	영동장군에 책봉.
590	영양왕	수	상개부의동삼사 습작요동군공에 책봉. 다음 해 고구려왕에 책봉.
624	영류왕	당	상주국 요동군공 고구려왕에 책봉.

고구려의 조공과 책봉에 대해 더는 할 말이 없다. 국수주의자들의 반대 근거는 뻔하다. 조공이라는 게 외교적 수사이지 주종관계를 뜻하지 않는다고. 그것은 솔직히 낯간지러운 소리일 뿐이다. 주종관계는 아니라도 속국과 비슷한 관계라는 건 마찬가지이다. …… 고구려의 중국에 대한 조공은 신라와 백제보다 더 심했고, 책봉을 당함에 있어서도 오히려 중국의(에 대한) 예속성이 더 강했다는 데 문제가 있다. …… 고구려사가 어느 나라에 속하느냐를 따지는 것은 순전히 학술적인 문제이다. 누구도 천여 년 전의

귀속 문제를 가지고 오늘날의 국경을 변화시킬 수 없다. 따라서 학자들은 자신의 견해를 유지하면서 허심탄회하게 토론을 진행해야지 이로써 양국의 우호를 손상시켜서(는) 안 되며 무조건 자기에게 유리한 자료만 가지고 억지를 부리면 곤란하다

고구려 성립 이전이나 멸망 이후를 다루는 것은 의미가 작다. 고구려의 역사적인 귀속은 당시 정치적으로 누가 다스렸으며 경제, 문화적으로 누가 고구려와 관계를 지녀왔는가 등으로 따져야 한다.

당시 고구려는 중국 중앙정부로부터 고구려왕 책봉을 받아들였으며 중국 중앙 및 지방관리로 책봉됐다. 정동대장군과 평주자사 등의 직함이 결국 고구려가 역사적으로 중국에 예속됐다는 것을 증명하는 근거가 된다.

책봉이 됐기 때문에 곧 중국의 지방정권이라는 논리는 아니지만 하여튼 솔직히 고구려의 책봉은 신라, 백제, 조선과 비교해 분명 독립성에 문제가 있다

즉 왕씨 고려와 이씨 조선은 '고구려왕'과 조선국왕의 책봉을 받아들였지만 중국의 중앙 및 지방관리를 맡지는 않았다. 따라서 중국의 지방정권이라고 할 수 없는 것이다.[9]

정리하면, 고구려는 하나의 독립국가인 동시에 한족漢族의 지방정권이기도 하며 동시에 중국과 주종관계를 가진 속국이기도 하다. 다만 이러한, 서로 배치되는 몇 가지 특성들은 그때그때의 역사적 상황과 생존의 수요에 따라 탄력 있게 변화했을(임기응변) 따름이다. 물론 이러한 대외관계는 굴욕적이고 수치스럽기까지 한 것이지만 약소국이 살아남을 수 있는 유일한 수단이기도 하다.

이러한 현상은 비단 고구려에만 해당되는 것이 아니라 현대사까지 포함하여, 약소국가인 한국의 전반 역사에 걸쳐 세습된 외교역사이기도 하다. 오늘날에도 미국과 중국, 일본 러시아 등 강대국 사이에 끼여 질식사의 위험에 처한 한국은 살아남기 위해 굴욕 외교를 지속하고 있는 실정이다.

국수주의자들은 중국의 『동북공정』을 비난하지만 사실 역사 조작은 한국에서도 현재 진행되고 있다. 논문과 학술 저서도 모자라서 요즘은 드라마에서마저 역사를 조작하기에 급급하다. 대하사극 『연개소문』, 『주몽』 등의 드라마를 시청하다보면 이들의 역사 부풀리기에 아연실색해지곤 한다. 드라마만 봐서는 마치도 한국이 세계 역사에서 가장 강대한 나라라고 착각할 정도이다.

요즘 드라마의 위력은 그 어떤 국가적 정책이나 TV의 광기에 찬밥 신세가 된 책 몇 권보다도 사람들에게 미치는 영향이 훨씬 더 크다. 갈수록 TV 시청자는 늘어나고 책보다는 TV 앞에 앉아 있는 시간이 길어지는 추세인 데다 사람들은 대개 드라마의 내용을 진실로 받아들인다.

과연 국익이, 민족의 역사적 진실이나 예술가의 양심보다 더 중요한가.

대하드라마 『주몽』, 『연개소문』, 『대조영』 등 몇 년 사이 대량으로 제작되어 황금시간대에 연이어 방영되고 있는 TV 사극은 진실을 외면한, 민족주의와 국수주의의 광기를 위험 수위에로까지 끌어올리는 데 막대한 수자원을 제공하는 중요한 지류 역할을 하고 있다. 전문가가 아닌, 일반 시청자들은 인기 배우들의 현란한 연기를 통해 감동적으로 전달되는 드라마 속의 허구를 역사적 진실로 받아들이는 경우가 많기에 그 광고 효과는 한 두 권의 역사교과서나 학술논문에 비할 수 없을 정도로 강력하다.

대하드라마 『연개소문』을 보고 게시판에 올린 한 네티즌의 글을 인용한다.

이건 대하드라마가 아니라 대하코미디 같습니다.

차라리 고구려가 그 당시 온 세계를 (다) 정복했다고 하는 편이 더 낫겠습니다. 아무리 고구려가 강대하다고 하더라도 드라마에서는 뻥이 너무 심하더군요.

저는, 우리 민족이 얼마나 강성했다고, 특히 고구려를 이용해서 우리 민족의 웅혼한 기상 등등을 이야기할 때 실소를 느낍니다.

아래에 열거한 국수주의자들의 터무니없는 주장들에 과연 역사적 근거와 신빙성이 있는가?

1. 간도는 한국 땅이다.
2. 연해주는 한국 땅이다.
3. 신라, 백제, 고구려 삼국은 한반도가 아닌 중원 대륙에 있었다. 결국 중원은 한국 땅이다.
4. 일본은 백제 땅 즉 한국 땅이다.
5. 수메르인은 한국인이다. 수메르 문화는 한국인의 문화이다.
6. 한국인은 이스라엘 민족의 한 지파이다.

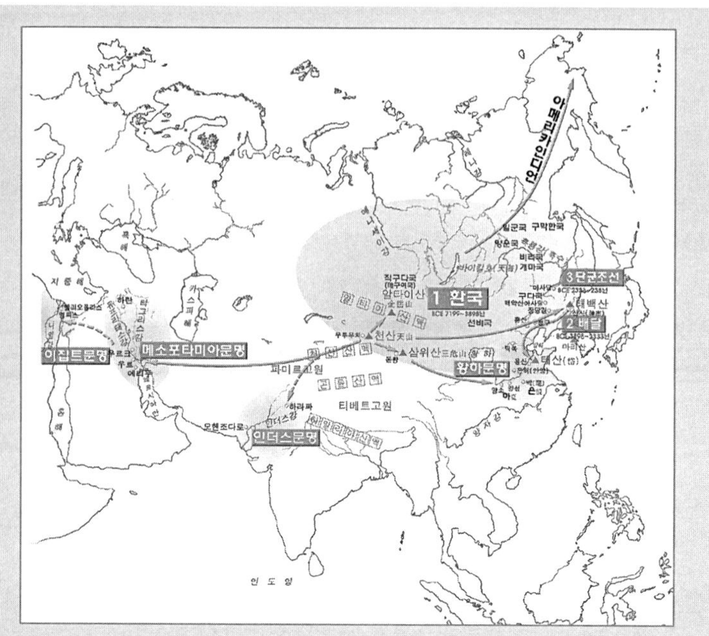

⟨그림51⟩ 1만 년 역사의 진정한 주인이라는 한국인의 발자취

중국에서는 4684년 전의 헌원황제의 존재도 전설로 취급하는데 지도에서는 『1환국』
의 시대를 무려 9000여 년 전이라고 한다. 정신이 오락가락하지 않고서야 어찌 이런
망언을 할 수 있는가.

7. 한국인은 인류의 부모국이다.

8. 중국의 삼황오제와 치우는 한국인, 고구려의 뿌리는 헌원황제이다.

9. 한국은 종교 원천국가이다.

10. 공자는 한국인이다.

11. 칭기즈칸은 한국 사람이다.

12. 한자는 한국인이 만들었다.

13. 갑골문은 한국인이 만들었다.

14. 중국의 용봉龍鳳문화는 동이족 즉 한국문화이다.

등등

이러한 주장들은 일고의 학술적 근거도 없으며 반론을 제시할 만한 가치조차 없는 망언에 불과할 뿐이라고 생각한다. 때문에 일일이 논박하지 않고 여기서 접으려고 한다.

【8장】

간도는

한국 땅이 아니다

1. 현대판『한중 역사 전쟁』에 대하여

요즘 한중간 간도 관련 역사문제 갈등으로 학계에 비상이 걸렸다. 그 수위가 학술적 쟁론을 넘어 외교문제, 민족감정으로까지 번져가고 있는 추세이다. 그런 연고로 간도 역사는 고대사가 아니지만 한마디 하고 넘어가려 한다.

우선 짚고 넘어가야 할 것은 국가적 개념의 영토는 역사적 과정에서 형성되지만 현실적 의미에서는 국경에 의한 하나의 법학적 범주라는 사실이다.

국가들의 영토 역사는 하나의 변천 과정을 가지고 있다. 역사를 근거로 영토 분쟁을 해결하는 데는 시점 문제의 어려움이 존재한다. 어느 나라이든 자신에게 가장 유리한 역사적 시점에서 영토 문제를 해결하려 할 것이기 때문이다.

간도가 고조선 영토이고 고구려의 고토古土이며 조선 유민이 개척한 곳이라는 이유로 한국 땅이라고 주장한다면 똑같은 명분으로 몽골은 원나라 전성기 때의 판도로 중국은 물론 러시아와 북한 땅도 자기들의 영토라고 주장하지 못할 이유가 없을 것이다. 게다가 역사를 거슬러 올라가면 미국이나 호주, 캐나다인들도 모두 영국으로 돌아가고 원주민에게 영토를 반환해야 할 것이다.

'고토'요 '옛 고구려 땅'이요 '조선 이주민이 개척한 땅'이요 하는 식의 표현은 그래도 이해할 만하나 '빼앗긴 땅'이니 '찾아야 할 우리 땅'이니 하는 표현은 어불성설이라는 생각이 든다.

간도가 '우리 땅'이라는 학계의 주장을 뒷받침하는 논증은 간도 지

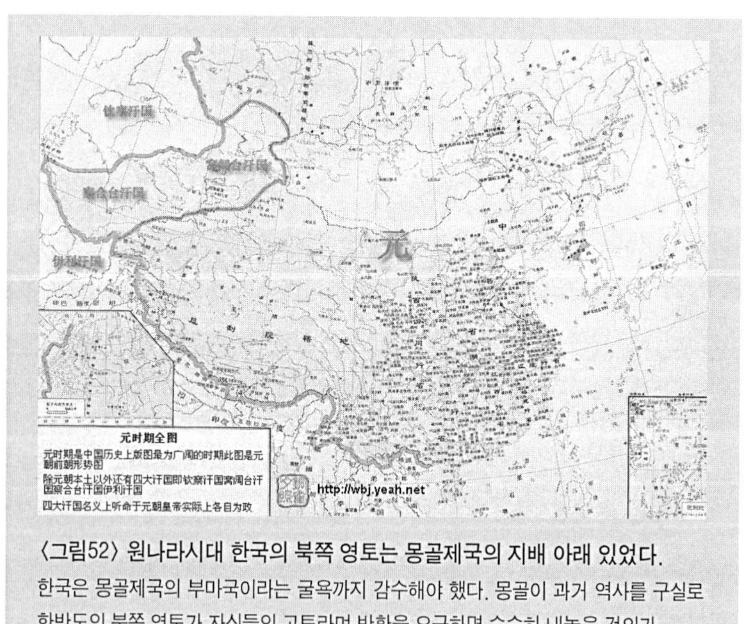

〈그림52〉 원나라시대 한국의 북쪽 영토는 몽골제국의 지배 아래 있었다.
한국은 몽골제국의 부마국이라는 굴욕까지 감수해야 했다. 몽골이 과거 역사를 구실로 한반도의 북쪽 영토가 자신들의 고토라며 반환을 요구하면 순순히 내놓을 것인가.

역이 예로부터 고조선의 영역이고 고구려의 강역이며 조선 유민이 개척한 땅이라는 역사적 자료이다.

그러나 솔직히 고조선의 역사가 중국의 제후국으로서의 '기자조선', '위만조선'이었다는 주장을 반박할 만한 유력한 역사적 증거가 없는 한 설득력이 부족하다.

또한 고구려도 건국 초기부터 요동 땅을 국토로 확보했던 것은 아니었다. 고구려 미천왕과 광개토대왕에 의한 영토 확장 전쟁에 의해 '강점된' 영역이었다.

조선 유민의 간도 개척도 따지고 보면 불법 월경과 고국을 버리고 중국에로의 귀화를 전제로 한 난민수용 차원이었다. 더구나 간도는 '중국이 능력이 없거나 미처 개척하지 못하고 버려둔 땅'이 아니라 청나라 조정이 조상의 발상지라 중히 여겨 봉금했던 곳이다.

일제강점시기를 보자. 간도에서의 항일운동은 중국 공산당의 도움과 협조 아래 진행되었으며 독립운동과 임시정부의 반일활동은 중국 국민당의 도움과 전폭적인 지원 하에 가능했다. 공산당은 정치, 군사 모든 면에서 한국인들을 교육해 항일투사로 육성시켰으며 국민당은 황포군관학교를 비롯해 국내의 여러 군관학교와 중국의 각 대학들에 조선 청년들을 입학시켜 인재로 육성해주었다. 대한민국은 임시정부의 정통성을 계승한 국가라고 한다. 그러나 임시정부는 그야말로 중국 국민당 정부의 정치, 경제적 원조가 없었더라면 하루도 그 존재를 지탱하기 어려웠다는 사실을 아는 사람은 별로 없다. 중경천도 당시엔 임시정부 각료들은 물론 그 가족들의 생계까지 모두 국민당 정부에서 부담했다. 오늘날 한국이 임정의 정통과 맥을 이어 건국을 할 수

〈그림53〉 용정 일본영사관
일본의 간도 진출은 '조선사람 보호'가 구실이었다.

있었던 것에 국민당의 일조가 있었음은 부정할 수 없는 사실이다.

조선 유민의 간도 이민은 중국 통치자들에게 이득보다는 불행을 가져다준 화근거리였다. 일본은 식민지조선의 백성을 '자국민'이라고 하면서 국민의 이익을 보호한다는 구실을 내세우고 간도 땅에 침략의 마수를 뻗치기 시작했다. 용정에 영사관을 짓고 경찰과 군대를 주둔시켰으며 자국민의 권익을 보호한다는 명목 아래 중국인을 탄압했다. 이리하여 당시 조선 사람들은 중국인들의 눈에 있어 일본 사람들과 똑같은 경계의 대상이었고 실제로도 왜놈의 앞잡이가 되어 중국인을 탄압한 친일조선인들이 많았다.

이런 문제는 비단 중국뿐만 아니라 연해주의 러시아 땅에서도 동시에 발생했다. 스탈린은 조선 이민의 존재를 일본을 뒤꼬리에 끌고 들어오는 끄나풀쯤으로 여기고(실제로 일본은 러시아 진출의 이유를 공공연히 연해주 거주 조선인 보호라고 대내외에 떠들어댔던 것이다.) 경계한 나머지 모두 잡아 우즈베키스탄의 불모지로 강제 이주시키기도 했다.

일본이 간도와 연해주로 진출하는 데『조선사람 보호』를 구실로, 이들을 침략의 교두보로 삼았다는 사실도 이미 공인된 바이다.

2. 백두산정계비에 대하여

간도 국경 분쟁의 발단이 된 백두산정계비 논란에 대해서도 회피해 갈 수 없을 것이다.

우선 정계비 상단에는『대청大淸』이라는 횡폭의 비문이 새겨져 있다.

조선이 청나라의 속국이라는 뜻일 것이다.

비면에는『서위압록西爲鴨綠, 동위토문東爲土門』이라는 문자가 기록되어 있다. 번역하면 서쪽은 압록강을, 동쪽은 토문강을 국경으로 삼는다는 뜻이다.

그런데 많은 학자들이 이 비문의 토문강土門江이 오늘날의 두만강이 아니라 송화강의 지류인 다른 강줄기라고 하면서 간도가 한국 땅이라는 억지 주장을 펴고 있다.

사실 중국에서는 지금도 두만강을 투먼쟝圖門江이라고 부른다. 글자는 다르지만 음가는 토문강土門江과 일치하다.

잠시 지도를 (그림54) 살펴보도록 하자.

이들이 두만강과 별도의 강이라고 주장하는 토문강의 위치를 보면 백두산정계비를 중심으로 북쪽 방향임을 금방 알 수 있다. 그런데 비문에는 분명 토문강을 동쪽이라고 표시하고 있다. 국가를 대표하여

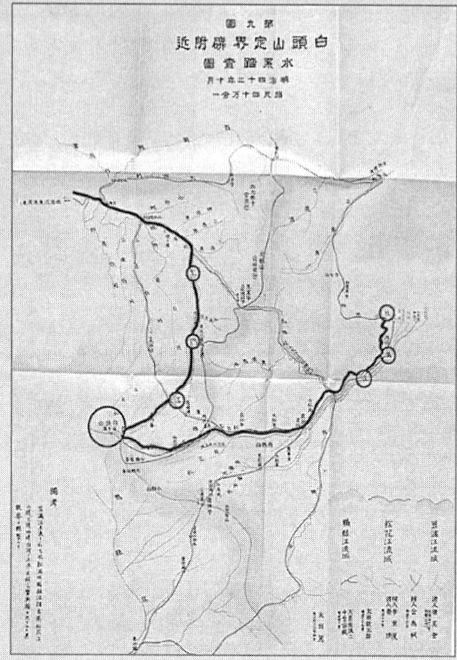

〈그림54〉학계가 토문강이라고 주장하는 오도백하는 정계비 동쪽 방향이 아닌 북쪽에 위치하고 있다.

차라리 송화강을 토문강이라 주장했더라면 강역이 더 넓어졌을 텐데. 어차피 근거가 없기는 마찬가지가 아닌가.

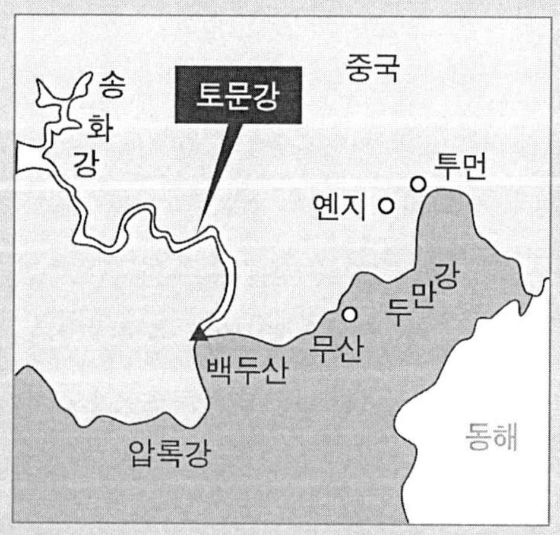

국경을 정하러 나온 관리들이 방위도 가릴 줄 모르는 사람들이라는 건 상식에 어긋난다.

백두산[10]에서 발원하여 동쪽 방향으로 흐르는 하천은 오로지 두만강 하나뿐이다.

또한 이들이 주장하는 토문강은 송화강의 지류일 뿐만 아니라 그전에 오도백하五道白河와도 합류하고 나중에는 흑룡강黑龍江과도 합친다. 이렇게 갈래가 복잡한 하천을 한마디로 『토문강을 국경으로 삼는다.』고 명시할 리는 만무하다. 그러기에는 오해의 소지가 너무나 많기 때문이다. 이른바 토문강이 끝나는 지점에서 국경선은 모호해질 것임에 틀림없다. 그 다음은 말하기에 달렸다고 해도 과언이 아닐 것이다. 송화강이 아닌, 더 북쪽에서 흘러내려오는 임의의 또 다른 송화강의 지류를 국경이라고 주장해도 반박할 근거가 없게 된다. 부득이한 사정

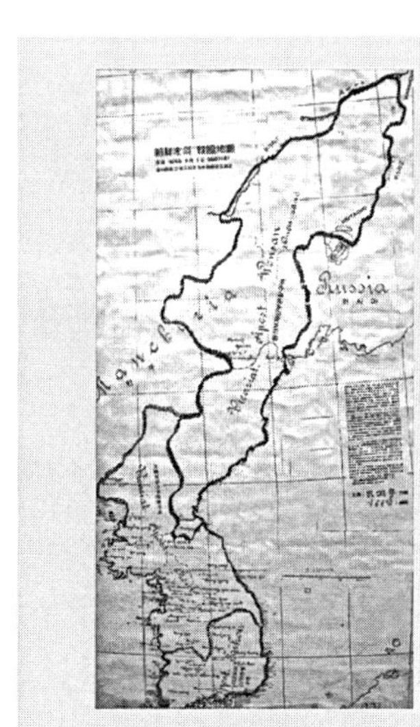

〈그림55〉 한국 땅이라고 주장하는 영역
송화강이 국경선이라는 증거는 어디서 생겨났는가.

에서 지류를 경계로 정하게 되었다면 반드시 주류를 명시했을 것이다. 그것이 국경을 정하는 국제적인 통상 관례이다.

두만강은 지류가 아님으로 별도의 설명이 필요 없었을 것이다. 동쪽으로 흐르는 두만강圖門江과 북쪽으로 흐르는 토문강土門江 둘 중에서 어느 하천이 비문에서 말하는 국경인가는 당연히 정계비에 명시된『동위토문東爲土門』의 표시에 따라 동쪽으로 흐르는 강을 기준으로 삼아야 할 것이다.

동쪽! 동쪽을 기억하라.

정계비를 기준으로 동쪽 방향이지 절대로 북쪽이 아니다. 정계비 서쪽 경계가 압록강이 확실[11]하다면 동쪽은, 압록강 즉 서쪽의 반대편이어야지 북쪽 ⇕이어서는 안 된다. 압록강이 서쪽 방향으로 흐르니 그와 대칭을 이루며 동쪽 방향 ⇔•⇨[12]으로 흐르는 두만강이야말로 비문의 내용과 일치하는 동쪽 경계일 것이다. 비문에는 분명 동쪽이라고 밝히고 있다.

우리는 학문은 둘째고 우선 방위 개념부터 제대로 공부해야 할 것 같다.

3. 간도지방의 함경도, 평안도 행정구역 편입 설에 대하여

간도지방이 함경도와 평안도의 행정구역으로 편입된 것은 1902년의 일이다.

당시 간도지역에는 한반도 북부지방의 잇따른 자연재해로 기아와 굶주림에 시달리다가 죽음을 무릅쓰고 살길을 찾아 월경한 조선 유민

〈그림53〉 중경 광복군 사령부

아예 중국 국민당 군복을 착복하고 있다. 다른 자료에 의하면 김구를 비롯한 임시정부 요원들은 중국인 민족 복장을 입고 있다.

들이 많이 거주하고 있었다.

그런데 문제는 이 유민들이 조선의 호적을 가진 불법 월경자들이었다는 점이다. 청국 정부는 홍수처럼 밀려드는 유민을 막을 길이 없자 아예 1882년에는 조선인 간도 개척을 허락하고 만다. 그러나 이러한 허락에는 귀화라는 조건부가 붙어 있었다. 귀화는 조선의 국적을 포기하고 중국으로 전향하여 청나라 황제의 백성이 된다는 것을 의미한다. 많은 조선 유민들이 귀화를 했지만 귀화하지 않은 사람들도 적지 않았다.

이러한 사정은 간도 체류 조선인들의 신분을 정치적, 외교적, 경제적으로 애매하게 만들었다. 이른바 불법체류분자, 아이러니하게도 그들의 후손인 조선족은 자기 조국인 한국에 와서도 불법체류자라는 비운의 신분에서 탈피하지 못하고 있다. 그들이 중국 국적 소지자라는 이유 때문에 이중국적자로 둔갑시킨 것이다. 설령 귀화를 한 사람일지라도 조선의 국적을 정리하지 않은 채 살았다.

조선 조정이 간도 거주 조선인들을 자국민으로 여긴 것은 이러한 이유 때문이었다. 조선의 호적을 가지고 있다면 당연히 조선 조정에 납세의 의무를 이행해야 한다.

따라서 간도가 함경도와 평안도 행정기구에 편입된 것은 영토적 편입이 아니라 조선 유민의 세금 징수를 위한 경제적 행정 차원의 수속 절차였을 것으로 추측된다. 실제로 조선 조정에서는 간도지역의 유민들을 대상으로 인구조사를 거쳐 호적 등록을 실시하기도 했다. 영토에 대한 조사나 국경선을 설치했다는 기록은 전무하다. 호적 등록은 세금 징수가 가능한, 아직 청나라 백성으로 귀화하지 않은 유민들을 확인하는 재정 절차였을 것이 틀림없다.

사실 간도 거주 조선인을 조선의 백성으로 여긴 사례는 조선을 통치하던 일제시기에도 그대로 이어져 왔다. 일본은 청국과의 외교문제에서 사사건건 천황폐하의 백성인 조선인의 이익을 들고 나서지 않았던가.

4. 국내 학계의 간도 영유권 문제 신중론 대두

이유 1) 간도 영유권 논리 개발 미진

포항공대 인문사회학부 교수 박선영은 공개 포럼에서 간도가 우리 땅이라고 주장하는 사학자들이 간도 영유권 문제 해결의 핵심 돌파구로 공인하던 백두산정계비설이 역사적 근거가 될 수 없다고 주장하고 나섰다. 그는 중국과의 국경문제 분쟁은 백두산정계비가 아니라 1948년 소련과 북한이 체결한 평양 협정 관련지도를 근거로 삼아야 한다는 새로운 학술적 주장을 펴고 있다. 지도에는 간도가 조선인의 자치구로 표시되어있다는 것이 그가 이 자료를 문제해결의 열쇠로 제기하는 증거이다.

물론 이 가설 역시 역사적 고증이 필요하지만 처음으로 백두산정계비설의 신빙성에 의문을 던지고 있다는 점에서 의의가 있다.

이유 2) 간도문제 제기 시점 부적절

고구려역사재단연구위원 윤휘탁은 간도 영유권 문제에 대한 신중한 접근을 주장하고 나섰다. 그가 제시한 이유는 다음과 같다.

첫째. 간도 영유권 문제의 제기는 중국 국민의 뼈아픈 곳을 건드려 한중관계를 극도로 악화시키고 중화민족 전체의 반한 감정을 불러일으켜 정치, 경제적으로 한반도에 먹구름을 드리울 수 있다.

둘째. 통일 실현에 필요한 중국의 협조를 상실할 것이다.

셋째. "국제법상으로 간도협약의 무효화 시효 기한(2009년) 안에 간도를 영토 분쟁 지역으로 이슈화해야 한다는 주장의 재고가 필요하다"는 것이다. "국제법적 판단으로 영토문제를 해결한 사례가 별로 없다"는 것이다.

그는 간도 영유권 문제를 한중 관계의 『뇌관』이라고 표현하면서

심사숙고와 신중한 접근을 주장하고 있다.

시대의 흐름을 정확하게 판단하고 민족감정보다는 역사의 진실을 존중하려는 석학들의 사고는 한국을 위해서도, 한중관계를 위해서도 실로 다행스러운 일이라고 하지 않을 수 없다.

■ 주

1 『세계사 연표』 역민사. 1998. 1. 31. p. 11.

2 구루란 고구려말로 城이란 뜻이다.『三國志』동이전.

3 일부 한국학자들은 고구려의 성이 200여 개나 된다고 한다.

4 현도군은 압록강 중류지역(초산일대)과 혼강(渾江, 동가강, 졸본천) 유역에 위치한 한사군 중
  의 하나이다. 관하에 고구려현(환도지방), 上殷台현, 서개마현 등 3개의 현이 있다.

5 "부여는 본래 현도에 소속되어 있었는데 헌제 때 그 임금이 요동에 소속되기를 원했다고 한
  다."『後漢書』동이전. "부여는 본래 현도에 속한다."『三國志』동이전.

6 『後漢書』동이전.

7 『三國志』동이전.

8 『차석찬의 역사 창고』두산대백과사전 참고.

9 『고구려의 조공과 책봉은 할말 없다』인터넷 사이트. 작성자, 박준수. 작성일, 2006. 12. 17.
  16:55. 소괄호의 글은 필자가 달았다.

10 중국에서는 장백산(長白山)이라고 부른다.

11 아직까지 압록강 경계에 이의를 제기하는 학자는 없는 줄로 안다.

12 ⇦은 압록강, ⇨은 두만강, ⇧은 오도백하, ●은 정계비의 위치이다.

상고사는 구체적인 사록史錄 없이 허구에 근거한 신화와 전설 그리고 제한적이고 확인이 안 된 고고학 발굴에 의존해야 하기 때문에 정설 수립에 굉장한 난관이 존재한다. 바로 이런 구조적 약점을 이용하여 요즘 국내외 일부 사학계가 국수주의의 계산된 목적에서 출발하여 정사 기록의 진실성에 불신을 선언하고 소외당하던 신화와 전설을 전면으로 내세워 상고사 연구의 텍스트로 본격 대용하면서 혼란을 조성하는 이상한 학풍이 만연하고 있다.

신화나 전설을 고대사 연구 텍스트로 대용할 경우 어떤 문제가 발생하는가?

무엇보다도 먼저 신화의 특성인 허구적 요소의 폭력에 의해 역사의 진실이 침해된다. 시공간의 규제를 탈피한 신화의 다른 한 특성인 불확실함은, 역사에 대한 다양한 해석의 사실과 배리되는 부동한 가설과 주장을 가능하게 한다.

이러한 위험이 엄연히 존재함에도 불구하고 신화나 전설을 선사시대 연구의 자료로 이용하는 원인은 아래의 몇 가지로 귀납할 수 있다.

1. 상고사 관련 사료 부족.
2. 허구적 구조이긴 하지만 신화에는 어느 정도 선사시대 사람들의 생활상이 반영되었다는 점.

3. 다양한 해석이 가능한 신화의 특성이 민족주의자들이나 국수주의
   자들에 의해 굴욕의 역사를 영광의 역사로 바꿔치기하는 날치기의
   합법적 통로라는 점.

　1의 경우는 2의 경우에 존재가치를 부여하고 2의 경우는 3의 명분
이 되며 무한대로 확대, 포장된다. 역사가 민족주의, 국수주의의 제물
로 사장되어서는 안 된다는 의미에서 신화와 역사의 접목은 고대사
연구 방법에서 지양되어야 할 사항이다.

　석기, 토기, 청동기, 무덤 등 선사유적 발굴은 고대사 연구의 거의
유일무이한 과학적 자료를 제공하는 역사적 질료이다. 그러나 이 역
시 추측의 프리즘을 거친 추론일 수밖에 없고 따라서 이 추측의 측정
범위도 개방되어 있다. 특정 문화 형태가 특정 민족과 국가와 직결된
다는 이론은 고고학계의 정설로 받아들여지고 있지만 본서에서는 좀
다른 견해를 말하려 한다. 특정 문화 형태는 특정 민족과 국가보다는
특정 지역(자연지리적 환경의 공통성), 종족 간의 통혼 반경(족외혼을
통한), 전쟁으로 인한 문화 전파 등 현상과 더 밀접한 관계가 있다고
생각한다. 하나의 문화권역 내에 여러 민족과 국가가 망라되기도 하
고 반대로 하나의 민족과 국가 내에 여러 문화가 공존하기도 한다. 이
런 이유로 빗살무늬토기, 비파형 동검, 적석총 유적이 한민족만의 고
유 문화로 단정되거나 이들 문화의 분포 지역을 전부 고조선의 영역
이라고 주장하는 것은 어리석은 행위일 수밖에 없다.

　국가 생성 이전의 신석기시대와 초기국가 형성기인 청동기시대는
부족 간의 이동과 융합, 동화, 흡수, 분화 과정이 각별히 활발하게 진

행된 시기였다. 한민족도 이 과정에서 결합과 분화 과정을 거쳐 형성된 혼혈종이다. 한민족의 위대한 순수혈통을 찾으려는 학술 시도는 무의미한 짓이다.

제발 이제는 고고학 연구를 진실에 입각한 진정한 학문 영역으로 반환해야 할 것이다.

국익을 명분으로 한, '민족정신 고양'을 빙자한 역사 부풀리기의 국수주의적 행위를 중단해야 할 것이다.

아울러 고구려 귀속 문제와 간도 영유권 문제에 대해서도 공연한 허욕만 부리지 말고 역사적 진실에 입각하여 실속 있으면서도 지혜롭고 신중하게 접근해야 할 것이다.

끝으로 필자는 역사학자도 대학교수도 아니며 특정 국가나 특정 학술 단체와 아무런 관계도 없는, 일개 소설가의 입장에서 본서를 집필했음을 밝혀두는 바이다.

부록

1. 단군신화

2. 한국 고대사 연표

3. 고구려왕 계보

4. 중국 선사시대 연표

5. 중국 동북지역 선사유적

1. 단군신화

古記云 昔有桓國(謂帝釋也) 庶子桓雄 數意天下 貪求人世 父知子意
고기운 석유환국(위제석야) 서자환웅 수의천하 탐구인세 부지자의

下視三危 太伯 可以弘益人間 乃授天符印三箇 遣往理之
하시삼위 태백 가이홍익인간 내수천부인삼개 견왕리지

雄率徒三千 降於太伯山(卽太白今妙香山) 頂神檀樹下 謂之神市 是謂
웅솔도삼천 강어태백산(즉태백금묘향산) 정신단수하 위지신시 시위

桓雄天下也 將風伯雨師雲師 而主穀主命主病主刑主善惡 凡主人間 三
환웅천하야 장풍백우사운사 이주곡주명주병주형주선악 범주인간 삼

白六十餘事 在世理化
백육십여사 재세이화

時有一熊一虎 同穴而居 常祈于神雄 願化爲人 時神遺靈 艾一炷 蒜
시유일웅일호 동혈이거 상기우신웅 원화위인 시신유영 애일주 산

二十枚曰 爾輩食之 不見日光百日 便得人形 熊虎得而食之 忌三七
이십매왈 이배식지 불견일광백일 경득인형 웅호득이식지 기삼칠

日 熊得女身 虎不能忌 而不得人身
일 웅득여신 호불능기 이부득인신

熊女者無與爲婚 故每於神檀樹 下呪願有孕 雄乃假化而婚之 孕生子 號
웅녀자무여위혼 고매어신단수 하주원유잉 웅내가화이혼지 잉생자 호

曰 檀君王儉

왈 단군왕검

以唐堯卽位五十年庚寅 都平壤城 始稱朝鮮 又移都於白岳山阿斯達

이당요즉입오십년경인 도평양성 시칭조선 우이도어백악산아사달

又名弓忽山 又今彌達 御國一千五百年

우명궁홀산 우금미달 어국일천오백년

周武王卽位己卯 封箕子於朝鮮 壇君乃移於藏唐京 後還隱於阿斯達

주무왕즉위기묘 봉기자어조선 단군내이어장당경 후환은어아사달

爲山神 壽一千九百八歲

위산신 수일천구백팔세

고기에 이르기를 :

옛날에 환국이라는 나라[1]가 있었는데 서자 환웅이 때때로 천하에 뜻을 두고 있었다. 아들의 뜻을 헤아린 아버지가 삼위 태백을 내려다 보니 인간 세상을 널리 이롭게 할 만한지라, 이에 천부인天符印 세 개를 주며 그곳을 다스리도록 내려 보냈다.

환웅이 따르는 무리 3,000명을 거느리고 태백산 영마루의 신단수 아래로 내려와 그곳을 신시라 이르니. 그가 곧 환웅천왕이다. 그는 풍백, 우사, 운사를 거느리고 곡식, 수명, 질병, 형벌, 선악 등 무릇 인간

사의 삼백예순 가지의 일을 맡아서 세상을 다스렸다.

이때, 곰 한 마리와 범 한 마리가 같은 굴에서 살았는데 늘 환웅에게 사람이 되게 해달라고 빌었다. 어느 날 신은 신령스러운 쑥 한 줌과 마늘 스무 쪽을 주면서 말했다.

"너희들이 이것을 먹고 백 일 동안 햇빛을 보지 않는다면 곧 사람이 될 것이다."

곰과 범은 그것을 받아서 먹었다. 근신한 지 3·7일 만에 곰은 여자의 몸이 되었으나, 범은 능히 기하지 못했으므로 사람이 되지 못하였다.

웅녀는 그와 혼인할 상대가 없었으므로 번번이 신단수 아래에서 태아의 임신을 빌었다. 이에 환웅이 잠시 변신하여 그녀와 혼인해 아이를 낳으니 그 이름을 단군 왕검이라 하였다.

단군은 요堯 임금이 왕위에 오른 지 50년인 경인년에 평양성에 도읍을 정하고 비로소 조선朝鮮이라 불렀다. 다시 도읍을 백악산 아사달阿斯達에 옮겼다. 그곳을 궁홀산 또는 금미달이라고도 한다. 그는 1천 5백 년 동안 여기에서 나라를 다스렸다.

주나라 무왕이 왕위에 오른 기묘년에 기자를 조선왕에 봉하자 단군은 장당경으로 옮겼다가 뒤에 아사달에 돌아와 숨어서 산신이 되니 그때 나이가 1천 9백 8세였다.

2. 한국 고대사 연표[2]

[기원전]

10000년 : 중석기문화 형성. 공주 석장리유적의 단구段丘 제1문화층과 단구 제3문화층. 욕지도欲知島유적지 등의 세석기 제작.

6000년 : 전기 신석기문화 형성. 빗살무늬토기Ⅰ류 제작 사용. 부산 동삼동유적 하층 형성.

5000년 : 서울 암사동유적 형성.

4000년 : 웅기 굴포리·서포항 유적 하층의 제1기 및 제2기 문화층, 온천 궁산리유적 하층 문화 등 형성.

3500년 : 중기 신석기문화 형성. 빗살무늬토기Ⅱ류. 웅기 굴포리·서포항 유적 제3·4·5기 문화층, 평양 금탄리유적 제1·2문화층 등 형성. 부산 동삼동유적 4층 두도기 형성.

3000년 : 웅기 굴포리·서포항 유적 제6문화층, 평양 금탄리유적 제3문화층, 회령 오동유적 제1·2문화층 등 형성. 3000~2000년경 유문토기인 한반도의 해안, 강변으로 이동. 신석기문화 시작.

2000년 : 후기 신석기문화 형성. 빗살무늬토기Ⅲ류. 회령 오동유적 제3·4문화층 등 형성. 만주지역에서 부분적으로 청동기문화 시작.

1400년 : 부산 동삼동유적 5층 영도기 형성.

1300년 : 부산 금곡동조개더미유적, 김해 수가리조개더미 제3기 유적 등 형성.

1200년 : 동이東夷가 은殷의 회하淮河·태산泰山 일대 진출.

1122년 : 은의 기자箕子가 조선에 들어옴. 8조금법八條禁法 제정.

850년 : 은령 남산근유적 형성.

800년 : 송화강松花江 유역에 부여扶餘, 한반도 중남부에 진국辰國 성립. 봉산 신흥동주거지유적·여주 흔암리주거지유적 형성.

700년 : 논산 신기리고인돌유적, 단양 안동리석관묘유적, 부여 송국리 선사취락지유적, 제천 양평리유적(청동기주거지) 등 형성. 철기문화 시작. 700~600년경 무문토기인 한반도 각지로 이동. 농경문화 시작.

600년 : 요령 정가와자유적, 파주 덕은리주거지유적, 회령 오동유적 등 형성.

500년 : 요령 윤가촌유적 하층 1기문화 형성. 강계 풍룡동분묘유적, 고흥 운대리지석묘유적, 광주 송암동주거지유적, 남제주 삼모리조개더미유적, 밀양 월산리고분군유적 등 형성.

450년 : 송화강 상류 일대에 부여扶餘 성립.

403년 : 진국辰國 성립.

400년 : 철기문화 들어옴. 진국의 이주민이 서부 일본에 진출. 400~200년 경 한반도에 철기문화 들어옴.

350년 : 신평 선암리유적, 진양 대평리유적 형성.

310년 : 승주 오봉리고인돌유적, 제주 오라동지석묘 등 형성.

300년 : 중국의 연燕이 요동에 장성을 축성하여 기자조선箕子朝鮮과 국경을 삼음. 대동강 유역에 철기문화 널리 시작. 한문자漢文字 전래. 원3국시대 시작.

221년 : 진秦의 중국통일로 회하淮河 방면에서 동이東夷의 활동이 중단. 조선후朝鮮侯 조선왕을 칭함. 연燕의 진개秦開가 조선의 서방을 침공하여 2,000여 리를 강점.

214년 : 조선왕 부否 즉위. 진의 장성 공사가 요동에 이름.

209년 : 조선의 준왕準王에게 연燕·제齊의 수만 호戶가 피난옴.

203년 : 맥족貊族의 기병이 한漢을 도와 초楚를 공격.

202년 : 기자조선이 패수浿水를 한과의 경계로 삼음.

200년 : 해모수解慕漱설화·금와金蛙설화 성립.

195년 : 기자조선에 요동의 위만衛滿이 망명해 옴. 준왕準王이 박사博士를 삼고 서계西界를 지키게 함.

194년 : 위만이 왕검성을 공략, 위만조선을 건국. 기자조선의 준왕이 남하하여 한왕韓王이 됨.

190년 : 위만왕이 진번眞番, 임둔臨屯을 복속시킴

175년 : 함흥이화동유적의 토광묘 '동검銅劍' 철기의 문화형성

149년 : 서흥 문무리유적의 한국식 동검 관계 형성

128년 : 예군濊君 남려南閭가 호구戶口 28만을 거느리고 한漢의 요동군에 귀부. 한漢이 창해군滄海郡을 설치.

126년 : 창해군 폐지.

125년 : 황주 금석리유적의 동기銅器 '철기' 목곽묘문화의 형성

108년 : 한漢의 공격으로 위씨조선 멸망. 한고조漢古祖 조선을 침공. 위만의 고조선을 멸하고 낙랑, 임둔, 진번, 현도 4군을 설치.

107년 : 금속문화 전래.

99년 : 와질토기 제작 시작.

82년 : 진번, 임둔, 두 개 군을 폐지. 한漢이 낙랑군에 동부도위東部都尉를 설치.

75년 : 현도군 만주로 이동. 한반도에는 낙랑군만 남음.

69년 : 신라에 박혁거세 탄생.

59년 : 해모수가 북부여를 건립.

58년 : 동부여에서 주몽 탄생.

57년 : 신라, 혁거세, 거서간 즉위. 왕호를 거서간 국호를 서라벌이라 칭함.

50년 : 신라 왜구를 격퇴.

36년 : 비류국 송양松讓 고구려에 투항.

37년 : 주몽이 고구려 건국. 신라 경성을 쌓고 금성金城이라 칭함.

28년 : 고구려 부위副尉염이 북옥저를 병합.

27년 : 신라 천일창天日槍이 왜 땅으로 가고, 신라의 도공이 왜에 건너가서 신라식 도자기 제작.

19년 : 고구려 동명성왕이 죽고 유리왕琉璃王 즉위. 신라 석탈해昔脫解 탄생.

18년 : 온조溫祚가 하남 위례성河南慰禮城 백제를 세움.

5년 : 백제 한산漢山으로 천도.

3. 고구려왕 계보

1. 동명성왕(東明聖王, B.C. 58~B.C. 19)

재위 연도 : B.C. 37~B.C. 19

성은 고高, 원래 성은 해解. 휘는 주몽朱蒙. 해모수의 아들 해부루와 배다른 형제라고도 한다. 동부여의 금와의 아들. 대소의 모해를 피하여 압록강 연안인 졸본천에 이르러 나라를 세우고 고구려(졸본부여)라 함.

2. 유리왕(榴璃王 ?~18) (유리명왕榴璃明王)

재위 연도 : B.C. 19~A.D. 18

성은 해解. 휘는 유리榴璃. 동명성왕의 아들. 왕 22년에 도읍. 국내성으로 옮기고 왕 33년에 한漢나라의 고구려현을 탈환.

3. 대무신왕(大武神王 4~44)

재위 연도 :18~44

성은 해解. 유리왕의 셋째 아들. 휘는 무휼無恤. 동부여, 개마국을 쳐서 병합하고, 국토를 살수 이북까지 넓혔음. 낙랑군을 정벌함.

4. 민중왕(閔中王 ?~48)

재위 연도 : 44~48

성은 해解. 휘는 색주色朱. 대무신왕의 동생. 대무신왕의 태자가 나이가 어려 대신 즉위.

5. 모본왕(慕本王 ?~53)

재위 연도 : 48~53

이름은 해우解憂, 해애루解愛婁. 민중왕의 형. 성품이 사납고 정사를 돌보지 않아 신하 두노杜魯에게 피살됨.

6. 국조왕(國祖王 47~165) (태조왕太祖王)

재위 연도 : 53~146

7살의 나이로 즉위. 영토를 확장하고 부속국가의 틀을 벗어나 중앙집권적 국가의 기틀을 마련함. 56년 동옥저 정벌. 105년 고구려 부흥. 요동 공격. 146년 요동 서안평西安平 공격.

7. 차대왕(次大王 71~165)

재위 연도 : 146~165

휘는 수성遂成. 국조왕의 동생. 태조로부터 왕위 계승을 반대한 우보右輔, 고복장高福章을 살해하고 왕위에 올랐으나 학정과 횡포를 일삼다가 신대왕에게 시해됨.

8. 신대왕(新大王 89~179)

재위 연도 : 165~179

휘는 백고伯固. 국조왕의 막내 동생. 차대왕의 횡포로 산에 숨어 지내다가 그가 시해된 후 왕위에 등극. 169년 현도군 태수 고구려 공격.

9. 고국천왕(故國川王 ?~197) (국양왕國壤王재)

재위 연도 : 179~197

휘는 남무南武. 빈민 구제책 진대법 시행.

10. 산상왕(山上王 ?)

재위 연도 : 197~229

휘는 연우延優, 위궁位宮. 고국천왕의 아우. 고국천왕이 아들 없이 죽자
즉위. 298년 환도성 축조.

11. 동천왕(東川王 ?~248)

재위 연도 : 227~247

휘는 우위거憂位居. 산상왕의 아들. 248년에 신라와 화친.

12. 중천왕(中川王 ?~270)

재위 연도 : 247~270

동천왕의 아들. 259년 위魏 고구려 침입. 고구려 대파.

13. 서천왕(西川王 ?~292)

270~292

휘는 약로藥盧, 약우藥友. 285년 선비 부여 공격. 286년 대방군 공격.

14. 봉상왕(烽上王 ?~300)

재위 연도 : 292~300

휘는 상부相夫, 삽시루. 2년과 5년에 연나라의 침입 격퇴. 사치와 방탕에 빠져 국상國相 창조리倉助利에게 폐위되자 자살. 294년 선비 고구려 공격.

15. 미천왕(美川王 ?~331) (호양왕好讓王)

재위 연도 : 300~330

휘는 을불乙弗, 우불憂弗. 현도군 공격, 낙랑군 점령으로 영토 확장.

16. 고국원왕(故國原王 ?~371)

재위 연도 : 331~371

휘는 사유斯由, 쇠釗. 백제 근초고왕과의 평양 접전에서 전사. 342년 전연前燕 환도성 함락. 343년 국내성 천도.

17. 소수림왕(小獸林王 ?)

재위 연도 : 371~384

휘는 구부丘夫. 고국원왕의 아들. 2년 전진前秦의 순도順道 불상과 경문 전수. 최초로 불교 수입

18. 고국양왕(故國壤王 ?~391)

재위 연도 : 384~391

휘는 이련伊連. 요동과 백제를 정벌하여 국토 확장.

19. 광개토대왕(廣開土大王374~413) (호태왕好太王), (영락대왕永樂大王)

재위 연도 : 391~413

휘는 담덕談德. 불교 신봉. 만주와 한강 이북으로 영토 확장. 고구려의
전성시대. 396년 백제 항복.

20. 장수왕(長壽王 394~490)

재위 연도 : 413~490

성은 고씨, 휘는 거련巨連, 연璉. 광개토대왕의 맏아들. 남하 정책 착수.
왕 63년 백제의 한성을 함락. 개로왕을 죽임. 왕 68년 신라 7개성 함
락. 427년 평양으로 천도.

21. 문자명왕(文咨明王 ?~519) (명치호왕明治好王), (문자왕)

재위 연도 : 491~519

휘는 나운羅雲 장수왕의 손자. 3년 부여 고구려에 항복. 신라와 백제를
여러 차례 침공하여 영토 확장.

22.안장왕(安藏王 ?~531)

재위 연도 : 519~531

휘는 흥안興安 문자왕의 맏아들. 백제와 두 차례 싸움.

23. 안원왕(安原王 ?)

재위 연도 : 531~545

휘는 보연寶延. 안장왕의 아우. 양梁나라, 동위東魏와 수교.

24. 양원왕(陽原王 ?~559)

재위 연도 : 545~559

휘는 평성平成. 돌궐 침입을 격퇴. 신라, 수차에 걸친 백제의 침공.

25.평원왕(平原王 ?~590)

재위 연도 : 559~590

휘는 양성陽城. 중국의 진陣, 수隨, 북제北齊 등과 수교.

26. 영양왕(瓔陽王 ?~618) (평양왕平壤王)

재위 연도 : 590~618

휘는 원元. 9년 수나라 30만 대군 격퇴. 23년 을지문덕이 수양제의 113만 대군 살수에서 대파.

27. 영류왕(榮留 ?~641)

재위 연도 : 618~641

휘는 건무建武. 수나라에 잡혀간 포로 송환. 처음으로 도교道敎 진입. 연개소문淵蓋蘇文에 의해 살해.

28. 보장왕(寶藏王 ?~681)

재위 연도 : 642~668

연개소문에 의하여 왕위 등극. 나당연합군의 공격에 평양 함락. 고구려 멸망.

다음은 고구려성 지도이다. 요동에는 얼마 없고 대부분 한반도와 압
록강, 두만강 일대에 집중되어 있음을 알 수 있다.

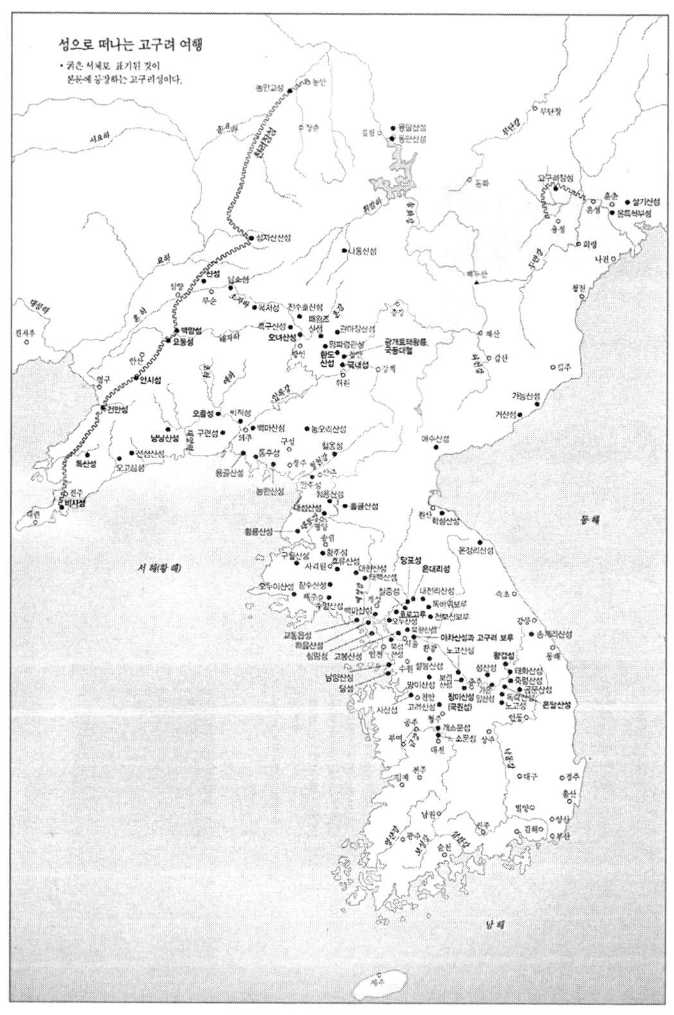

자료 출처 : 『천리장성에 올라 고구려를 꿈꾼다』 전성영 저, 한길사, 2004.

4. 중국 선사시대 연표

태고 : 중국 원시인류 생존 연표

석기시대

개원고원开远古猿 : 구석기시대-중신세만기 약 1400~800만 년

녹풍고원禄丰古猿 : 구석기시대-중신세만기 약 800만 년

보산고원保山古猿 : 구석기시대-중신세만기-상신세 약 800~400만 년

직립인直立人

원모인元谋人 : 구석기시대조기-상신세만기 약 250~170만 년

무산인巫山人 : 구석기시대조기-상신세만기 약 200만 년

람전인蓝田人 : 구석기시대조기-중신세조기 115만년~110만 년

운현인郧县人 : 구석기시대조기-조무갱신세말기 약 80만 년

북경인北京人 : 구석기시대조기-중갱신세중기 약 70~20만 년

운서인郧西人 : 구석기시대조기-중갱신세중기 약 50만 년

조기지인早期智人

금우산인金牛山人 : 구석기시대중기-중갱신세말기 약 31~28만 년

대여인大荔人 : 구석기시대중기-중갱신세말기 약 20만 년

마파인马坝人 : 구석기시대중기-중~만갱신세교체기 약 20~10만 년

장양인长阳人 : 구석기시대중기-만갱신세조기 약 15만 년

정촌인丁村人 : 구석기시대중기-만갱신세조기 약 12만 년

하가요인許家窯人 : 구석기시대중기—만갱신세조기 약 10만 년

만기지인晚期智人

유강인柳江人 : 구석시대만기—만갱신세중기 약 5만 년

오르도스인河套人 : 구석기시대만기—만갱신세중기 5~3.7만 년

좌진인左镇人 : 구석기시대만기—만갱신세말기 약 3~2만 년

자양인资阳人 : 구석기시대만기—만갱신세말기 약 2만 년

산정동인山顶洞人 : 구석기시대만기—만갱신세말기 1.8만 년

중석기시대

사원무화沙苑文化 : 섬서조읍陕西朝邑, 대여교계大荔交界 약 1만 년

신석기시대조기

선인동문화仙人洞文化 : 강서일대 약 14000~9000년

증피암문화甑皮岩文化 : 광서일대 약 8950~7450년

팽두산문화彭头山文化 : 장강중류지역 약 8200~7800년

앙앙계문화昂昂溪文化 : 눈강嫩江중류 약 8000년

배리강문화裴李岗文化 : 하남일대 약 7950년 이전

자산문화磁山文化 : 하북일대 약 7950~7350년

이가촌문화李家村文化 : 관중关中지역, 감숙 중부 약 7950~6950년

신석기시대만기

홍류와문화兴隆洼文化 : 서요하辽河유역 약 7500~6900년

앙소문화仰韶文化 : 황하중류 약 6950~4950년

반파문화半坡文化 : 황하중류 약 6800~6300년

하모도문화河姆渡文化 : 녕소宁绍평원 약 6950~5330년

대계문화大溪文化 : 장강중류 약 6350~5250년

마가문화马家文化 : 태호지역 약 6250~5150년

대문구문화大汶口文化 : 산동, 안휘북부, 강소 북부 약 6250~4350년

홍산문화红山文化 : 내몽고동남부, 요서 서부 약 6000~5000년

묘저구문화庙底沟二期文化 : 황하중류 약 5900~4780년

마가요문화马家窑文化 : 황하상류 약 5750~3950년

굴가령문화屈家岭文化 : 강한江汉평원 약 4950~4550년

화남인문도문화华南印纹陶文化 : 강서, 복건, 광동, 광서, 운남 일대 약 5000~3000년

석병용시대石并用时代

랑저문화良渚文化 : 태호太湖지역 약5250~4150년

석가하문화石家河文化 : 장강중류 약4600~4000년

석협문화石峡文化 : 북강北江, 동강东江유역 약4500년

용산문화龙山文化 : 황하중하류 약4350~3950년

재가문화齐家文化 : 황하상류 약3950년 이전

반고왕표盘古王表

一. 오방구계시기五方区系时期 : 기원전 약 8000~6390년

동, 남, 서, 북, 중, 오방五方 모두에 원시사회 분포

二. 법천법지시기法天法地时期 : 기원전 약 6390~6210년

1.반고, 2.천황, 3.지황, 4.인황, 5.오룡기五龙纪, 6.섭제기摄提纪, 7.합락기合雒纪, 8.연통기连通纪, 9.서명기叙命纪.

三. 고향자신시기叩向自身时期 : 기원전 약 6210~5770년

1.거령씨巨灵氏, 2. 구강씨句疆氏, 3.초명씨谯明氏, 4.탁광씨涿光氏, 5.구진씨钩陈氏, 6.황신씨黄神氏, 7.거신씨巨神氏, 8.려령씨犁灵氏, 9.대외씨大隗氏, 10.귀외씨鬼隗氏, 11.엄자씨掩兹氏, 12.태봉씨泰逢氏, 13.염상씨冉相氏, 14.개영씨盖盈氏, 15.대돈씨大敦氏, 16.운양씨云阳氏, 17.무상씨巫常氏, 18.태일씨泰壹氏, 19.공상씨空桑氏, 20.신민씨神民氏, 21.의제씨倚帝氏, 22. 차민씨次民氏.

四. 중주연화시기重铸烟火时期 : 기원전 약 5770~4070년

1.진방씨辰放氏(共4代) 2.촉산씨蜀山氏(共6代) 3.회괴씨豗傀氏(共6代) 4.인거씨儿遽氏, 5.희위씨希韦氏(共4代) 6.유소씨有巢氏(共 2 代) 7.수인씨燧人氏(共4代) 8.용성씨庸成氏(共8代)

五. 입족산해시기立足山海时期 : 기원전 약 5070~4170년

1.혼돈씨浑沌氏(共7代) 2.갈천씨葛天氏(共4代) 3.여와씨女娲氏, 4.복희씨伏羲氏, 5.혁서씨赫胥氏, 6.동호씨东户氏(共17代) 7.황담씨皇覃氏(共7代) 8.계통씨启统氏(共3代) 9.길이씨吉夷氏(共4代)

六. 성방지미시기城邦之美时期 : 기원전 약 4170~3150년

1.창제사황씨仓帝史皇氏, 2.백황씨柏皇氏(共20代) 3.중황씨中皇氏(共4代)

4.대정염제씨大庭炎帝氏(共5代) 5.속릉씨粟陆氏(共5代) 6.곤륜씨昆仑氏(共

11代) 7.서릉씨西陵氏(共5代) : 문창文昌, 과부夸父, 기백歧伯, 금이백金二

伯, 류조嫘祖

七. 약기중원시기跃起中原时期 : 기원전 약 3150~2230년

1.헌원씨轩辕氏(共3代) 2.축융씨祝融氏(共2代) 3.호영씨昊英氏(共9代) 4.

고황유소씨古皇有巢氏(共7代) 5.주양씨朱襄氏(共3代) 6.음강씨阴康氏(共3

代) 7.무회씨无怀氏(共6代) 8.신농씨神农氏(共8代)

八. 대동왕토시기大同王土时期 : 기원전 약 2230~2070년

1.黄帝有熊氏(共3代), 2.颛顼, 3.帝喾, 4.尧, 5.舜.(九)

九. 하조시기夏朝时期 : 기원전2070－1600년

1.우禹, 2.계启, 3.태강太康, 4.중강仲康, 5.상相, 6.소강少康, 7.여予, 8.괴槐,

9.망芒, 10.설泄, 11.부항不降, 12.경扃, 13.근厪, 14.공갑孔甲, 15.호皋, 16.

발发, 17.천癸

1. 혼돈시대(반고시대)

2. 태고시대(신선시대) 기원전 약30세기 신마지전神魔之战 개시

3. 상고시대(산해山海시대) 천교闡教, 절교흥기截教兴起, 합칭도교合称道教

황제헌원씨黄帝轩辕氏   B.C.2697~2599

B.C.2661 염황전쟁炎黄之战

B.C.2652 탁록전쟁涿鹿之战

소호금천씨少昊金天氏   B.C.2598~2515

전욱고양씨顓頊高阳氏   B.C.2514~2437

제요고행씨帝喾高辛氏   B.C.2436~2367

제얼고행씨帝挚高辛氏   B.C.2366~2358

당요唐尧   B.C.2357~2258

우순虞舜   B.C.2257~2208

B.C.222하대연표夏代年表

우禹, 계启, 태강太康, 중강仲康, 상相, 소강少康, 여予, 괴槐, 망芒, 설泄, 부항

不降, 경扃, 공갑孔甲, 호皋, 발发, 천癸

서기전2070~서기전1600년

상전기연표商前期年表

상조상계보표商先祖世系表

계契-소명昭明-상토相土-창약昌若-조曹-명冥-왕해王亥-상갑미上甲微-

보을报乙-보병报丙-보정报丁-시임示壬-시천示癸-탕汤

탕汤-태정太丁-외병外丙-중임中壬-태갑太甲-옥정沃丁-태강太庚-소갑小

甲-옹기雍己-태무太戊-중정中丁-외임外壬-하갑河甲-조을祖乙-조행祖辛-

옥沃

갑甲－조정祖丁－남경南庚－양갑阳甲－반경盘庚(은 천도 전迁殷前)

서기전1600~서기전1300년

상후기연표商后期年表

반경盘庚 : (은 천도 이전迁殷后) B.C.1300년.

소행小辛 : 재위50년.

소을小乙 : B.C.1251년.

무정武丁 : B.C.1250년~B.C.1192년. 재위59년.

조경祖庚 : B.C.191년.

조갑祖甲 : ?

름행廪辛 : 재위44년.

강정康丁 : B.C.1148년.

무을武乙 : B.C.1147년~B.C.1113년. 재위35년.

문정文丁 : B.C.1112년~B.C.1102년. 재위11년.

제을帝乙 : B.C.1101년~B.C.1076년. 재위26년.

제신帝辛 : (일명 자주子纣) B.C.1075년~B.C.1046년. 재위30년.

5. 중국 동북지역 선사유적[3]

1. 홍산문화

발굴 시기 : 1930년 중국 중앙연구원과 성정부가 연합 조성한 산동고
적연구회의 李济, 梁思永 등이 산동성 용산현 성자애城子厓유적을 시작
으로 현재까지 300여 곳 발굴.

유적 위치 : 내몽고적봉시 홍산후紅山后.

존속 연대 : 약 6000년~5000년.

토기 문양 : 고운 태토, 모래 섞인 토기 병존. 고운 태토 토기는 홍색
위주. 회색, 흑 회색 소량. 모래 섞인 토기는 회갈색. 소량의 회색. 테
쌓기, 감아올리기. 표면 연마. 고운 태토 토기 소성도가 높고 경질이
며 순수 색깔. 대부분 압인갈지자문양. 소량의 민무늬 토기. 채도 역
시 상당한 숫자 출토.

가옥 구조 : 장방형 반수혈식. 두 줄의 개천은 해자의 형태. 문길 설치.
문길 가까이에 표주박형의 노지가 있다. 돌조각 바닥, 기둥은 없다.
(오한기 서태西台유적)

무덤 형식 : 우하량 적석총. (주량主梁 남쪽 언덕) 석벽石壁, 석단石段, 돌
천장. 가공한 석회암, 화강암, 돌조각, 판석, 거석으로 축성. 우하령 여
신묘女神廟. (주량主梁 북산 남쪽 아래 평원) 土製 彫塑物(인물상, 동물
상) 출토.

제단 : 원형 제단 (동산취 유적). 돌담, 가공사암. 토제 소형 임산부,
대형 인물좌상 토제편, 마제석부磨製石斧, 마광석부磨光石斧 출토. 토기
문양은 삼각형, 평행선 등 기하학적 문양. 이밖에도 옥벽玉璧, 옥환玉環,

옥귀걸이 등 대량의 옥기玉器 출토.

여신숭배 : 여신묘에서 발굴. 유방 돌출. 다산, 풍요를 상징. 무축巫祝, 묘축廟祝 즉 무당 산생.

토템 : 용 토템, 곰 토템.(옥룡, 옥저) 옹우특기 삼성타랍翁牛特旗三星他拉에서 옥제용龍玉製이 발굴되고 이어 용산문화 적석총에서 용이 출토. 이로써 중국용의 출현 연대가 5000년 이전까지 소급.

문화 특징 : 삼석三石과 삼도三陶. 삼석은 세석기 즉 타제석기, 마제석기, 압착석기. 삼도는 갈지자문양 토기, 채도彩陶, 고운 태토의 홍도紅陶.

2. 흥륭와문화

발굴 시기 : 1983~1984년 중국사회과학원 고고연구소 내몽고공작대 발굴.

유적 위치 : 내몽고 오한기 흥륭와유적. 이밖에 요령 부신阜新사해유적과 내몽고 극십극등기克什克膽旗 백음장한 유적 정식 발굴.

존속 연대 : B.C. 5500~5000년 이전.

토기 문양 : 모래가 섞인 사질토기, 회갈색 또는 황갈색. 테쌓기. 감아올리기. 낮은 소성도, 조형 단순. 토기 문양 풍부. 선형 압인문과 새김무늬 위주. 빗살무늬와 압인문양 숫자는 적다. 수직으로 압인한 갈지자문양 다수.

가옥 구조 : 원각방형圓角方形 또는 장방형 반수혈식구조. 해자 설치. 풀을 섞은 흙벽, 네모난 석제 판 아궁이, 문길 설치(백음장한 유적). 흥륭와, 사해유적에는 문길이 없고 원형노지 설치.

신령숭배 : 석조상. 가옥 보호의 신, 풍요와 다산의 신, 조상숭배의 신.

3. 조보구문화

발굴 시기 : 1986년 발굴.

유적 위치 : 내몽고의 오한기 조보구. 서랍, 목륜하, 노합하, 교래하 및 대소능하 유역까지 분포.

존속 연대 : B.C. 5000~4700

토기 문양 : 사질토기 위주. 압인기하문양, 갈지자문양, 쇄인문양과 동물문양. 기하문양이 가장 많다.

가옥 구조 : 생토를 깊이 판 반 수혈식. 노지 형성.

토템숭배 : 영물숭배. 돼지 머리에 뱀 몸뚱이 영물은 가장 이른 시기의 중국 용 토템 기원.

4. 상택문화

유적 위치 : 연산 남쪽 언덕의 난하灤河 유역과 쉬하淬河 하류지역.

토기 문양 : 사질, 고운 태토 토기 두 종류. 앞날의 선문線文과 압인의 갈지자 무늬. 바리, 사발 등에는 압인의 갈지자무늬 또는 빗살무늬로 조성.

가옥 구조 : 생토를 파고 지은 반 수혈식 주거형식.

5. 소하연문화

발굴 시기 : 1921년 스웨텐 지질학자이며 고고학자인 앤더슨(J. G. Anerson)이 발굴. 1960년 내몽고 소조달맹 문물공작대가 오한기 신혜진 석양석호산에서 소하연무덤 1기 발굴.

유적 위치 : 내몽고 오한기 신혜진新惠鎭 석양석호산石羊石虎山.

존속 연대 : B.C. 5000~4000

토기 문양 : 감아올리기 제작법. 융기무늬, 가는 돗자리문양, 삼각무늬, 回자 무늬, 빗살무늬, 손톱무늬, 송곳무늬, 동물도안무늬, 원시문자부호무늬 등 십여 종. 채도는 붉은 바탕에 검은색, 회색바탕에 검은색, 붉은 바탕에 홍색 등 세 종류.

무덤 형식 : 토광 수혈식 무덤. 다수의 무덤 바닥에 벚나무껍질 깔려 있음. 토기 부장품.

6. 소주산문화

발굴 시기 : 1949년 이전 일본학자들이 조사, 발굴. 1949년 이후 중국 고고학자들 여러 차례 조사 발굴. 1950~1960년 재조사. 1977년, 정식 발굴 실시.

유적 위치 : 장해현 광록도 하주산 하층, 유조구柳條溝 동산東山, 대장산도 청화관淸化官, 장자도獐子島 이장툰李墻屯, 사포자沙泡子, 해양도海洋島 남옥툰南玉屯, 양자구亮子溝, 신금현新金懸 탑사툰塔寺屯, 장하현莊河懸 오촌북령吳村北嶺, 시성산施城山 서구西溝 등지. (하층문화) 대장산도 상마석 유적 하층, 소장산도少長山島 영걸촌英杰村 하층, 대련시大連市 문가촌文家村, 여순 상강자相崗子와 대반가大潘家, 북해경北海卿 왕가촌王家村 동강東崗 하층, 장하현, 북오툰北吳屯 상층 등지. (중층문화) 소주산유적 상층, 여순 곽가촌 상층, 장해현 상마석 중층, 홍자동 중층, 사포자沙泡子 상층, 장군산將軍山, 사평산四平山 등지. (소주산상층문화)

존속 연대 : 소주산 하층-신석기시대 유적 중 가장 이른 시기. 소주산 중층-Bp5800~4800. 소주산 상층-Bp4800플러스 마이너스4000.

토기 문양 : 모래가 섞인 흑갈색 위주. 압인돗자리무늬와 갈지자문양의 복합 형태. (하층문화) 압인갈지자문양이 사라지고 새김무늬 위주. 주로 평행사선무늬(빗살무늬), 사람 인자무늬, 그물망문양, 사선삼각무늬 등. (중층문화) 새김무늬 (수직선무늬, 삼각무늬, 사람 인자무늬, 그물망무늬 파도문양) 덧 띠 문양 (현문弦文, 꼭지무늬乳丁文, 송곳무늬) 등. (상층문화)

가옥 구조 : 원각방형, 반 수혈식. 문길 설치. (중층문화) 원각방형, 원형 반 수혈식. 실내 기둥 구멍 밑에 판석을 놓아 초석으로 삼았다. 풀을 섞은 흙벽. 노지 구덩이. 다진 흙바닥. (상층문화)

무덤 형식 : 적석묘. 자연석 또는 강자갈로 장방형, 방형, 원각방형으로 나란히 쌓거나 서로 연결시켜 다실묘多室廟를 축조. 바다를 면한 언덕 정상과 해안의 언덕에 위치.

수렵과 어로 : 농업에 종사하는 외에 사냥과 어업을 병행. 수렵물로는 주로 사슴과 개류. 꽃사슴 뼈와 돼지 뼈가 다량 출토.

문화 특징 : 복합적 문화 성향. 산동 용산문화와 밀접한 관계.

7. 신락하층문화

발굴 시기 : 1973년부터 1988년까지 4차에 걸친 대규모 발굴.

유적 위치 : 심양 북쪽. 요하와 운하 사이의 동서방향으로 놓인 언덕 위.

존속 연대 : B.C. 5000~4600.

토기 문양 : 모래 섞인 홍갈색 토기 위주. 민무늬토기는 드물고 2~3종 문양 복합 사용. 압인갈지자무늬와 선문線文 위주. 현문 일부는 선형,

일부는 빗살무늬형태의 점형點形.

가옥 구조 : 반 수혈식 원각방형 또는 장방형. 나무기둥. 중형가옥에
는 벽기둥과 사잇기둥. 움푹 파인 노지(화덕)와 문길 설치. 원형 또는
타원형의 창고.

도참 : 나무로 된 새 형태의 조각물 출토. 주술용 또는 씨족장의 권위
상징.

목기 : 나선형 조각 장식품 한 점과 새 형태의 부조浮彫 출토.

8. 편보자偏堡子문화

발굴 시기 : 1956년 발굴.

유적 위치 : 심양시 교외 서쪽 신민현 편보자.

존속 연대 : 하요하 유역 청동기시대 고태산문화의 전신일 가능성이
높다.

토기 문양 : 고운 모래, 운모, 활석 토기. 홍갈색, 갈색, 회갈색. 서리
기, 테쌓기. 소성도가 높고 조형이 규칙적이고 표면 연마 처리. 가로
세로의 좁은 덧 띠무늬(융기무늬)와 삼각 사선무늬.

9. 좌가산문화

발굴 시기 : 1984년 발견, 1985년 발굴.

유적 위치 : 길림성 이통하伊通河 부근.

존속 연대 : B.C. 4800~4600. (하층문화) B.C. 4400~4000. (중층문
화) B.C. 3500~2800. (상층문화)

토기 문양 : 태토에 모래 섞인 토기(68%)와 조개껍질 토기(30%). 테쌓

기. 표면 연마. 능형무늬, 선문, 돗자리무늬, 평행성문, 곡선무늬, 사람 인자무늬 및 압인 갈지자무늬, 연속점선무늬. (하층문화) 모래와 조개껍질 가루. 회갈색, 황갈색. 테쌓기. 토기 일부는 표면과 안을 연마. 새김문양, 갈지자무늬, 파도무늬, 삼각형 내선무늬, 압인된 삼각형 점무늬, 빗살무늬, 소량의 융기문양. 새김갈지자무늬와 압인갈지자무늬가 가장 많다. (중층문화) 조개껍질가루 섞은 토기(98%). 황갈색. 무문토기 절대 다수. 융기무늬, 새김의 사람 인자무늬, 삼각형 사선무늬, y자형문양, 그물망무늬, 선문, 사선무늬, 송곳문양, 물고기비늘무늬, 손톱문양. (상층문화)

가옥 구조 : 불완전한 상태. 문길, 기둥, 원형 또는 표주박형태의 노지 설치. (하층문화) 원형 반 수혈식. 견고한 황토바닥. 석괴 원형 노지 설치. (상층문화)

무덤 형태 : 장방형 흙구덩이. 일인 펴묻기 2차장. 관이 없다. (하층문화)

옥기 : 소량. 옥벽玉璧, 옥제대롱玉管, 옥촉, 물고기 형태의 옥제 장식, 옥제 패물 등 출토.

10. 신개류문화

발굴 시기 : 흑룡강성박물관 고고학 팀 1971~1972 발굴.

유적 위치 : 흑룡강黑龍江 우안右岸, 우수리강 좌안. 홍개호 지역.

존속 연대 : B.C. 4100년.

토기 문양 : 모래 섞인 회갈색 또는 황갈색 토기 위주. 감아올리기(서리기) 고운 태토의 홍도와 무문토기 소량 출토. 물고기비늘무늬, 능형

문양, 빗살무늬, 짧은 선형무늬, 작고 긴 사각형빗살무늬가 가장 많다. 표면을 갈아서 가공. 단지, 바리 두 종류. 단지의 특징은 입이 크고 복부가 깊으며 평저형식.

무덤 형식 : 관곽이 없다. 불규칙한 장방형과 원각방형. 1차장, 2차장 두 가지 매장방법. 부장품은 무덤에 따라 다르다. 단지, 마제석기, 뼈칼, 뼈 작살, 비녀, 가공된 돼지, 조개껍질, 돌도끼, 뼈낚시바늘, 사슴 뿔, 토기 편, 이빨장식, 고라니 뿔, 구슬 등. 멧돼지, 밤색 곰, 말사슴, 오소리, 이리, 쥐 종류는 물고기와 더불어 신개류인들의 주요 음식 내원이다.

11. 소남산문화

발굴 시기 : 1971년 흑룡강성박물관 발굴.

유적 위치 : 흑룡강성 요하현饒河縣 남쪽 우수리강 좌안 소남산小南山.

존속 연대 : 신개류문화의 신석기유적보다 늦다.

토기 문양 : 모래 섞인 홍도. 석영 알맹이가 섞였다. 감아올리기. 소성도가 낮고 연질. 문양은 단순하다. 사각무늬, 새김무늬, 빗살무늬, 선문, 파도무늬. 토기 제품은 단지와 바리 두 종류.

12. 야부리북사장亞布力北沙場문화

발굴 시기 : 1985년 흑룡강성 문물 고고학연구소 발굴.

유적 위치 : 흑룡강성 상지현 북사장. (야부리진에서 동북 방향으로 1.5km 지점의 구릉산)

존속 연대 : B.C. 3000년 이전.

토기 문양 : 모래 섞인 태토. 고운 태토 토기는 보이지 않는다. 황갈색 토기가 비교적 많고 홍갈색과 회갈색 토기는 소량 출토. 소성도가 낮고 연질이며 기벽은 비교적 얇다. 거의 모든 토기에 시문施文. 민무늬 토기 소량. 압인돗자리무늬와 송곳 같은 것으로 찌른 빗살무늬가 주류.[4] 압인선문과 새김손톱무늬 소량. 단독 또는 두 종류 이상의 문양 결합 현상.

가옥 구조 : 반 수혈식. 바닥은 오랫동안 다져져서 상당히 견고하다. 실내에 노지 설치. 집안에서 토기, 석기 출토.

13. 영가령문화.

발굴 시기 : 1963년 흑룡강성박물관 발굴.

유적 위치 : 흑룡강성 영안현 경박호 남호두南湖頭 앞 산언덕.

존속 연대 : B.C. 3800~3200

토기 문양 : 모래 섞인 홍갈색 토기 위주. 거친 회색 토기 소량. 문양이 풍부하고 변화무쌍. 사람 인자무늬, 평행사선무늬, 점 빗살무늬로 조성된 사람 인자무늬, W자형문양, 점 빗살무늬로 조성된 여러 가지 띠 형태의 무늬. 간단한 평저기 형태. 영가령문화의 분포 범위는 흑룡강성 남부, 길림성 북부, 러시아 남쪽 연해주 일대에 걸쳐 있다.

14. 석회장石灰場하층문화

발굴 시기 : 1988년 봄 목단강문물관리소와 영안현문물관리소 발굴.

유적 위치 : 목단강 중상류 동경성충적분지 동쪽.

존속 연대 : B.C. 3000년 후반.

토기 문양 : 태토에 거친 모래. 회갈색, 황갈색 토기 위주. 홍갈색 토기 소량 출토. 대부분 잔편殘片. 표면 가벼운 연마 처리. 소성도 낮다. 민무늬 토기 외에 새김무늬, 평행선문양, 평행선문양으로 조성된 불규칙한 기하무늬. 다선多線 평행선문양은 일종의 빗살의 도구로서 그어 내린 것.

가옥 구조 : 방형 또는 장방형 반 수혈식. 남쪽 벽에 돌담 형성. 노지와 기둥구멍은 없고 불에 구운 바닥.

15. 앙앙시昻昻溪문화

발굴 시기 : 1930년대 초 중국고고학자 양사영 조사 발굴.

유적 위치 : 치치하얼에서 서남쪽으로 25km 지점.

존속 연대 : 아직은 정확한 연대 추정이 안 되고 있다. 신석기시대의 상당히 이른 시기로 추정.

토기 문양 : 물로 씻지 않은 태토. 가는 모래와 약간의 조개껍질. 토기 색깔 불확실. 융기무늬, 돌출선 무늬 위주. 교차된 삼각새김무늬, 송곳무늬, 작은 장방형 빗살무늬 소량 출토.

무덤 형식 : 1980년 앙앙계 부근 승가강 유적에서 무덤과 주거지, 무덤구덩이가 없는 매장 방법. 저장구덩이를 발견. 시체 머리 방향 북쪽, 펴묻기. 토기부장품.(제3모래언덕–일련번호 C–1호 무덤)

16. 황가위자黃家圍子유적

발굴 시기 : 1985년 길림성문물고고학연구소 발굴

유적 위치 : 길림성 진뢰현鎭賚懸 탄도진坦途鎭 황가위자툰.

존속 연대 : 연대 상한이 앙앙계문화보다 늦을 것으로 추정. 앙앙계문화로부 발전되어 나온 문화.

토기 문양 : 조개껍질 가루를 섞은 토기. 회갈색, 황갈색, 흑갈색, 홍갈색. 소량의 고운 태토 토기. 고르지 않은 색깔. 소성도는 높지 않으며 수제手製. 융기선문 위주. 원점문양, 삼각무늬, 송곳무늬 소량.

무덤 형식 : 장방형 구덩이. 관곽은 없다. 남녀 2인 일차장. 부장품–석기, 골기, 조개껍질기와, 소량의 마제석기.

17. 두만강 유역 신석기시대문화

발굴 시기 : 1950년, 1970년 발굴

유적 위치 : 용정시 금곡金谷, (초기) 삼합三合, 대소大蘇, (초기) 비암산琵岩山, 연길시 대돈태大墩台, 도문시 기신岐新, 화룡현 홍성興城, (초기) 왕청현 복흥復興. 그 중 금곡, 홍성 유적 발굴.

존속 연대 : B.C. 2500년 정도. 가장 이른 것이 B.C. 3000년 이전. (금곡 유적)

토기 문양 : 모래 섞인 갈색 토기. 고운 태토가 섞인 흑 회색 토기 소량 출토. 테쌓기. 사람 인자무늬, 사선무늬, 점선문양, 회문回文.

가옥 구조 : 반 수혈식 집터. 평면은 원각장방형 또는 원각방형. 문길과 구멍기둥 설치. 일부 붉게 불에 탄 홍토바닥. 집터에서 토기, 석기, 골기 출토.

18. 후룬베얼呼倫貝爾지역 신석기시대문화

발굴 시기 : 1928년 동성東省 문물연구회 발굴. 1940년 계속 조사.

1956년 내몽고문화국 문물소조 하라이얼海拉爾 유적 발굴. 1964년 내몽고 문물소조 후룬베얼呼倫貝爾초원 조사. 1975년 흑룡강성박물관 고고학부와 할빈사범학원 역사과 新巴爾虎右旗, 新巴爾左旗 등 지역 조사. 1985년 후룬베얼맹문물관리소 陳巴爾虎旗지역 발굴.

유적 위치 : 내몽고.

존속 연대 : B.p 3900~플러스마이너스80.

토기 문양 : 씻지 않은 토기. 거친 모래알과 고운 모래알 혼합. 홍색, 홍갈색, 갈색. 수제. 토기 일부 양면 모두 연마. 소성도는 낮고 연질. 무문토기 다량. 새김무늬, 새끼문양, 빗살무늬, 융기무늬.(내몽고 好勒巴滔爾 유적)

가옥 구조 : 토광묘로 추정. 무덤 심한 파손 상태. 시체머리 방향 약간 남쪽. 토기관은 발견되지 않았다. (내몽고 海東拉鳥爾珠河爾 무덤)

19. 후와后洼문화

발굴 시기 : 1983~1984년 발굴

유적 위치 : 동구현東溝懸 대강大崗, 석회요石灰窯 지하 동굴, 염가산閻家山, 관전현寬田懸 臭里威子, 행복촌幸福村.

존속시기 : B.C. 4000년 이전. (하층문화) B.C. 3000~2900년 정도. (상층문화)

토기 문양 : 모래 섞인 홍갈색 토기 위주. 소량의 흑갈색 토기. 활석가루 혼합. 소성도는 비교적 높고 수제手製. 압인무늬와 새김무늬 두 종류. 가장 많은 압인문양은 갈지자무늬, 그물망무늬, 사람 인자무늬, 가로선문과 돗자리무늬.(하층문화) 모래와 소량의 활석가루 포함. 소성

도가 낮고 기벽이 얇으며 수제. 홍도, 흑 갈색 위주. 소량의 홍갈색.
긋는 문양, 가로선무늬, 사람 인자무늬, 그물망무늬, 나뭇가지문양, 점
문, 가로로 선문과 송곳무늬 결합. (상층문화)

가옥 구조 : 원형, 방형, 반 수혈식 집터. 생토 벽. 기둥 구멍, 강자갈로
원형 또는 방형 노지 설치. 문길이 없다. (하층문화) 원각방형 반 수혈
식 집터. 기둥 구멍, 계단, 노지 설치.

20. 북구北溝문화

발굴 시기 : 1987~1988 요녕성 고고학 팀 발굴.

유적 위치 : 요령성 수암현岫岩懸 북구北溝.

존속 연대 : B.C 2500년 전후.

토기 문양 : 활석가루가 포함된 흑갈색 토기, 갈색 토기. 수제. 새김무
늬, 새김무늬와 융기무늬 결합. 새김무늬는 기하무늬, 사람 인자무늬,
사선무늬, 교차선문양, 돗자리무늬, 그물망문양, 나뭇가지문양, 점문.
북구문화의 삼족토기는 산동 용산문화의 특징.

1 환국(桓國) 또는 한국은『동사지(東史志)』,『환단고기』에 등장하는 한민족의 최초의 나라로, 환인 또는 단인이 다스렸다고 한다. 남북한 국사학계 모두 거짓으로 받아들인다. 일부 재야 사학자와 네티즌들에게 관심을 끌고 있다. 현재 그 존재 여부에 관해 논란이 계속되고 있으나 잘못 적은 것이거나 '전설속의 나라'라는 주장이 일반적이다. 출처: 다음 백과사전

2 필자는 고조선의 존재를 인정하지 않으므로 연표에서 삭제했음을 밝힌다. 대신 강단사학계가 그 존재를 인정하는 기자조선, 위만조선의 역사에 대해서는 비교적 상세하게 수록했다.

3 참고자료.『中國東北新石器文化』趙賓福 著. 崔茂藏 譯. 集文堂.1996년. 4. 1.

4 보다시피 빗살무늬토기가 요령보다는 흑룡강성 일대에서 대량으로 출토되고 있음을 알 수 있다. 그런데도 한국 사학계는 요동의 문화에만 집착하고 이곳은 외면하고 있다.

한국의 고대사를 해부한다

초판 1쇄 발행일 | 2008년 8월 6일

지은이 | 장혜영
펴낸이 | 박영희
표　지 | 콩디자인
편　집 | 정지영 · 허선주
펴낸곳 | 도서출판 어문학사
　　　　132-891 서울특별시 도봉구 쌍문동 525-13
　　　　전화: 02-998-0094 / 팩스: 02-998-2268
　　　　홈페이지: www.amhbook.com
　　　　e-mail: am@amhbook.com
　　　　등록: 2004년 4월 6일 제7-276호

인지는
저자와의
합의하에
생략함

ISBN 978-89-6184-050-7 93910
정　가 | 13,000원
※ 잘못 만들어진 책은 교환해 드립니다.